트럼프 2.0 시대와
스트롱맨들

트럼프 2.0 시대와 스트롱맨들

트럼프·푸틴·시진핑 모디·에르도안의 시대

이채윤 지음

스트롱맨의 시대

- 트럼프의 귀환을 맞이해서 세계 질서를 재편하는 다섯 리더

2024년, 도널드 트럼프가 다시 백악관에 입성했다. '위대한 미국'을 외치며 돌아온 그는 더욱 강화된 '미국 우선주의'와 고립주의적 외교 노선을 부활시켰다. 그의 X(엑스, 구 트위터) 계정이 다시 활활 타오르며, 세계 각국의 지도자들은 그의 280자 메시지에 촉각을 곤두세우고 있다. 그러나 트럼프는 이 거대한 무대의 유일한 주인공이 아니다.

동쪽으로 눈을 돌리면, 블라디미르 푸틴이 러시아의 '대제국' 부활을 꿈꾸며 동유럽과 중앙아시아에 영향력을 확대하고 있다. 철권통치와 군사력 증강을 통해 권력을 재확립한 그는 마치 체스판 위의 그랜드마스터처럼 한 수 앞을 내다보고 있다. 그의 냉철한 전략은 서방 세계에 긴장감을 불러일으키고 있다.

한편, 시진핑은 '중국몽' 실현을 목표로 장기 집권 체제를 확립했다. 일대일로 프로젝트와 강력한 경제적·군사적 영향력으로 아시아와 세계에서 중국의 패권을 강화하고 있다. 그는 만리장성을 넘어 글로벌 무대로 진출하려는 야망을 숨기지 않고 있다. 그러나 그의 길에는 무역 전쟁과 인권 문제라는 높은 벽이 가로놓여 있다.

인도의 나렌드라 모디는 힌두 민족주의를 강화하며 인도의 통합과 강대국화를 추구하고 있다. 경제 자립과 강력한 군사력 구축을 통해 인도를 새로운 세계 강국으로 만들려는 그의 노력은 가히 '인도몽'이라 불릴 만하다. 하지만 종교적 갈등과 사회적 긴장은 그의 앞길에 그림자를 드리우고 있다.

레제프 타이이프 에르도안은 신 오스만제국의 꿈을 품고 튀르키예(Türkiye)를 중심으로 이슬람 세계의 리더십 확보에 열을 올리고 있다. 중동과 동유럽에 걸친 새로운 영향권을 구축하려는 그의 야망은 마치 역사를 거꾸로 돌리려는 듯하다. 그러나 경제 위기와 정치적 반대 세력은 그의 발목을 잡고 있다.

이 다섯 명의 스트롱맨은 각자의 무대에서 세계 정치의 방향을 바꾸고 있다. 그들의 정책과 결정은 국제관계, 경제, 안보, 인권 등 여러 분야에서 중요한 변화를 초래하고 있으며, 향후 세계 정치의 방향성을 결정짓는 데 큰 역할을 할 것이다. 마치 서로 다른 악기를 연주하는 오케스트라처럼, 그들의 연주는 조화를 이루기보다는 불협화음을 내며 세계를 혼란 속으로 몰아넣고 있다.

그리고 스트롱맨 리스트에는 들지 못했지만, 최장수 이스라엘 총리를 역임하며 강성 정책을 펴고 있는 베냐민 네타냐후도 있다. 그는 트럼프와의 친분을 바탕으로 중동에서 이스라엘의 입지를 강화하려 노력했다. 네타냐후와 트럼프의 관계는 마치 두터운 벽으로 둘러싸인 성처럼 견고했지만, 그 성벽은 때때로 주변국들의 반발을 불러일으켰다.

스트롱맨들의 복귀로 국제질서는 불안정해지고 있다. 경제, 외교, 안보에서 다자주의 대신 강력한 자국 중심의 통치 방식이 대두되고 있다. 각국은 자기 나라의 이익을 최우선으로 내세우며, 글로벌 협력은 점점 희미해지고 있다. 마치 각자의 배를 타고 다른 방향으로 노를 젓는 선원들처럼, 협력 없이 항해하는 이들은 결국 폭풍우를 만나지 않을까?

트럼프의 귀환으로 미국은 다시 한 번 보호무역주의와 고립주의로 회귀하고 있다. 그는 동맹국들에게 더 많은 부담을 요구하며, 국제기구에 대한 회의적인 시선을 거두지 않고 있다. 그의 트위터는 다시금 세계 정치의 불씨를 지피고 있다.

푸틴은 러시아의 영향력을 확대하며, 군사력 증강으로 주변국들에게 경고의 메시지를 보내고 있다. 그의 장기 집권은 러시아 내부의 정치 구조를 굳건히 하지만, 외부에서는 민주주의에 대한 우려를 낳고 있다.

시진핑은 중국의 경제력과 군사력을 바탕으로 아시아의 패권을 강화하고 있다. 그러나 그의 강력한 리더십은 인권 문제와 국제 분쟁을 야기하며, 세계 각국과의 갈등을 심화시키고 있다.

모디는 힌두 민족주의를 통해 인도의 단결을 도모하지만, 종교적 소수자들과의 갈등은 사회적 분열을 초래하고 있다. 그의 경제정책은 성장을 이루었지만, 그 혜택이 고르게 분배되지 못하고 있다는 비판도 있다.

에르도안은 튀르키예의 역사적 유산을 강조하며 신 오스만제국의 부활을 꿈꾸고 있다. 그러나 그의 강력한 통치는 국내외에서의 비판과 반발을 불러일으키고 있다.

이러한 스트롱맨들의 시대에 우리는 어떤 미래를 맞이하게 될까? 그들의 리더십은 단기적으로는 국가의 강력한 모습을 보여줄 수 있지만, 장기적으로는 국제질서의 불안정과 갈등을 초래할 수 있다. 마치 불안정한 지반 위에 세운 높은 탑처럼, 언제 무너질지 알 수 없는 위험을 내포하고 있다.

또한, 이들 스트롱맨 사이의 관계는 복잡하고 예측 불가능하다. 협력과 갈등이 뒤섞인 국제무대에서 그들의 결정은 도미노처럼 연쇄적인 영향을 미칠 수 있다. 그들이 펼치는 정치 드라마는 세계 시민들의 삶에 직간접적으로 영향을 줄 것이다.

마지막으로, 네타냐후와 트럼프의 관계는 중동 정세에 큰 영향을 미쳤다. 그들의 협력은 이스라엘의 입지를 강화했지만, 팔레스타인 문제와 주변국들과의 갈등을 심화시켰다. 네타냐후의 강력한 리더십은 이스라엘 내에서의 지지를 받았지만, 국제사회에서는 논란의 대상이 되기도 했다.

스트롱맨들의 시대는 매력적이지만 위험하다. 그들의 강력한 리더십은 국가를 단기간에 변화시킬 수 있지만, 그 이면에는 민주주의의 약화와 국제 갈등의 위험이 도사리고 있다. 우리는 이들의 행보를 주의 깊게 지켜보아야 하며, 미래를 위한 지혜로운 선택을 해야 할 것이다.

세계는 지금 거대한 변화의 소용돌이 속에 있다. 스트롱맨들이 만들어가는 이 새로운 질서 속에서, 우리는 어떤 방향을 선택해야 할까? 그 답은 아마도 우리 모두의 손에 달려 있을 것이다.

3부 외교 전략과 다자 관계

4부 경제정책과 자국 보호주의

5부 사이버 전쟁과 정보 통제

6부 인종적, 종교적 갈등과 정치적 활용

7부 | 미래 비전과 정치적 유산

1. 트럼프의 귀환

2024년 미국 대선 승리로 다시 백악관에 입성하며, 더욱 강화된 '미국 우선주의'와 고립주의적 외교 노선 부활.

2. 푸틴의 장기 집권

러시아의 '대제국' 부활을 꿈꾸며 동유럽과 중앙아시아에 영향력 확대, 철권 통치와 군사력 증강을 통해 권력 재확립.

3. 시진핑의 3연임

중국몽 실현을 목표로 장기 집권 체제 확립, 일대일로 프로젝트와 강력한 경제적 · 군사적 영향력으로 아시아와 세계에서 중국 패권 강화.

4. 모디의 힌두 민족주의

인도 내 힌두교 중심의 민족주의 강화, 경제 자립과 강력한 군사력 구축을 통해 인도의 통합과 강대국화 추구.

5. 에르도안의 신 오스만제국 꿈

튀르키예를 중심으로 이슬람 세계의 리더십 확보, 중동과 동유럽에 걸친 새로운 영향권을 구축하려는 야망.

6. 세계적 영향

스트롱맨들의 복귀로 국제질서가 불안정해지며, 경제·외교·안보에서 다자주의 대신 강력한 자국 중심의 통치 방식이 대두.

2부

정치적 통치 스타일과 권력 집중

07

트럼프 2.0 시대의 국제정세
– 러우전쟁과 중동, 그리고 한반도

스트롱맨 도널드 트럼프의 귀환은 세계정치에 한층 더 복잡한 변화를 몰고 올 것으로 보인다. 그의 특유의 즉흥적이고 강경한 리더십은 국제질서를 흔들 수 있는 핵심 요소로 작용하며, 러시아 – 우크라이나 전쟁, 중동, 한반도를 중심으로 다양한 국제적 영향을 미칠 것이다. 트럼프 2.0 시대의 외교적 접근은 기존 국제 규범을 재조정하고, 각국의 긴장을 조율하거나 심화시키는 방향으로 전개될 가능성이 크다.

1. 러시아 – 우크라이나 전쟁 – 흔들리는 지원과 새로운 계산법

트럼프는 1기 재임 시 NATO와 유럽 동맹국들을 '무임승차'라고 비난하며, 미국이 동맹국 방어를 위해 지나치게 많은 비용을 부담하고 있다고 주장했다. 그는 이러한 불만을 바탕으로 동맹국들에 더 큰 방위비 분담을 요구했고, 군사적 지원을 줄이는 방향으로 정책을 조율했다. 그의 2기 외교정책에서 러우전쟁은 중대한 시험대가 될 가능성이 크다. 이 전쟁에서 트럼프의 결정은 단순히 유럽의 안보를 넘어 글로벌 안보 구조에 중요한 영향을 미칠 것이다.

우크라이나 지원의 변화

트럼프는 '미국 우선주의'를 내세워 우크라이나에 대한 군사적 지원을 축소하거나 중단할 가능성이 있다. 이는 단순히 지원의 감소에 그치지 않고, 우크라이나의 전쟁 지속 능력과 결의를 약화시키며, 러시아에 유리한 전쟁 판도를 형성할 수 있다. 트럼프가 군사적 개입보다는 외교적 해결책을 강조할 경우, 우크라이나의 독립적 방어 역량은 큰 도전에 직면할 것이다. 이는 유럽의 안보 상황에 심각한 불안을 초래할 가능성이 있으며, NATO를 포함한 동맹국들이 단독으로 방어 전략을 재구성해야 하는 상황으로 몰아넣을 수 있다. 우크라이나가 미국의 지원 없이 러시아의 군사적 공세에 맞설 수 있을지에 대한 의문은 더욱 커질 것이다.

푸틴과의 관계

트럼프는 과거부터 러시아와의 관계 개선을 공언하며 푸틴과의 개인적 유대를 강조해왔다. 그는 러우전쟁의 교착 상태를 풀기 위해 푸틴과의 협상을 통해 새로운 해결책을 제시할 가능성이 있다. 그러나 그의 이런 접근은 러시아의 팽창주의적 야망에 제동을 거는 대신, 오히려 이를 강화시킬 위험도 있다. 푸틴은 트럼프의 외교 스타일을 이용해 러시아의 지정학적 목표를 더욱 확대하려 할 가능성이 크다. 특히, 크림반도의 병합 문제나 동부 우크라이나의 분리주의 세력에 대한 지원과 같은 쟁점에서 미국이 러시아에 유리한 태도를 취할 경우, 이는 국제사회의 비판을 초래할 뿐 아니라, 유럽 전체의 안정성을 심각하게 훼손할 수 있다.

NATO의 역할 축소

트럼프는 1기 재임 시기부터 NATO 동맹국들에게 방위비 부담을 대폭 늘릴 것을 요구하며, NATO의 역할에 대한 의문을 제기했다. 그의 2기 재임 동안에도 이러한 압박은 강화될 가능성이 크며, 이는 유럽 국가들의 방위 역량을 약화시키는 결과로 이어질 수 있다. 만약 미국이 NATO에 대한 지원을 축소하거나 NATO에서의 역할을 제한할 경우, 이는 동맹국들 사이의 균열을 심화시키고 러시아에게 전략적 기회를 제공할 가능성이 크다. NATO의 결속력이 약화될 경우, 유럽은 단독으로 러시아의 위협에 대응해야 하는 어려운 상황에 처할 수 있다. 이는 러시아의 지리적·전략적 목표를 실현하는 데 더 유리한 환경을 제공할 수 있으며, 미국의 외교적 영향력 감소로 이어질 수 있다.

트럼프 2.0 시대의 러우전쟁 정책은 유럽의 안보 질서와 NATO의 미래를 재정립하는 데 중요한 변수로 작용할 것이다. 이는 단순히 러우전쟁의 판도를 바꾸는 데 그치지 않고, 세계 안보 체계 전반에 걸쳐 긴장을 높이고 새로운 갈등의 씨앗을 뿌릴 가능성을 내포하고 있다.

2. 중동 – 아브라함 협정의 연장과 이란 제재의 재개

트럼프의 중동 정책은 1기 재임 기간 동안 이스라엘과 아랍 국가 간의 관계를 개선하며 '아브라함 협정'이라는 중요한 외교적 성과를 만들어냈다. 동시에 이란과의 갈등을 심화시키며 중동의 안보 구도를 재편했다. 그의 2기 재임 동안 중동 정책은 이스라엘을 중심으로 한 동맹 체계를 강화하면서 이란에 대한 강경책을 더욱 공고히 할 가능성이 크다.

이스라엘과 아랍 국가의 관계 강화

트럼프는 이스라엘과 사우디아라비아, UAE 같은 주요 아랍 국가들과의 경제적·군사적 협력을 더욱 강화할 가능성이 높다. 이는 아브라함 협정을 기반으로 한 이스라엘–아랍 동맹의 확대를 의미한다. 사우디아라비아의 협정 참여가 구체화된다면, 중동의 지정학적 판도가 대폭 재편될 것이다. 미국의 중재로 형성된 이 동맹 체계는 이란의 영향력 확산을 견제하는 데 중요한 역할을 하며, 동시에 미국의 중동 내 주도권을 더욱 강화하는 발판이 될 수 있다. 그러나 이러한 관계 강화는 팔레스타인 문제를 더욱 복잡하게 만들고, 내부적으로 하마스와 같은 반이스라엘 세력의 반발을 불러올 수 있다.

하마스와 헤즈볼라의 도발 및 대응

이스라엘과 하마스, 헤즈볼라 간의 갈등은 트럼프 2.0 시대에도 지속적으로 문제를 일으킬 가능성이 크다. 하마스의 도발과 헤즈볼라의 무력 위협은 이스라엘의 강경한 군사 대응을 촉발했으며, 이는 중동 전체의 긴장을 고조시키는 원인이 되었다. 하마스 및 헤즈볼라의 지도부를 겨냥한 암살 작전과 삐삐작전으로 이들 세력을 약화시키는 데 성공한 네타냐후 정권은 친이스라엘 정책을 펴는 트럼프의 지원을 바탕으로 '벙커버스터' 작전과 같은 정밀 타격 전략을 강화할 수 있다. 하지만 이러한 강경정책은 역으로 지역 내 반이스라엘 정서를 확산시키는 부작용을 초래할 가능성도 있다.

이란에 대한 강경책

트럼프의 귀환은 이란 핵 협정(JCPOA) 복귀를 사실상 불가능하게 만들 가능성이 크다. 그는 이란에 대한 강력한 제재와 외교적 고립을 통해 이란의 핵 개발과 군사적 확장을 억제하려 할 것이다. 이란에 대한 석유 수출 차단, 금융 제재 강화, 주요 지도부에 대한 표적 제재 같은 조치가 예상된다. 그러나 이러한 강경책은 이란이 더욱 강경한 대응을 하도록 자극할 수 있다. 이란이 중동의 안정을 위협하는 대리전략을 강화하거나, 직접적으로 이스라엘 또는 사우디아라비아를 겨냥한 군사적 조치를 취할 가능성도 배제할 수 없다.

석유와 에너지 외교

트럼프는 중동 산유국들과의 관계를 활용해 에너지 시장에서 미국의 주도권을 유지하려 할 것이다. 사우디아라비아와 UAE 등 주요 산유국과의 협력은 미국의 에너지 정책과 밀접하게 연관되어 있으며, 이를 통해 미국은 에너지 공급망을 조정하고, 국제 석유 시장에서 러시아와의 경쟁에서 우위를 점하려는 전략을 지속할 가능성이 높다. 특히, 중동 지역의 안정적 석유 생산을 보장함으로써 유럽 및 아시아 국가들이 러시아의 에너지 의존에서 벗어나게 하려는 의도를 드러낼 가능성이 크다.

트럼프의 중동 정책은 이스라엘 중심의 동맹 강화와 이란에 대한 강경한 압박, 그리고 에너지 시장에서의 주도권 유지를 통해 중동의 지정학적 판도를 재편할 것이다. 그러나 이러한 접근은 이란과 그 대리 세력들의 반발을 불러일으킬 가능성이 높으며, 중동 전체의 안보 상황을 더욱 복잡하게 만들 가능성도 크다.

3. 한반도 – 대화와 강경 사이의 줄타기

한반도는 트럼프의 대외정책에서 중요한 전략적 중심지로, 그의 1기 재임 기간 동안 북한과의 파격적인 대화 외교를 시도하며 세계의 주목을 받았다. 그는 김정은과 세 차례의 정상회담을 통해 비핵화와 평화를 위한 물꼬를 틀 수 있다는 기대를 낳았지만, 결국 실질적인 비핵화 성과는 거의 없었다. 그런 상황에서 그의 2기 재임이 시작된다면, 한반도 문제는 다시 한 번 트럼프의 외교 정책의 시험대가 될 것이다. 하지만 이제는 과거보다 더 복잡하고 예측 불가능한 국제정세 속에서, 대화와 강경 사이에서 균형을 잡는 줄타기를 해야 할 상황이다.

북한과의 관계 재설정

트럼프는 자신의 외교 스타일을 고려할 때, 김정은과의 '딜'을 다시 한 번 시도할 가능성이 크다. 그러나 과거와는 달리 북한의 핵 프로그램은 더욱 고도화되어 있고, 미사일 기술도 비약적으로 발전한 상태다. 이는 트럼프가 협상을 시도할 때, 그 조건이 훨씬 더 복잡하고 어려워질 것임을 시사한다. 북한이 핵 보유국으로서의 지위를 고수하려는 의지가 강해지면서, 미국이 요구하는 비핵화의 진전은 더욱 힘들어질 것이다. 만약 협상이 실패할 경우, 트럼프는 강력한 제재와 군사적 압박 카드를 꺼내들 가능성이 높다. 이는 북한을 더욱 고립시키는 동시에, 한반도의 긴장 상황을 한층 더 고조시킬 수 있다. 그의 '최대 압박' 전략이 재가동될 경우, 북한은 새로운 방식의 군사적 대응을 하며, 전방위적으로 대응할 가능성이 높다.

북한의 군사 도발 가능성

북한은 트럼프의 귀환을 표면적으로 환영하는 척할 수 있지만,

실제로는 내부적으로 그의 재임을 통해 시간을 벌고, 군사적 입지를 강화하려 할 가능성이 크다. 김정은은 트럼프가 북한에 대해 다시 강경한 제재나 군사적 압박을 가할 경우, 자신의 체제를 강화하고 국제사회에서의 위상을 높이기 위해 적극적인 군사 도발에 나설 수 있다. 드론과 사이버 전쟁 기술을 동원한 북한의 새로운 전술은 한반도에서의 긴장을 한층 더 고조시킬 수 있다. 북한은 이를 통해 미국과 한국에 대한 정치적 압박을 강화하고, 자신들의 핵과 미사일 기술을 더욱 발전시킬 기회를 만들려고 할 것이다. 특히, 북한은 러시아와의 군사 협력을 강화하고 있으며, 러시아는 북한에게 경제 지원을 제공하고, 군사 기술도 일부 지원하고 있다. 이는 북한이 러시아와의 군사적 유대를 더욱 공고히 할 수 있는 상황을 만들고, 그 결과로 북한의 군사적 능력이 한층 강화될 수 있다.

러시아와 북한의 군사 협력

최근 러시아와 북한 간의 군사 협력이 급속도로 강화되고 있다. 북한은 러시아와의 포괄적 전략적 동반자 관계를 공식화하며, 상호 방위 조약을 체결했다. 이 조약은 한쪽이 공격받을 경우 즉각적인 군사 지원을 의무화하고 있으며, 이를 통해 양국은 새로운 다극적 세계 질서를 구축하려는 의도를 드러냈다.

이러한 협력의 일환으로 북한은 러시아에 최대 12,000명의 군인을 파병하여 우크라이나 전쟁에 참여시키고 있다. 특히, 북한의 특수부대인 '폭풍군단' 소속 병력이 파견되어 러시아군과 함께 훈련을 진행하고 있으며, 일부는 전투에 직접 참여하고 있는 것으로 알려졌다.

이러한 움직임은 한반도에서의 군사적 긴장을 더욱 고조시키는 요인으로 작용할 수 있다.

러시아는 이러한 북한의 지원에 대한 대가로 군사 기술과 경제적 지원을 제공하고 있다. 특히, 북한의 미사일 기술과 사이버 공격 능력을 강화하기 위한 협력이 이루어지고 있으며, 이는 북한의 군사력을 한층 증강시키는 결과를 초래하고 있다. 이러한 상황은 미국과 한국의 안보 전략에 중대한 변화를 요구하고 있으며, 트럼프의 재임과 맞물려 더욱 복잡한 국제정세를 형성하고 있다.

전문가들은 이러한 북러 군사 협력이 국제사회의 안보에 심각한 위협이 될 수 있다고 경고하고 있다. 특히, 북한이 러시아로부터 첨단 군사 기술을 이전받을 경우, 한반도와 동북아시아의 군사 균형이 크게 흔들릴 수 있다. 또한, 이러한 협력은 국제사회의 제재를 무력화시키는 결과를 초래할 수 있으며, 이는 국제질서에 부정적인 영향을 미칠 수 있다.

따라서, 미국과 한국을 비롯한 국제사회는 이러한 북러 군사 협력에 대한 면밀한 감시와 대응 전략을 마련해야 할 필요성이 있다. 특히, 북한의 군사력 증강이 한반도의 평화와 안정을 위협할 수 있는 만큼, 이에 대한 적절한 대응이 요구된다.

이란과 북한의 연대 강화

한편, 중동과 북한 간의 연대도 심상치 않다. 이란은 트럼프 정부가 이스라엘과의 관계를 강화하는 동안, 그에 대한 대응으로 강경한 태도를 취하고 있으며, 이는 중동 지역의 군사적 갈등을 더욱 심화시킬 수 있다. 이란은 북핵 문제에서 트럼프의 대응을 예상하며, 북한과 협력해 전략적 긴장을 고조시키려 할 가능성도 존재한다. 거기에 이스라엘의 강공책으로 수세에 몰린 하마스와 헤즈볼라는 이란과의 협력을 바탕으로 무장 활동을 강화하고, 트럼프 정부의 대이란 압박에 대한 대응으로 더 많은 지역적 갈등을 부추길 것이다. 북한은 이란과의 협력에서 교훈을 얻어, 무기 기술이나 군사 전략을 공유할 가능성도 있다. 이 모든 상황이 한반도와 중동에서 동시에 격화될 수 있는 상황을 초래할 것이다.

트럼프 2.0 시대의 한반도 전략은 대화와 강경책 사이에서 균형을 찾으려는 복잡한 줄타기가 될 것이다. 트럼프가 북한과의 관계에서 다시 한 번 협상 테이블을 열지 여부는 미지수지만, 북한의 군사적 도발과 내부적인 계산, 그리고 동맹국과의 관계 재조정이라는 삼중의 도전 속에서 그의 선택은 한반도의 미래뿐 아니라, 동북아 전체의 안보 환경에 중대한 영향을 미칠 것이다.

한미 동맹의 재조정

트럼프는 1기 재임 시 방위비 분담금 문제를 두고 한국을 압박하며 '공정한 방위비 분담'을 강하게 요구해왔다. 그의 2기 재임 기간에도 이러한 방침은 더욱 강경해질 가능성이 크다. 트럼프는 한국이 경제적으로 충분한 능력을 갖춘 국가라는 점을 내세우며 더 큰 비용 부담을 요구할 것이다. 이는 한미동맹의 신뢰를 심각하게 흔들고, 한국 내에서 반미 감정을 부추기는 결과를 낳을 수 있다. 특히 트럼프는 주한미군 주둔 문제를 협상 카드로 활용하며, 한국의 안보 환경에 불확실성을 더할 가능성이 있다.

트럼프 2기 행정부는 대중 강경파인 마코 루비오 상원의원과 마이크 월츠 하원의원이 각각 국무장관과 국가안보보좌관을 맡아 외교·안보 정책을 주도할 가능성이 제기되고 있다. 두 인물은 대중 강경 노선을 견지하면서도 한국과의 협력을 강조해온 지한파로 알려져 있다. 특히 이들은 한국 조선업과의 협력을 통해 미국 해군의 전력 강화를 추진할 가능성이 크다. 트럼프가 대선 직후 윤석열 대통령과의 첫 통화에서 한국의 조선업 능력, 특히 신박 MRO(보수·수리·정비) 역량을 언급한 점은 이를 뒷받침한다. 현재 미국 해군 전함(219척)이 중국(234척)에 수적으로 열세인 상황에서 한국 조선업의 역할은 더욱 중요해질 것이다.

한화오션이 최근 미 해군 함정 정비 사업을 추가 수주하며 미국과의 협력 가능성을 열어둔 것도 주목할 만하다. 트럼프 2기 행정부는 한국 조선업뿐 아니라 방산 분야에서도 협력을 확대하려 할 가능성이 높다. 이는 단순히 미국의 국방력을 강화하는 데 그치지 않고, 한국에게도 경제적 기회를 제공할 수 있다. 미중 간의 기술 및 산업 갈등 속에서 한국의 조선업과 바이오 산업은 반도체 산업에 이어서 대안적 파트너로 주목받고 있다.

트럼프의 방위비 분담금 증액 요구는 한국에 부담으로 작용할 수 있지만, 이를 협상의 기회로 삼는 전략이 필요하다. 트럼프는 거래를 중시하는 지도자라는 점에서 구체적이고 실질적인 제안을 통해 협력 관계를 강화하는 것이 효과적이다. 예컨대, 미국의 조선업 기반 회복과 해군 전력 강화를 위한 한국의 기여를 강조하며, 이를 통해 한미동맹의 상호 이익을 부각시킬 수 있다.

트럼프 2기가 가져올 도전은 분명히 크다. 그러나 한국이 적절한 외교적 카드와 협력안을 제시한다면, 이러한 도전은 기회로 전환될 가능성도 충분하다. 미국의 우선주의 기조 속에서 한국의 역할과 기여를 명확히 함으로써, 한미동맹의 안정성을 유지하고 경제적, 안보적 이익을 극대화할 수 있는 방안을 모색해야 한다.

4. 트럼프 2.0 시대의 불확실성

트럼프 2.0 시대는 국제정세에 새로운 불확실성을 더할 것이다.

러우전쟁, 중동, 한반도라는 세 축은 그의 정책이 세계 정세를 어떻게 뒤흔들지에 대한 예측을 어렵게 만든다.

트럼프의 고립주의적 태도는 자유주의 국제질서를 더욱 약화시킬 가능성이 높으며, 기존 동맹 관계를 뒤흔들고 새로운 갈등을 유발할 위험이 있다. 그러나 동시에 그는 자신만의 협상 전략으로 미중 대결, 북미 관계, 그리고 러시아와의 갈등을 조율하려 할 것이다.

궁극적으로, 트럼프의 2기 재임은 그가 얼마나 실용적으로 또는 즉흥적이게 행동하느냐에 따라 국제사회의 긴장과 균형이 극적으로 달라질 것이다. 그의 복귀는 단순히 미국 내부 정치의 변화가 아닌, 세계 정치의 중심축을 재편하는 중요한 변곡점으로 남을 것이다.

08

푸틴의 영토 야망
– 크림에서 우크라이나까지

스트롱맨 블라디미르 푸틴의 야망은 항상 그가 단순한 정치인을 넘어 러시아의 '대제국'을 꿈꾸는 사령관이 되기를 원해왔음을 보여준다. 그의 야망은 단지 러시아를 지금보다 강하게 만드는 데 그치지 않는다. 그는 크림반도에서 시작해 우크라이나에 이르는 '재건 프로젝트'를 통해 과거 소련의 영향력과 권위를 되찾고자 한다. 하지만 세계는 푸틴의 이러한 도전에 가만히 있지 않았다. 그의 군사적 진출과 영토 야망은 서방 국가들의 강한 반발을 불러일으켰고, 이 과정에서 냉전 이후 잦아들었던 대립의 불씨가 다시 살아나게 된다.

전쟁의 배경 – 역사와 안보 위협의 복합적 요인

푸틴에게 있어 우크라이나는 단순한 이웃 국가가 아니다. 그는 우크라이나를 러시아 문화와 역사의 일부로 보고, 소련 해체 이후 독립된 상태가 비정상적인 상황이라고 여겨왔다. 특히 러시아와 우크라이나는 문화적으로도 깊은 연관을 지니고 있어, 푸틴은 우크라이나가 서방 세계에 더 가깝게 다가가는 것에 강한 반발심을 가지고 있었다.

여기에 더해, NATO의 동진이 푸틴에게는 치명적 안보 위협으로 다가왔다. 소련이 해체된 뒤, NATO는 계속해서 동유럽으로 확장하며 폴란드, 체코, 발트 3국 등 여러 나라를 회원국으로 끌어들였다. 우크라이나마저 NATO에 가입하려는 움직임을 보이자 푸틴은 이를 결코 묵과할 수 없는 도전으로 받아들였다. 이는 러시아의 안전지대가 무너지는 것과 다름없다는 것이 그의 주장이다.

전쟁의 전개 – 예상 밖의 저항과 전략적 목표

2022년 2월, 러시아는 전격적으로 우크라이나를 침공했다. 푸틴의 초기 계획은 단기간에 키이우를 점령하고 친러 정권을 수립하여 우크라이나를 완전히 러시아의 영향력 아래 두는 것이었다. 그러나 푸틴이 예상하지 못한 일이 벌어졌다. 우크라이나 국민들의 저항은 그의 예상을 완전히 벗어났다. 젤렌스키 대통령을 필두로 한 우크라이나의 저항은 러시아군을 예상치 못한 곤경에 빠뜨렸고, 전쟁은 단기에 끝나기는커녕 장기화의 조짐을 보였다.

푸틴은 이에 대응해 우크라이나의 동부 지역에 집중하는 전략을 채택했다. 특히 친러시아 성향이 강한 돈바스 지역에서의 분리주의 세력을 지원하며 러시아의 실질적인 영토 확장을 꾀했다. 이로 인해 러시아와 우크라이나 사이의 전쟁은 단순히 영토의 문제가 아니라, 이념적 대립으로도 확대되며 더욱 복잡해지게 된다.

동유럽에서의 영향력 확대 – 에너지와 군사 전략의 조화

푸틴의 전략은 단순히 군사적 침공에만 국한되지 않았다. 그는 러시아가 가진 막대한 에너지 자원을 무기로 사용하며 유럽에 대한 영향력을 확대했다. 유럽 국가들은 러시아의 천연가스와 석유에 상당 부분 의존하고 있었기 때문에, 에너지 공급을 무기로 한 러시아의 압박은 유럽의 정치적 결정을 좌우하는 중요한 요소가 되었다. 이러한 상황에서 푸틴은 자신의 야망을 실현하는 데 있어 에너지 외교를 군사 외교 못지않게 중요한 수단으로 활용했다.

동시에, 푸틴은 동유럽에서의 군사적 존재감을 높이며 러시아의 군사력을 과시했다. 그는 발트 3국과 폴란드 등의 동유럽 국가들에 대한 군사적 압박을 지속하며, NATO의 동진에 대응하는 입장을 고수했다. 이러한 러시아의 군사적 움직임은 유럽 국가들에게 커다란 위협으로 다가왔고, 이에 대응하기 위해 유럽 국가들은

NATO와의 협력을 더욱 강화하게 되었다.

국제적 반응 – 서방의 제재와 동맹 강화, 그리고 갈라진 세계

푸틴의 우크라이나 침공에 대한 서방의 반응은 매우 강력했다. 미국과 유럽연합은 러시아에 대한 경제 제재를 강화하고, 우크라이나에 대한 군사적 지원을 아끼지 않았다. 특히 미국은 고강도의 경제 제재를 통해 러시아의 주요 기업과 금융 기관에 대한 접근을 차단하며 러시아 경제에 큰 타격을 가하려 했다. 이러한 제재는 러시아 경제에 상당한 영향을 미쳤고, 푸틴 정권에 대한 압박 수단으로 작용했다.

한편, 서방의 지원에 힘입어 우크라이나는 러시아의 공격을 막아내며 저항을 이어갔고, 이에 따라 푸틴은 전쟁의 장기화를 불가피하게 받아들일 수밖에 없었다. 이러한 상황에서 국제사회는 푸틴의 행동을 규탄하는 목소리와, 그에 맞선 우크라이나의 저항을 지지하는 목소리로 양분되며 갈등이 깊어지게 되었다.

푸틴의 야망과 그 후유증

푸틴의 우크라이나 전쟁은 그의 영토 확장 야망을 드러내는 동시에, 러시아 내부에 수많은 문제를 낳았다. 서방의 경제 제재와 국제적 고립 속에서 러시아 경제는 상당한 어려움을 겪었으며, 이를 극복하기 위한 국내 경제 개혁과 자립 노력이 뒤따라야 했다. 푸틴은 또한 장기적인 전쟁 상황 속에서 군사 자원을 소모하며 내부의 정치적 불안을 초래하게 되었다.

전쟁의 후유증은 러시아 내부에서도 점차 심화되었다. 푸틴의 강경한 리더십에 대한 지지와 비판이 갈리면서, 러시아 사회는 정치적 양극화를 경험하게 되었다. 이 과정에서 푸틴은 더욱 강경한 억압 정책을 통해 자신의 권력을 유지하려 했지만, 이로 인해 러시아의 정치적 긴장은 더욱 고조되었다.

푸틴의 영토 야망과 대제국 비전은 러시아의 과거를 재현하려는 그의 의지를 보여주지만, 국제사회의 강한 반발과 내부의 어려움 속에서 복잡한 도전에 직면하게 되었다. 동유럽과 유럽의 외교적 역학 관계는 그의 선택에 따라 크게 요동쳤고, 전 세계는 푸틴의 다음 행동에 주목하고 있다.

09

시진핑의 절대권력 구축
– 중국의 영구 집권 체제

스트롱맨 시진핑 주석의 일대일로 프로젝트는 마치 새로운 시대의 실크로드와 같다. 이는 거대한 중국의 세계 진출 전략이라 할 수 있다. 그러나 일대일로는 단순한 경제 협력이 아니라, 시진핑이 꿈꾸는 중국의 미래와 직결된 장대한 계획이다. 2013년 등장한 이 프로젝트는 명목상으로는 아시아와 유럽, 아프리카를 연결하는 인프라 구축을 목표로 하지만, 본질적으로는 중국을 중심에 둔 세계 재편을 노리고 있다. 이 프로젝트는 경제적 야망을 넘어서 정치적 영향력을 넓히고, 지정학적 경쟁에서 우위를 차지하기 위한 일종의 '글로벌 드림'인 셈이다. 이제, 이 일대일로라는 새로운 실크로드가 그려 나가는 길을 함께 살펴보자.

일대일로 프로젝트의 개요 – 신실크로드의 탄생

일대일로의 핵심 개념은 아주 간단하다. 육로와 해상 두 가지 루트를 따라 세계를 연결하겠다는 것이다. '일대'는 실크로드 경제 벨트를, '일로'는 21세기 해상 실크로드를 의미한다. 이 육상 루트는 유라시아 대륙을 관통해 중국과 유럽을 잇는 길이고, 해상 루트는 동남아시아, 남아시아, 아프리카, 유럽을 연결하는 거대한 물류 네트워크다.

시진핑이 처음 이 프로젝트를 발표했을 때, 많은 사람들은 "중국이 도로와 철도를 깔아주는 호의적인 국가인가?"라며 신기해했다. 하지만 곧 이 '길'의 의미가 단순한 인프라 이상의 의미를 담고 있음을 깨달았다. 이 길은 중국이 아시아를 넘어 글로벌 경제와 직접 맞닿고, 자국의 영향력을 전 세계로 뻗어나가고자 하는 거대한 야망의 상징이었다. 인프라와 투자의 장막 속에 감춰진 '중국의 그림자'는 단순히 경제적 지원을 넘어서, 중국의 우위를 유지하기 위한 전략적 포석으로 자리 잡았다.

경제적 영향 – 인프라 투자와 무역 확대

일대일로의 가장 눈에 띄는 특징은 그 엄청난 경제적 파급력이다. 도로, 철도, 항만, 공항, 에너지 시설 등 중국은 일대일로 지역에 막대한 자금을 투입하고 있다. 이는 그저 '도움을 주는' 수준이 아니다. 중국의 자금 지원은 일대일로에 참여하는 국가들에게 막대한 경제적 유인을 제공하는 동시에, 자국의 무역 통로를 넓히고 글로벌 공급망에서 중요한 위치를 차지하려는 목적이 깔려 있다.

중국이 이 프로젝트에 기울이는 열정은 그 자체로 중국 경제의 필요성을 반영하기도 한다. 과잉 생산 문제를 해결하고 새로운 시장을 창출하기 위해 중국은 일대일로 참여국들과의 경제적 연계를 적극 추진하고 있다. 이러한 연계는 중국이 제조업에서부터 정보통신까지 다양한 산업에서 영향력을 확대하는 발판이 된다. 일대일로의 길을 따라 중국의 물건과 자본이 쏟아져 들어가고, 중국의 경제적 영향력은 더욱 깊숙이 뿌리내린다.

정치적 영향 – 외교적 영향력과 지정학적 경쟁

일대일로가 단순한 경제적 프로젝트에 불과하다고 생각했다면, 그건 크나큰 오해다. 이 프로젝트는 중국의 외교적 힘을 전 세계로 확장하기 위한 전략적 도구이기도 하다. 시진핑은 일대일로를 통해 중국이 국제무대에서 목소리를 내고, 미국 중심의 세계 질서에 대항하는 '다극 체제'를 만들려는 야심을 드러냈다.

이를 통해 중국은 '베이징 콘센서스'를 아시아와 전 세계에 뿌리 내리고자 한다. '워싱턴 콘센서스'가 민주주의와 시장경제를 강조하는 서구의 모델이라면, '베이징 콘센서스'는 국가 주도의 경제성장을 강조하며 정치적 안정성을 최우선으로 여긴다. 많은 개발도상국들이 '베이징 콘센서스'를 중국을 따라잡기 위한 모델로 받아들이기 시작하면서, 일대일로는 중국의 정치적 가치와 이념을 확산시키는 수단이 되고 있다.

일대일로가 확대될수록 중국과 미국, 그리고 인도를 비롯한 아시아 주요국들 간의 지정학적 긴장은 고조되고 있다. 특히 인도는 자국 주변의 인프라 프로젝트와 중국의 경제적 확장을 경계하며, 미국과 손잡고 인도–태평양 전략을 통해 중국에 대한 견제를 강화하고 있다. 이로 인해 일대일로는 단순한 경제적 협력을 넘어서 동아시아와 남아시아, 그리고 유럽을 둘러싼 세력 간의 치열한 힘겨루기의 장으로 변모하고 있다.

아시아 재편 – 중국 중심의 경제 블록 형성과 지역 협력 기구

일대일로가 아시아와 다른 대륙의 경제 구조에 끼치는 영향은 실로 막대하다. 중국은 이 프로젝트를 통해 참여국들과의 경제적 통합을 강화하며, 사실상 '중국 중심의 경제 블록'을 형성하고 있다. 특히 아시아 인프라 투자은행(AIIB)은 일대일로 프로젝트의 금융적 뒷받침 역할을 하며, 중국이 주도하는 경제적 협력의 중심축으로 자리 잡았다. 이는 국제통화기금(IMF)이나 세계은행(World Bank)과 같은 서구 주도의 금융기관에 도전하는 중국의 대안적 역할을 상징한다.

일대일로 프로젝트는 아시아 지역 내 다양한 협력 기구와의 연계를 통해 지역 협력을 강화하고 있다. 이를 통해 중국은 아시아에서의 경제적 주도권을 확보하며, 자국의 영향을 확산시키는 전략을 펼친다. 이 경제 블록은 아시아 각국이 중국과의 긴밀한 경제 협력을 통해 글로벌 경제에 접근할 수 있도록 하는 한편, 중국의 이익을 증대시키는 강력한 수단이 되고 있다.

도전 과제 – 부채와 환경, 그리고 지역 반발

그러나 일대일로가 모든 면에서 순탄한 것만은 아니다. 일대일로에 참여하는 여러 나라들은 중국의 막대한 대출로 인해 점차 부채 문제에 시달리고 있다. 이른바 '부채 함정 외교'라는 비판이 제기되는 이유다. 파키스탄, 스리랑카 등 여러 국가들은 중국의 대출 상환에 어려움을 겪으며 중국의 경제적 영향력에 점차 종속되는 모습을 보이고 있다.

환경 파괴와 지역 주민들의 반발 또한 일대일로 프로젝트의 주요 과제다. 대규모 인프라 프로젝트가 환경을 훼손하고, 개발 과정에서 주민들의 삶을 위협하는 일이 빈번하게 발생하며 일대일로에 대한 비판의 목소리가 높아지고 있다. 중국은 이러한 문제들을 개선하고 참여국들의 신뢰를 얻어야 하는 과제를 안고 있다.

신중국의 글로벌 야망, 그 명암

시진핑의 일대일로 프로젝트는 단순한 경제적 목표를 넘어 중국의 정치적, 지정학적 야망을 드러내는 거대한 그림이다. 중국은 일대일로를 통해 경제적, 정치적 영향력을 확장하며 전 세계에 자신의 그림자를 드리우고 있다. 하지만 부채 문제와 환경 문제, 그리고 지정학적 경쟁 속에서 이 프로젝트의 성공 여부는 여전히 미지수다.

신중국의 글로벌 야망은 위대한 비전을 품고 있지만, 그 길은 결코 쉽지 않다. 시진핑은 일대일로를 통해 중국이 더 이상 '제3세계'가 아닌 세계의 중심이 되기를 꿈꾸지만, 그 꿈을 실현하는 길에는 수많은 도전과 난관이 놓여 있다. 과연 중국은 일대일로를 통해 세계 무대에서 우뚝 설 수 있을까? 아니면 이 프로젝트는 도전과 반발 속에서 명암을 드리운 채 길을 잃게 될 것인가?

10

모디의 힌두 민족주의와 정치적 동원 전략

스트롱맨 나렌드라 모디의 남아시아 주도권 강화와 국경 분쟁 대응은 인도 외교와 안보 전략의 중심에 있다. 모디는 힌두 민족주의를 바탕으로 인도의 정체성을 강화하고, 중국과 파키스탄 같은 주요 라이벌과의 경쟁 속에서 인도의 위치를 공고히 하려 한다. 이러한 모디의 정책은 단순히 경제 발전과 국방 강화에 그치지 않는다. 인도인의 자부심을 끌어올리며 힌두 민족주의에 기반한 강력한 정치적 동원을 도모하고 있다.

모디의 힌두 민족주의와 정치적 동원 전략

모디는 인도의 전통과 문화를 되살리는 힌두 민족주의적 색채로 자신의 정치적 정체성을 확립했다. 힌두 민족주의는 단순히 종교적 신념을 넘어 인도의 문화, 역사, 자부심을 강조하는 것이다. 모디는 이를 활용해 인도 내 강력한 지지기반을 형성하고 있다. 그에게 힌두 민족주의는 국내적 결속과 정치적 동원 수단으로 작용하며, 동시에 인도 국민들에게 '강한 인도'라는 이미지를 심어주고 있다.

힌두 민족주의는 또한 파키스탄과의 분쟁에서 강경한 입장을 취할 명분이 되기도 한다. 파키스탄은 이슬람 국가이고, 인도는 힌두교 중심의 국가로 양국은 종교적으로도 분열되어 있다. 이 때문에 모디는 힌두교를 중심으로 한 민족 정체성을 강조하며, 파키스탄과의 갈등에서 흔들리지 않는 모습을 보여주려 한다. 이러한 강경한 입장은 국내에서 그의 지지자들에게는 강력한 리더로서의 이미지를 강화하는 한편, 국제적으로는 인도-파키스탄 간 갈등을 더욱 격화시키는 요인이 되기도 한다.

남아시아 주도권 강화 - 중국과의 대결 구도

모디의 주도권 강화 전략에서 빠질 수 없는 부분은 바로 중국과의 경쟁이다. 중국은 일대일로(Belt and Road Initiative) 프로젝트를 통해 파키스탄을 비롯한 남아시아 국가들과 경제적 동맹을 형성하고 있다. 특히 중국-파키스탄 경제 회랑(CPEC)은 인도에게는 눈엣가시 같은 존재다. 이 회랑이 카슈미르의 일부를 가로지르기 때문에, 인도는 이를 자국 영토 주권에 대한 심각한 침해로 간주한다.

모디는 이러한 중국의 확장에 맞서 인도 내 제조업을 활성화하고 인프라를 확장하는 '메이크 인 인디아(Make in India)' 정책을 추진 중이다. 이는 인도 경제를 자립시키는 한편, 인도 주도의 남아시아 경제권을 구축해 중국의 경제적 영향력 확대를 견제하려는 전략이다. 단순한 경제 프로젝트로 보일지 모르지만, '메이크 인 인디아'는 남아시아에서 인도의 리더십을 주장하기 위한 중요한 수단이다.

모디는 또한 주변국들과의 관계를 적극적으로 개선하고 있다. 방글라데시, 네팔, 스리랑카 등 남아시아 국가들과의 경제적 협력을 통해 인도 중심의 남아시아 경제권을 구축하려 한다. 이들 국가들은 인도와의 무역 및 인프라 협력에 큰 기대를 걸고 있으며, 인도 역시 이들과의 관계 강화를 통해 중국이 남아시아에서 설 자리를 좁히려 하고 있다. 그러나 남아시아 국가들은 중국과 인도 간의 경쟁을 기회로 삼아 두 나라 모두로부터 경제적 이익을 극대화하려는 복잡한 전략을 펼치고 있다.

국경 분쟁 – 강경한 대응과 안보 강화

모디는 인도의 국경을 둘러싼 여러 분쟁에서 절대 물러서지 않겠다는 입장을 고수하고 있다. 이는 특히 중국과의 분쟁에서 두드러지는데, 양국은 히말라야를 경계로 한 긴 국경을 두고 여러 차례 무력 충돌을 빚어왔다. 2020년 갈완 계곡 충돌은 그중 가장 주목할 만한 사건으로, 인도와 중국 간 긴장 관계를 극명하게 보여주었다.

모디는 국경 방어 능력을 강화하기 위해 군사력을 증강하고 있으며, 국경 인프라 확충에도 힘을 쏟고 있다. 도로, 철도, 군사 기지를 포함한 국경 지역의 인프라 개발을 통해 인도는 중국의 군사적 위협에 대비하고 있다. 또한, 미국과의 군사 협력을 통해 중국과의 무력 대치에서 안보를 강화하려는 모습도 보인다. 트럼프와의 관계 속에서 다져진 이 협력은 현재 바이든 정부에서도 이어지며, 인도와 미국은 공동의 안보 이해관계를 바탕으로 긴밀한 협력을 구축하고 있다.

파키스탄과의 국경에서도 모디는 결코 유화적인 태도를 취하지 않는다. 2019년, 인도는 카슈미르의 자치권을 철회하며 이 지역을 인도 중앙정부 직할지로 전환했다. 이는 파키스탄의 강력한 반발을 불러일으켰으며, 양국 간 긴장을 더욱 고조시켰다. 파키스탄은 국제사회에 이 문제를 호소했지만, 인도는 내정에 대한 외부 개입을 강력히 반대하고 있다.

국제적 반응 – 인도의 부상과 갈등의 기로

모디의 남아시아 주도권 강화와 국경 분쟁 대응은 국제사회에서도 큰 관심을 받고 있다. 인도는 미국, 일본, 호주와 함께 '쿼드(QUAD)'를 통해 중국의 영향력 확대를 견제하는 한편, 자국의 주권과 이익을 최우선으로 하려는 모습을 보여주고 있다. 쿼드는 인도-태평양 지역에서의 안보 협력을 목적으로 한 비공식 전략 협의체로, 중국의 팽창에 대응하는 데 주요한 역할을 한다. 이러한 협력은 인도가 국제무대에서 중요한 역할을 담당하는 동시에, 중국과의 대립 구도를 더욱 강화하는 요소로 작용하고 있다.

그러나 국제사회는 모디의 힌두 민족주의와 강경한 국경 정책에 대해 우려의 목소리도 내고 있다. 특히 모디 정부의 종교적 정책이 국내에서 종교 간 갈등을 부추기고 있다는 비판이 제기된다. 인도는 다종교 국가로, 힌두교, 이슬람교, 기독교 등 다양한 종교가 공존한다. 하지만 모디의 힌두 민족주의적 정책은 무슬림 등 소수 종교에 대한 차별과 억압을 강화시킬 가능성이 크다. 국제 인권 단체들은 모디 정부의 이러한 종교 정책이 인도 사회의 통합을 해칠 위험이 있다고 경고하고 있다.

모디의 남아시아 주도권과 국경 분쟁 대응의 명암

모디는 힌두 민족주의에 기반한 강력한 리더십을 통해 인도인의 자긍심을 고취시키고, 남아시아의 주도권을 확립하고자 한다. 그의 정책은 인도 중심의 경제와 안보 체제를 구축하며, 중국의 팽창에 맞서는 대항마 역할을 하고 있다. 그러나 이러한 전략은 남아시아의 정치적 긴장과 국경 분쟁을 심화시키고 있으며, 종교적 갈등을 부추길 가능성도 크다.

모디가 남아시아 주도권을 굳히고, 국경 문제를 해결하려는 목표를 이루려면, 그는 복잡한 지정학적 환경 속에서 균형 잡힌 외교를 펼쳐야 할 것이다. 국제사회에서 힌두 민족주의와 강경한 대응을 비판하는 목소리가 커질수록, 모디의 리더십은 한층 더 큰 시험대에 오르게 될 것이다.

11

에르도안의 독재적 통치와 군부 통제

스트롱맨 레제프 타이이프 에르도안 대통령의 통치 방식은 단순한 권력 유지 이상의 의미를 담고 있다. 그는 튀르키예의 현대적 국가 정체성에 깊이 새겨진 아타튀르크의 세속주의를 부분적으로 해체하면서도 오스만제국의 역사적 유산을 되살려 자신만의 튀르키예를 만들려 하고 있다. 한때는 개혁적 정치인으로 시작했지만, 현재 그는 철저히 권력을 집중하고 있으며, 독재적 통치 방식을 통해 군부와 사법부, 미디어까지 철저히 통제하고 있다.

에르도안의 독재적 통치와 군부 통제

에르도안이 장기 집권의 기틀을 다지기 위해 가장 먼저 손을 뻗은 곳은 군부였다. 튀르키예 군부는 튀르키예의 세속주의 수호자로 알려져 있었고, 과거에도 여러 차례 쿠데타를 통해 튀르키예 정치에 개입해왔다. 하지만 에르도안은 2016년 쿠데타 미수 사건을 기점으로 군부에 대한 대대적인 숙청을 단행했다. 수천 명의 군 관계자들이 감옥에 갇혔고, 그 자리는 에르도안에 대한 충성심이 확실한 인물들로 채워졌다.

이 사건 이후 튀르키예 군부는 사실상 에르도안의 손아귀에 들어갔으며, 그는 군부의 전통적 역할을 완전히 바꾸어 자신에게 충성하는 조직으로 만들어냈다.

에르도안의 군부 통제는 튀르키예 내 외교적, 군사적 영향력 확장의 기반이 되었다. 그는 군을 이용해 중동 각국에서 튀르키예의 입지를 다지려 하고 있으며, 이는 오스만제국의 군사적 영광을 되살리고자 하는 그의 열망과 맞물려 있다.

오스만제국 재건의 꿈 – 역사적 유산과 정치적 상징

에르도안은 튀르키예의 정체성을 단순히 현대적 세속 국가로 정의하는 것을 넘어, 오스만제국의 유산을 강조하며 튀르키예의 정체성을 새롭게 재구성하려 한다. 이 과정에서 그는 종종 오스만제국의 황금기를 언급하며 국민들에게 자부심을 불어넣는다. 아야소피아의 박물관에서 이슬람 사원으로의 전환은 그가 얼마나 오스만제국의 상징적 유산을 중요시하는지를 보여주는 대표적 사례다.

그는 오스만제국의 문화와 건축, 예술을 현대 튀르키예에 재도입

함으로써 과거의 유산을 정치적 상징으로 사용하고 있다. 국민들은 그의 이러한 정책에 매료되기도 하지만, 동시에 세속주의를 중시하는 이들은 그가 세속주의의 기반을 약화시키고 있다고 우려하고 있다.

중동에서의 리더십 – 아랍의 봄에서 시리아, 그리고 리비아까지

에르도안은 중동에서 튀르키예가 리더로 자리 잡기를 원한다. 아랍의 봄 이후 튀르키예는 중동 내 민주화 운동을 지지하며 영향력을 확대하려 했다. 그러나 그가 내세운 '민주주의'는 그다지 서구적이지 않다. 에르도안은 민주주의보다는 이슬람적 가치에 기반을 둔 리더십을 강조하며 중동의 이슬람 국가들과의 관계를 강화했다.

특히 시리아 내전과 리비아 분쟁에서 그는 튀르키예의 군사력을 활용해 개입하였고, 이를 통해 중동에서의 정치적 입지를 강화했다. 이 과정에서 튀르키예는 반정부 세력에 지원을 제공하며, 중동의 판도를 변화시키는 데 큰 역할을 했다. 이는 오스만제국의 옛 영토였던 시리아와 리비아에서 영향력을 되찾으려는 그의 의도와 맞닿아 있다.

중동 이슬람 국가들과의 복잡한 관계 – 팔레스타인과 이스라엘 사이에서

에르도안은 이슬람 국가들과의 연대를 통해 중동에서의 튀르키예의 리더십을 강화하고자 한다. 그는 팔레스타인 문제에 대한 지지를 공개적으로 표명하며 이스라엘에 대한 강경한 태도를 취하고 있다. 에르도안은 종종 팔레스타인 사람들에게 '튀르키예가 그들의 수호자'라는 메시지를 전하며 이슬람 국가들로부터 지지를 얻으려 한다. 그러나 그는 동시에 이스라엘과의 경제적 관계도 유지하려고 애쓰고 있다.

이스라엘과의 미묘한 관계는 중동에서 튀르키예의 위치를 더욱 복잡하게 만든다. 에르도안은 이스라엘과의 관계를 어느 정도 유지하면서도, 팔레스타인을 위한 강력한 목소리를 내며 이슬람 세계에서의 지지를 끌어모으고자 한다. 이는 이슬람 국가들 사이에서 튀르키예의 리더십을 강화하려는 그의 전략의 일환이다.

오스만제국의 유산과 오늘날의 튀르키예 – 도전과 가능성

에르도안의 오스만제국 재건에 대한 열망은 오늘날의 튀르키예에서 여러 형태로 실현되고 있다. 그는 오스만제국의 유산을 바탕으로 튀르키예의 문화적 정체성을 재정립하고, 튀르키예 국민들에게 과거의 영광을 되새기게 함으로써 민족적 자긍심을 고취시키고자 한다. 이러한 유산의 재발견은 튀르키예 내 보수적인 이슬람 세력에게 강력한 지지를 받지만, 동시에 세속주의를 중요시하는 이들로부터는 비판을 받고 있다.

또한 에르도안의 오스만제국 재건의 꿈은 현실적으로 많은 도전에 직면해 있다. 중동과 북아프리카에서의 군사 개입은 튀르키예 경제에 부담을 주고 있으며, 이로 인해 대내외적으로 정치적 압박을 받고 있다. 중동 국가들은 튀르키예의 영향력 확대를 경계하며, 이를 예의 주시하고 있다.

에르도안의 중동 리더십과 오스만 재건의 미래

에르도안의 중동 리더십 전략은 튀르키예의 외교 정책에 깊이 각인되어 있다. 그는 튀르키예를 과거의 오스만제국의 위상으로 되돌리려는 의도로, 중동 지역에서 튀르키예가 중요한 역할을 하기를 원한다. 그러나 그의 이러한 야망은 국제사회에서 강한 반발을 초래하고 있으며, 이는 특히 미국과 유럽의 반감을 사고 있다.

에르도안의 오스만제국 재건 꿈은 현대 튀르키예 정치와 외교에 큰 영향을 미치고 있다. 그는 튀르키예의 역사적 유산을 바탕으로 국내외에서 튀르키예의 위상을 높이려 하고 있지만, 이러한 전략은 중동에서의 복잡한 관계 속에서 다수의 도전 과제와 맞서야 한다. 에르도안이 오스만제국의 유산을 되살려 중동에서의 리더십을 강화하려는 시도는 앞으로도 중동 정세에 큰 영향을 미칠 것이며, 그의 야망이 어느 정도까지 실현될 수 있을지에 대해서는 시간이 말해줄 것이다.

12

트럼프의 독설과 대중 친화적 통치 스타일

도널드 트럼프는 단순히 '대통령'이라는 직책을 넘어서, 독설과 대중 친화적 통치 스타일로 독특한 정치적 현상을 만들어낸 인물이다. 그의 스타일은 전통적인 정치와는 거리가 멀고, 트럼프 자신이 새로운 정치적 규범을 만들어낸 것으로 볼 수 있다. 이제는 세계 정치사의 한 장을 장식할 만큼이나 그의 언행과 스타일은 많은 이들에게 기억되고 있다.

돌아온 트럼프 – 독설과 대중 친화의 귀환

2024년, 대선에서 승리한 트럼프는 전격적으로 백악관에 복귀했다. 그의 귀환은 마치 한 편의 드라마 같았고, 그의 지지자들은 이를 축제처럼 즐겼다. 그의 '독설 정치'는 다시 무대 위로 올랐다. 정치적 올바름 따윈 필요 없다는 식의 발언이 재개되었고, 대중은 이를 '솔직한 표현'이라며 열광했다. 트럼프는 다시 한 번 자신만의 스타일로 미국을 이끌어 나가겠다는 의지를 드러냈다. 그의 목표는 단순히 재임이 아니라, 완전히 새로운 정치적 패러다임을 제시하는 것이었다.

베스트 프렌드 일론 머스크와의 파트너십

흥미롭게도 트럼프와 일론 머스크는 요즘 미국의 '베스트 프렌드'처럼 비춰진다. 둘 다 직설적인 화법을 좋아하고, 세상을 뒤집을 정도의 영향력을 가지고 있다는 점에서 서로에게 매력을 느낀 듯하다. 머스크는 트위터를 'X(엑스, 구 트위터)'로 리브랜딩하며, X는 트럼프의 복귀를 위한 무대가 되었다. 이 새로운 디지털 플랫폼에서 트럼프는 다시금 강력한 존재감을 발휘하고 있다. 트럼프와 머스크의 조합은 '기존 질서에 대한 도전'이라는 점에서 많은 이들의 이목을 끌고 있다. 두 사람의 연대는 단순한 개인적 관계를 넘어 정치적, 경제적 힘을 결합하는 시너지로 볼 수 있다.

직설적인 언어 – "정치적 올바름? 그게 뭐죠?"

트럼프의 화법은 언제나 직설적이고 공격적이다. 그는 애매모호한 말을 싫어하고, 돌려 말하기보다는 차라리 대놓고 직설하는 방식을 택한다. '정치적 올바름'에 대한 개념은 그에게 아무 의미가 없다. 그는 무엇이든 대중이 이해하기 쉬운 언어로 표현하고, 있는 그대로 말하기를 선호한다. 이를 통해 그는 자신을 솔직한 사람으로 인식시키고, 대중의 마음을 얻는 데 성공했다.

이러한 화법은 많은 논란을 불러일으켰지만, 그의 지지자들에겐 신선하게 다가왔다. 그들은 트럼프가 세상의 속물들과 싸우는 영웅으로 보았고, 그의 말 한마디 한마디에 열광했다. "우리는 위대한 미국을 되찾겠다!"라든가, "가짜 뉴스에 속지 말라!" 같은 말들은 단순한 슬로건이 아니라, 그에게 열광하는 대중에게는 하나의 연대의식이 되었다.

소셜미디어와 대중 연결 – 트럼프의 디지털 연단

트럼프의 X(엑스, 구 트위터) 활용은 그야말로 현대 정치에서 혁명적이다. 전통적인 언론을 우회하여 자신의 메시지를 직접 대중에게 전달하는 방식은 전례가 없었다. 트위터와 'X'는 그의 무대였다. 그는 자신의 계정을 통해 날카로운 발언을 쏟아냈고, 이를 통해 전 세계의 이목을 끌었다. 한 트윗이 나올 때마다 뉴스 속보로 등장했고, 그의 발언은 하루 만에 백악관 정책의 새로운 방향을 제시할 만큼 큰 영향력을 발휘했다.

트럼프는 이러한 방식으로 대중과의 연결을 강화했다. 전통 미디어가 아닌 디지털 플랫폼을 통해 그는 자신만의 '디지털 연단(Digital podium)'을 만들어냈다. 그가 '가짜 뉴스'라고 말하면, 그의 지지자들은 진짜 뉴스보다 그의 말을 더 신뢰했다. 이제 그의 트윗은 단순한 소셜미디어 글이 아니라, 그의 정책과 세계관을 상징하는 도구가 되었다.

대중 집회 – 독설과 연대의 장

트럼프는 대중 집회를 매우 중요하게 여긴다. 그는 집회에서 직접 대중과 소통하며, 그들의 열렬한 지지를 받는다. 대중 앞에 서서 그는 유머와 독설을 넘나들며 열정을 쏟아낸다. 그의 연설은 지지자들에게는 축제와도 같고, 이곳에서 그들은 연대감을 형성한다. '우리 대 그들'이라는 구도 속에서, 트럼프는 대중과의 강력한 유대를 만들어낸다.

이런 스타일은 단순한 연설이 아니다. 이는 대중과의 심리적 연결고리를 강화하는 행위다. 그의 독설과 비난은 지지자들에게 "우리가 함께 싸우고 있다"는 메시지를 전하며, 그들의 결속을 다지는 데 큰 역할을 한다. 그는 이곳에서 독설을 통해 적을 겨누고, 지지자들에게는 강력한 신념과 연대를 심어주었다.

정치적 적대감 – "우리는 그들과 싸우고 있다"

트럼프는 정치적 적대감을 조장하는 전략을 사용한다. 그는 민주당과 언론을 주요 타깃으로 삼아 그들을 비난하며 지지자들에게 '적'의 존재를 상기시킨다. 그의 전략은 매우 단순하다. 적을 규정하고, 그들과 싸우는 자신을 영웅으로 만드는 것이다. 이를 통해 그는 지지자들에게 결집의 메시지를 전달하며, 정치적 에너지를 만들어낸다.

이러한 적대감은 정치적 효과가 컸다. 그의 지지자들은 그를 '우리의 대통령'으로 보았고, 그와 함께 싸운다는 연대감을 느꼈다. 이는 지지층을 단단하게 결속시키는 효과를 가져왔다. 민주당과 언론은 그가 만들어낸 이 '싸움'의 상대방이 되었고, 이를 통해 트럼프는 정치적 기반을 더욱 공고히 했다.

정책의 단순화 – "쉽고 간단하게!"

트럼프의 정책 설명 방식은 매우 직관적이다. 그는 복잡한 정책을 간단하게 설명하려고 노력하며, 이를 통해 대중이 그의 정책을 쉽게 이해하고 지지할 수 있도록 한다. 그의 방식은 '강한 미국', '위대한 미국'과 같은 슬로건으로 상징되며, 이는 그의 정치적 목표를 대중에게 명확하게 전달하는 데 효과적이었다.

트럼프는 복잡한 경제정책이나 외교 정책을 대중이 이해하기 쉬운 방식으로 풀어냈다. 그의 정책은 종종 논란의 대상이 되었지만, 대중에게는 간결하게 다가갔다. 이는 대중에게 정치가 어려운 것이 아니라, 그들도 이해하고 참여할 수 있는 것임을 보여주었다.

독설과 대중 친화적 스타일의 미래적 영향

트럼프의 독설적이면서도 대중 친화적인 통치 스타일은 미국 정치의 새로운 패러다임을 제시했다. 정치인이 대중과의 직접적인 소통을 통해 지지를 얻는 방식, 정치적 올바름을 거부하고 솔직하게 의견을 피력하는 방식, SNS를 활용한 직접적인 대중 소통 방식은 이후 정치인들에게도 큰 영향을 미쳤다.

그의 통치 스타일은 미국 내에서뿐만 아니라, 전 세계 정치인들에게도 새로운 길을 열었다. 독설과 대중 친화가 결합된 통치 스타일은 대중의 지지를 끌어내기 위한 새로운 방법으로 자리 잡았다. 그의 스타일은 대중에게 단순한 정치인을 넘어선 강한 리더의 이미지를 남겼으며, 그의 영향력은 단순히 재임 중에만 머무르지 않을 것이다.

트럼프는 단순히 대통령이 아니라 하나의 정치적 현상이다. 그의 귀환과 함께, 우리는 또 다른 '트럼프식 정치'의 시대를 목도하게 될 것이다.

미국 우선주의와 동맹 재편

- 트럼프는 '미국 우선'을 표방하며 동맹국들에게 더 많은 방위비 분담을 요구, NATO 등 전통적 동맹에 대한 비판적 입장.
- 유럽과의 관계에서 '자립적인 유럽 방위'를 강조하며 미국의 부담을 줄이려는 전략.

중국 견제와 무역 갈등

- 중국을 주요 경쟁자로 보고, 무역 전쟁과 경제적 제재 등 다양한 방식으로 중국 견제.
- 중국의 일대일로 프로젝트에 반대하며, 아시아-태평양 지역에서의 미국 영향력 유지 및 강화.

러시아와의 관계 - 갈등과 협력

- 러시아와의 직접적 대립을 피하면서도 전략적 경계를 유지, 제한적 협력.
- 푸틴과의 개인적 친분을 강조하면서도, 러시아의 영향력 확대에 대해 조심스러운 입장.

중동 정책 - 반이란 및 이스라엘 우호적 입장

- 이란에 대한 강경 제재 정책과 군사적 압박을 통해 중동에서의 영향력 견제.
- 이스라엘과의 강력한 관계 유지 및 지원, 팔레스타인 문제에 있어 이스라엘에 우호적 태도.

다자 협력 대신 양자주의

- 전통적인 다자 협력을 약화하고, 양자 협정으로 미국의 이익을 극대화하는 전략.
- 각국과 개별 협정을 통해 자국의 이익을 직접적으로 챙기고, 글로벌 리더로서의 역할을 축소.

국제기구에 대한 불신과 탈퇴

- 유엔, 세계보건기구(WHO) 등 국제기구에 대한 비판적 입장, 미국의 부담 줄이기 위해 기구 탈퇴 및 예산 삭감.
- 국제 규범을 재구성하고, '자국 우선' 원칙을 지키며 다자주의에서 거리를 두려는 태도.

글로벌 파장과 외교 전략의 미래

- 트럼프의 외교 전략은 기존 질서를 흔들고 다자주의보다 '미국 우선'을 내세워 국제관계에 변화 유발.
- 이러한 변화가 미국의 장기적 영향력에 미칠 영향은 앞으로의 국제정세에서 중요한 변수로 작용할 전망.

1부

스트롱맨들의 정치적 복귀와 권력의 재편

01

트럼프의 귀환
–'미국 우선주의'의 부활

트럼프의 귀환

2024년 11월 5일, 세계의 시선이 다시 미국으로 집중되었다. 투표함이 열리고, 사람들의 마음은 설렘과 긴장으로 가득 찼다. 불과 4년 전만 해도 도널드 트럼프가 백악관에 복귀할 가능성은 그리 높지 않아 보였다. 그러나 그는 불가능을 가능으로 바꿨다. 그의 승리는 단순한 정치적 복귀가 아니었다. 이는 미국을 새롭게 정의하고, 세계가 다시 한 번 미국의 리더십 아래 긴장해야 할 시대가 돌아왔다는 선언이었다.

트럼프의 귀환은 마치 영화 속 반전처럼 전 세계를 충격에 빠뜨렸다. 그는 '미국 우선주의'를 다시 한 번 외치며, 국제무대에서의 미국의 역할을 재정의하고자 했다. 동맹? 그건 미국의 부담을 늘리는 것에 불과하다고 그는 생각했다. 그는 과거와 마찬가지로 미국의 이익을 최우선으로 두겠다는 강력한 의지를 보였다.

세계 각국의 반응 – 유럽, NATO, 그리고 동아시아

트럼프의 승리는 유럽 지도자들의 밤잠을 설치게 만들었다. NATO 회원국들은 다시 한 번 방위비 분담 문제로 시달릴 것을 예감했다. "미국은 더 이상 세계의 ATM(자동 현금 인출기)이 아니다"라는 트럼프의 외침은 유럽의 안보에 먹구름을 드리웠다. 독일과 프랑스는 자체적인 방위력 강화를 논의하기 시작했고, 유럽 연합 내에서는 미국 없는 안보 체제 구축에 대한 목소리가 커졌다.

중국은 복잡한 표정을 지었다. 트럼프의 대중국 정책은 강경했지만, 그의 예측 불가능성은 중국에게 때로는 기회로 작용하기도 했다. 무역 전쟁의 불씨가 다시 타오를 것을 예상하며, 중국은 내부 경제를 강화하고 다른 무역 파트너와의 관계를 공고히 하려는 움직임을 보였다.

한편, 한국은 주한미군 문제로 다시 골머리를 앓게 되었다. 트럼프는 이전에도 주한미군 주둔 비용을 대폭 인상하겠다고 압박한 전례가 있었다. 그는 "한국이 충분한 대가를 지불하지 않으면 미군을 철수할 수도 있다"고 으름장을 놓았다. 이는 한반도의 안보 균형을 흔들 수 있는 중대한 사안이었다. 한국 정부는 미국과의 협상 테이블에서 어려운 선택을 해야 했다.

미국 내부의 변화 – 적극적인 대응의 시작

트럼프는 미국 내부의 문제들에도 적극적으로 대응하기 시작했다. 그는 이민 정책을 더욱 강화하며, 국경 장벽 건설을 재개했다. "안전한 미국을 만들겠다"는 그의 의지는 강경한 조치들로 나타났다. 환경 규제는 완화되었고, 에너지 산업은 다시 한 번 부흥의 길을 걷기 시작했다. 그는 일자리 창출을 위해 대규모 인프라 투자를 약속하며, 지지자들의 환호를 이끌어냈다.

디지털 연단 – 트럼프의 소셜미디어 전략

트럼프는 SNS를 통해 지지자들과 직접 소통했다. 그의 X(엑스, 구 트위터)와 기타 소셜미디어는 단순한 소통 수단을 넘어, 사실상 '디지털 연단'이 되었다. 그는 미디어에 의존하지 않고 자신의 목소리를 직접 전달하며 국민과의 연결고리를 더 강하게 만들었다.

"가짜 뉴스? 우리는 그것에 속지 않을 것이다!"

그는 주류 언론을 비난하고, 자신의 소셜미디어를 통해 직접적인 메시지를 던졌다.

그의 트윗 한 줄에 전 세계가 반응했다. 경제 지표가 출렁이고, 주식 시장이 요동쳤다. 트럼프는 280자의 메시지로 정책을 발표하고, 외교적 입장을 밝히며, 때로는 다른 지도자들을 비판하기도 했다. 이는 전통적인 외교 관례를 깨는 것이었지만, 그의 지지자들은 이를 '솔직함'과 '직접 소통'으로 받아들였다.

미래 전망 – 불확실성 속의 새로운 질서

트럼프의 귀환은 세계 정치의 새로운 불확실성을 가져왔다. 그의 예측 불가능한 결정들은 동맹국과 적대국 모두에게 긴장을 안겼다. 그러나 한 가지는 분명했다. 그는 다시 한 번 세계 무대의 중심에 섰고, 그의 말 한마디에 전 세계가 귀를 기울이고 있었다.

미국은 그의 리더십 아래서 어떤 방향으로 나아갈 것인가? 세계는 그의 정책 변화에 어떻게 대응할 것인가? 트럼프의 귀환은 단순한 과거의 반복이 아닌, 새로운 변수로 작용하고 있다. 그의 '미국 우선주의'는 국제질서를 재편하고, 각국이 자국의 이익을 재고하게 만들고 있다.

트럼프 시대의 재개, 그 의미는?

2024년의 선거는 역사에 길이 남을 사건으로 기록될 것이다. 트럼프의 귀환은 미국 내부의 분열을 재확산시킬 수도, 새로운 통합의 계기를 마련할 수도 있다. 세계는 그의 행보를 주시하며 새로운 전략을 모색하고 있다. 트럼프 시대의 재개는 단순한 정치적 이벤트가 아닌, 세계 질서의 변화를 예고하는 신호탄일지도 모른다.

이렇게 트럼프는 다시 한 번 세계의 중심에 섰다. 그의 다음 발걸음이 어디를 향할지, 그리고 그 발걸음이 세계에 어떤 영향을 미칠지, 우리는 숨죽이며 지켜볼 수밖에 없다. 어쩌면 트럼프는 이미 새로운 역사의 페이지를 쓰기 시작한 것일지도 모른다.

02

푸틴의 장기 집권과 러시아의 '대제국'의 비전

블라디미르 푸틴. 러시아의 대통령으로서 이미 20년 넘게 장기 집권을 이어온 그는 이제 단순한 국가 원수가 아니라, 러시아의 상징이자 역사 그 자체로 자리 잡았다. 푸틴의 꿈은 과연 무엇일까? 그는 어디까지 바라보고 있을까? 권력의 기틀을 다져나가는 과정부터 '대제국'의 비전을 이루기 위한 여정, 자원을 통한 경제적 자립, 그리고 다극 세계 질서로의 도전까지, 푸틴은 자신이 생각하는 이상적 러시아를 향해 한 걸음씩 나아가고 있다.

권력의 기틀 다지기 – 푸틴의 장기 집권

푸틴의 권력 기반은 철저하고, 치밀하며 무엇보다도 단단하다. 그는 정치적 반대 세력을 억제하고 언론을 철저히 통제하면서, 강력한 권력을 유지해왔다. 2020년에는 헌법을 개정해 2036년까지 집권할 수 있는 길을 열어두었다. 이는 단순한 장기 집권을 위한 전략이 아니다. 푸틴은 장기 집권을 통해 자신이 구상하는 '대제국'을 현실화하려는 큰 그림을 그리고 있다.

러시아 내에서 푸틴은 '강한 지도자'라는 이미지를 공고히 하고 있다. 소련이 붕괴하고 혼란스러운 과도기를 거쳤던 러시아인들에게, 푸틴은 안정을 가져온 구세주와 같은 존재였다. 그의 리더십 아래 러시아는 정치적 혼란에서 벗어나 강력한 국가로 자리 잡았다. 그의 지지자들은 푸틴을 단순한 지도자가 아닌 국가의 근본으로 본다. 그에게는 막대한 권력이 주어졌고, 그 권력은 오로지 러시아의 '위대함'을 위해 사용될 것이라는 믿음이 있다.

대제국의 꿈 – 영토와 영향력을 다시 한 번

푸틴이 진정으로 원하는 것은 과연 무엇일까? 그의 시선은 과거로, 소련 시절의 영향력을 다시 되찾는 데로 향하고 있다. 푸틴의 '대제국' 비전은 단순히 영토를 확장하려는 욕망이 아니다. 그는 러시아가 예전의 영광을 되찾고, 동유럽을 비롯해 주변국들에 대한 정치적, 군사적 영향력을 다시금 회복하기를 바란다. 2014년 크림반도 병합은 푸틴이 그리는 대제국의 첫걸음에 불과했다. 우크라이나 전쟁은 러시아의 영향력 확대 전략의 연장선에 있으며, 그에게는 동유럽 전역에서 러시아의 영향력을 증대시키려는 강력한 의도가 깔려 있다.

푸틴의 제국적 야망은 소련 시절의 영광을 되살리려는 의지로 가득 차 있다. 그는 주변국을 서방의 영향력에서 벗어나게 하고, 러시아가 중앙아시아와 동유럽을 주도하는 강대국으로 자리 잡기를 원한다. 이러한 비전은 러시아인들에게 자부심을 불어넣지만, 서방 국가들에게는 큰 위협으로 다가온다.

경제적 기반 – 자원을 통한 자립

푸틴의 '대제국' 비전을 실현하기 위해서는 경제적 기반이 필수적이다. 러시아는 천연자원의 보고다. 석유와 가스는 러시아 경제의 중심이며, 푸틴은 이를 국가적 자립의 기반으로 삼고 있다. 서방의 제재에도 불구하고 러시아 경제가 어느 정도 견딜 수 있는 이유는 이 자원들 덕분이다. 그는 에너지 수출을 통해 외화를 벌어들이며, 자원의 힘을 바탕으로 한 자립 경제를 구축하려 한다.

푸틴은 서방 제재를 계기로 경제 자립을 더욱 강조하게 되었다. 그는 서방에 의존하지 않는 경제 시스템을 구축하고, 자급자족을 강화하고자 한다. 또한, 러시아는 식량 자급률을 높이고, 방산 산업을 자립시키며, 기술적으로도 서방 의존도를 줄이려는 노력을 기울이고 있다. 이는 그의 대제국 비전과 맞닿아 있으며, 이를 통해 러시아는 국제 경제 질서 속에서 독립성을 확보하려 한다.

외교적 전략 – 다극 세계 질서를 향한 도전

푸틴의 외교적 전략은 다극 세계 질서를 지향한다. 그는 미국 중심의 단극 체제를 반대하며, 러시아가 그 축을 담당하는 다극 질서를 구축하고자 한다. 이를 위해 중국과의 관계를 강화하고 중동과 아프리카에서도 러시아의 입지를 넓히고 있다. 푸틴은 유엔, 상하이 협력기구(SCO), 브릭스(BRICS) 등을 통해 다극 세계 질서를 촉진하고 있으며, 러시아가 세계 강국으로서의 지위를 공고히 할 수 있도록 노력하고 있다.

푸틴의 다극 질서 구축은 단순히 미국에 대한 반발이 아니다. 이는 러시아가 국제정치에서 새로운 역할을 수행하고, 다른 강대국들과의 협력을 통해 미국의 영향력을 견제하려는 포부에서 비롯된 것이다. 그는 동유럽에서부터 중앙아시아, 중동까지 러시아가 세계에서 중요한 역할을 하길 원하며, 이를 위해 다양한 외교적 도구를 활용하고 있다.

장기전으로 번진 러우 전쟁의 양상

푸틴이 전개한 우크라이나 전쟁은 이제 단순한 전쟁을 넘어선 장기전이 되었다. 러시아는 우크라이나에서 군사적 목표를 이루는 데 어려움을 겪고 있으며, 전쟁은 예상보다 긴 시간 동안 지속되고 있다. 푸틴은 이 전쟁을 통해 우크라이나를 러시아의 영향권 안에 두려 하지만, 서방의 지원을 받는 우크라이나는 쉽게 굴복하지 않았다. 러시아군의 손실이 커지고 있으며, 경제적 압박도 강해지고 있다.

푸틴의 전략은 과연 성공할 것인가? 그는 러시아 국민들에게 '대제국'의 꿈을 약속했지만, 전쟁이 장기화되면서 국민들의 피로감이 높아지고 있다. 이 전쟁의 결과는 러시아의 대외정책과 푸틴의 권력 기반에도 큰 영향을 미칠 것이다.

재집권한 트럼프와 푸틴의 역학 관계

트럼프의 재집권은 푸틴에게 새로운 기회를 제공할 가능성이 크다. 트럼프는 동맹국과의 전통적인 협력보다는 미국의 국익을 최우선으로 고려하는 지도자로, 그의 대외 정책은 NATO를 경시하고 동맹국들에게 방위비 부담을 강하게 요구하며 동맹 간의 신뢰를 약화시킨 바 있다. 이러한 접근은 푸틴이 유럽 내에서 러시아의 영향력을 확대할 수 있는 공간을 제공할 수 있다. NATO가 내부 분열을 겪게 되면, 이는 러시아가 동유럽과 발트 3국에서 더 공격적인 전략을 취할 수 있는 환경을 만들어줄 가능성이 높다.

트럼프와 푸틴은 여러 면에서 닮아 있다. 두 지도자는 강력한 권력 집중을 선호하며, 예측 불가능한 성향과 국가 이익을 우선하는 실용주의적 태도를 공통적으로 지니고 있다. 트럼프는 푸틴과의 개인적인 친분을 자주 강조했으며, 이는 러시아와의 관계에서 보다 융통성 있는 접근을 가능케 했다. 예를 들어, 트럼프는 2018년 헬싱키 정상회담에서 러시아의 2016년 미국 대선 개입 문제를 다룰 때 푸틴의 입장을 옹호하는 듯한 발언을 하여 큰 논란을 일으켰다. 이러한 모습은 전통적인 미국 대외정책의 틀을 벗어난 것으로, 러시아에 보다 유리한 외교 환경을 조성했다.

푸틴 역시 트럼프의 재집권을 활용해 서방 국가 간의 균열을 확대하려 할 가능성이 크다. 트럼프는 NATO의 집단 안보 체제를 '미국의 부담'으로 간주하며 방위비 분담을 요구했는데, 이는 유럽 내 NATO 회원국들 사이에 불만과 긴장을 불러일으켰다. 푸틴은 이를 통해 NATO가 약화되거나 내부 분열이 심화되는 것을 목표로 삼을 수 있다. 동시에 그는 유럽 내 친러 성향의 정치 세력을 지원하거나, 에너지 공급을 무기로 삼아 유럽 국가들을 압박하는 전략을 지속할 가능성이 있다.

러시아의 우크라이나 침공과 같은 최근의 사태에서도 푸틴은 트럼프의 태도를 예의 주시했을 것이다. 트럼프는 대선 캠페인에서 우크라이나 지원을 축소하거나 종료할 가능성을 언급하며 미국의 우크라이나 개입을 '불필요한 비용'으로 평가했다. 이는 푸틴에게 미국의 대러시아 억제력이 약화될 가능성을 시사하며, 그의 군사적 행보에 추가적인 동력을 제공할 수 있다. 트럼프의 NATO 경시와 미국의 국제 안보 의무 축소 기조는 푸틴이 유럽에서 보다 대담한 전략을 펼칠 수 있는 환경을 조성할 수 있다.

양국 관계에서 경제적 이해관계도 중요한 요소다. 러시아는 에너지 강국으로서 유럽과 아시아를 대상으로 한 천연가스와 석유 수출을 통해 경제적 영향력을 행사하고 있다. 트럼프는 미국의 에너지 자립을 강조하며 러시아의 에너지 패권을 견제하려 했으나, 그 방식은 유럽 동맹국들의 협력을 필요로 하지 않는 독립적 접근에 초점이 맞춰져 있었다. 이는 푸틴이 유럽 내 에너지 의존도를 활용해 미국과의 경제적 경쟁에서 우위를 점할 수 있는 기회를 열어줄 가능성을 내포한다.

트럼프와 푸틴의 관계는 단순히 미러 관계에 국한되지 않는다. 이들의 리더십은 전 세계 외교 질서에 중대한 영향을 미치며, 동맹 관계의 약화, 경제적 경쟁의 격화, 군사적 긴장의 고조와 같은 결과를 초래할 수 있다. 이러한 동태적 관계는 단기적으로는 두 나라 간의 이해관계를 재조정하는 계기가 될 수 있지만, 장기적으로는 글로벌 질서를 더욱 불안정하게 만들 가능성을 내포하고 있다.

불안정한 미래 속 푸틴의 도전

푸틴의 장기 집권과 대제국 비전은 러시아 내외의 도전과 기회 사이에서 줄타기를 이어가고 있다. 그는 러시아를 과거의 영광으로 되돌리고자 하는 야망을 품고, 이를 실현하기 위해 강경한 정책과 독단적인 리더십을 구사해왔다. 그러나 이러한 비전은 러시아 내부와 국제사회의 강한 저항에 직면하고 있다. 국내적으로는 경제적 제재와 전쟁의 장기화로 인한 사회적 불만이 커지고 있으며, 전 세계적으로는 서방 국가들의 지속적인 견제가 러시아의 외교적 입지를 좁히고 있다.

푸틴이 우크라이나 침공 이후 계속된 전쟁을 통해 러시아의 대제국 비전을 추진하고 있지만, 이로 인한 결과는 긍정적이라기보다 부정적인 면이 더 두드러진다. 우크라이나에서의 군사 작전은 예상보다 오래 지속되며 러시아 경제에 심각한 타격을 입혔다. 유럽연합(EU)과 미국의 강력한 경제 제재는 러시아의 금융과 에너지 산업에 직접적인 영향을 미쳤다. 특히, 서방의 탈러시아 에너지 정책은 러시아의 주요 수입원인 천연가스와 석유 수출에 큰 타격을 주었다. 러시아 국민들은 물가 상승과 생활 수준 하락으로 인해 불만을 표출하고 있으며, 이러한 경제적 어려움은 푸틴의 권력 기반을 약화시키는 요소로 작용하고 있다.

푸틴의 정치적 야망은 국내적 요인뿐만 아니라 국제적 변수에서도 시험대에 오르고 있다. 그의 행보는 북대서양조약기구의 강력한 대응을 불러일으켰다. NATO는 우크라이나와 동유럽 국가들에 대한 지원을 확대하며 러시아의 군사적 위협에 맞서고 있다. 특히, 핀란드와 스웨덴의 NATO 가입은 러시아와 서방 간의 지정학적 긴장을 한층 고조시키며, 푸틴의 전략적 입지를 더욱 어렵게 만들었다. 이와 동시에 중국과의 경제적 협력 강화와 같은 새로운 외교적 동맹을 통해 서방의 견제를 돌파하려는 움직임도 보이고 있지만, 중국이 러시아의 전면적 지원에 조심스러운 태도를 유지하면서 한계에 부딪히고 있다.

러시아 내부적으로는 푸틴의 권력 유지가 점점 더 복잡한 과제가 되고 있다. 크렘린 내부의 정치적 균열과 일부 지역에서의 독립 움직임은 그의 장기 집권에 새로운 도전을 제기하고 있다. 특히, 러시아 군부와 정보기관 내의 일부 세력들이 전쟁의 실패와 경제적 압박으로 인해 푸틴의 리더십에 불만을 품고 있다는 보고가 나오고 있다. 이러한 상황에서 푸틴은 공포 정치와 강력한 선전 기계를 동원해 권력을 유지하고 있지만, 이는 단기적인 안정만을 보장할 뿐, 장기적으로는 더 큰 저항을 초래할 가능성이 있다.

푸틴의 대제국 비전은 러시아가 잃어버린 국제적 영향력을 되찾고, 세계 무대에서 주요 강국으로 재등장하려는 시도를 포함한다. 그러나 이러한 비전은 전 세계의 경제적, 군사적, 외교적 질서를 재편하려는 그의 의도가 얼마나 현실적이고 지속 가능할지에 대한 의문을 남긴다. 푸틴은 러시아의 과거 영광을 되살리겠다는 약속으로 국내외에서 자신의 리더십을 정당화하고 있지만, 그가 직면한 내부적·외부적 도전은 그의 야망을 실현하기 어려운 환경을 조성하고 있다.

결국 푸틴은 러시아의 지도자이자 대제국을 꿈꾸는 야심가로서 자신의 시대를 만들고 있다. 그러나 그의 비전이 러시아와 세계에 어떤 결과를 가져올지는 여전히 미지수다. 국제질서의 변화와 역사의 방향은 푸틴의 리더십이 지속될 수 있을지, 그리고 그가 제시한 비전이 실현 가능한지 여부에 달려 있다.

03

시진핑의 '중화의 부흥'과 아시아 패권 장악 전략

시진핑 주석의 3연임은 단순히 장기 집권의 문제가 아니다. 그는 '중화의 부흥'을 기치로 내걸고, 아시아에서 나아가 세계 무대에서 중국을 중심에 두려는 야망을 드러내고 있다. 단지 부유한 국가로 자리매김하는 데 만족하지 않는 그의 목표는 '세계의 중심'으로서 중국의 지위를 확립하는 것이다. 이 야망은 중국의 내외 정책을 크게 흔들고 있으며, 시진핑의 권력 집중, 아시아 패권 장악 전략, 그리고 '베이징 콘센서스'의 확산으로 나타나고 있다.

시진핑의 3연임과 권력의 절대화

2018년, 중국은 헌법을 개정해 주석의 연임 제한을 철폐했다. 이는 시진핑이 3연임을 넘어 더 오랜 기간 권력을 유지할 수 있는 기반을 마련해 주었다. 이 결정은 단순히 시진핑 개인의 권력 욕망을 넘어, 중국 공산당이 설정한 '중국몽'을 실현하기 위한 필수적인 전략이었다. 그의 장기 집권은 안정성을 내세우며 중국인들에게 '중국의 부흥'이라는 거대한 국가 프로젝트를 함께 달성하자고 호소한다.

시진핑은 당과 국가, 군대를 모두 장악하며 권력을 집중시켰고, 이를 통해 경제, 외교, 군사 정책에서 절대적 영향력을 행사하고 있다. 그의 지도 아래 중국은 공산당 중심의 강력한 통제 체제를 더욱 공고히 했다. 그는 이를 '중국 특색 사회주의'라 부르며, 중국식 민주주의와 시장 경제의 융합을 통해 서구와 다른 길을 가겠다고 선언했다.

글로벌 패권을 향한 중국의 행보

시진핑의 중국은 '세계에서 존경받는 대국'이 되는 것을 목표로 하고 있다. '일대일로(BRI, Belt and Road Initiative)' 프로젝트는 아시아, 유럽, 아프리카에 걸쳐 방대한 인프라와 교역 네트워크를 구축함으로써 중국의 경제적 영향력을 넓히기 위한 대표적인 전략이다. 도로와 철도, 항만, 에너지 시설 등 다양한 프로젝트에 투자하며 중국은 경제적으로 전 세계와 연결되고 있다. 이는 단순한 투자 이상의 의미를 지닌다. 중국은 자본을 통해 개발도상국들에 대한 정치적, 외교적 영향력을 확대하고 있으며, 그 결과 아시아와 아프리카에서 중국의 존재감은 더욱 강해지고 있다.

중국은 경제적 힘을 바탕으로 군사적 능력도 빠르게 확장하고 있다. 특히, 남중국해에서의 군사적 존재를 강화하며 주변국들과의 긴장 관계를 일으키고 있다. 중국의 군사력 증강은 지역 내 안보를 위협하는 요소로 작용하고 있으며, 이는 인도, 일본, 미국과의 갈등을 촉발시키고 있다. 시진핑은 이러한 군사적 영향력을 통해 아시아에서의 패권을 확보하려 하고 있다.

워싱턴 콘센서스 vs. 베이징 콘센서스

서방 국가들이 오랜 기간 세계 경제 질서의 중심으로 제시해 온 '워싱턴 콘센서스'는 민주주의, 자유시장 경제, 개방된 무역을 기반으로 한 경제성장 모델이다. 이 모델은 정부의 개입을 최소화하고 자유무역과 규제 완화를 통해 경제적 효율성을 극대화하는 것을 목표로 한다. 그러나 이 접근법은 모든 국가에서 성공적인 결과를 가져오지는 않았다. 많은 개발도상국은 이 모델이 경제적 불평등을 심화시키고 사회적 안정성을 위협할 수 있다는 점에서 비판을 제기했다. 이러한 맥락에서 중국의 '베이징 콘센서스'는 워싱턴 콘센서스와 대비되는 대안적 모델로 등장했다.

시진핑의 베이징 콘센서스는 강력한 국가 주도의 경제 발전과 정치적 안정성을 핵심으로 한다. 이는 민주주의나 자유시장 경제보다는 정부의 적극적인 경제 개입과 중앙집권적 계획을 통해 경제성장을 달성하는 방식을 강조한다. 중국은 이를 통해 빈곤을 극복하고 세계 2위 경제 대국으로 도약했으며, 이러한 성공 사례를 바탕으로 개발도상국들에게 이 모델을 제시하고 있다. 시진핑은 특히 "중국식 모델이 개도국들에게 더 실질적이고 매력적인 대안"이라고 주장하며, 워싱턴 콘센서스에 기반한 서구적 질서에 도전장을 내밀었다.

베이징 콘센서스의 영향력은 아프리카와 아시아의 여러 국가들에서 두드러진다. 에티오피아, 라오스, 캄보디아, 케냐와 같은 국가들은 중국의 경제적 지원과 투자 모델을 참고하여 자국의 발전을 도모하고 있다. 예를 들어, 에티오피아는 중국의 대규모 인프라 투자와 제조업 이전을 통해 경제성장을 가속화했으며, 라오스는 중국과의 협력을 통해 고속철도 프로젝트와 같은 주요 인프라 개발을 진행 중이다. 케냐는 중국의 일대일로 프로젝트를 통해 주요 항만과 철도를 개발하며 경제 발전의 기반을 다지고 있다. 이러한 국가들은 중국의 모델이 정치적 안정성을 유지하면서도 경제성장을 빠르게 달성할 수 있는 효과적인 대안이라고 평가하고 있다.

베이징 콘센서스의 핵심은 경제성장을 위해 민주주의와 자유를 필수 요건으로 보지 않는다는 점이다. 이는 특히 정치적 안정성과 빠른 결과를 원하는 개발도상국들에서 매력적으로 받아들여지고 있다. 중국은 자유민주주의를 강조하지 않는 대신, 사회적 안정을 유지하며 경제적 번영을 이룩할 수 있다는 것을 보여주려 한다. 이는 특히 아프리카 국가들에서 긍정적으로 받아들여지고 있으며, 다수의 개발도상국이 이를 자국에 맞게 변형하여 채택하려는 움직임을 보이고 있다.

그러나 베이징 콘센서스는 비판의 여지도 적지 않다. 국가 주도 경제 모델은 단기적으로는 성과를 낼 수 있지만, 장기적으로는 경제적 비효율성과 부패 문제를 초래할 가능성이 있다. 또한, 정치적 자유와 인권을 희생한 대가로 얻은 안정성은 사회적 불만을 억누르는 데만 집중할 수 있다는 비판도 제기된다. 에티오피아와 같은 국가는 경제적 성장을 달성했지만, 동시에 정치적 억압과 인권 문제로 국제사회의 비난을 받기도 했다.

베이징 콘센서스는 워싱턴 콘센서스와의 대립을 넘어, 국제질서의 새로운 변화를 상징한다. 워싱턴 콘센서스가 글로벌화된 경제체제를 구축하고 민주주의와 자유를 확산시키는 데 중점을 두었다면, 베이징 콘센서스는 효율성과 안정성을 앞세워 개별 국가의 상황에 맞는 발전 모델을 제공하려 한다. 이는 단순한 경제정책의 차이가 아닌, 두 체제 간의 철학적 대립으로 볼 수 있다. 앞으로 베이징 콘센서스가 더 많은 국가에서 채택되고 영향력을 확대할지, 아니면 서구의 비판과 내부적 문제로 인해 한계를 드러낼지는 국제 사회의 주목을 받을 것이다.

국제적 반응과 도전 과제

시진핑의 행보는 국제사회에서 엇갈린 반응을 일으키고 있다. 한편에서는 중국의 빠른 성장과 개발에 대한 경외감이 있지만, 다른 한편에서는 중국의 과도한 영향력 확대에 대한 경계심이 커지고 있다. 특히 미국을 포함한 서방 국가들은 중국의 급부상을 '위협'으로 간주하며, 경제와 안보에서의 대응책을 마련하고 있다. 이에 따라 미중 간의 경쟁 구도는 점차 더 뚜렷해지고 있다.

일부 아시아 국가들은 중국과의 경제 협력을 통해 혜택을 얻고자 하면서도, 동시에 중국의 지나친 영향력 확장에 대해 우려를 표하고 있다. 남중국해 문제, 인도의 국경 분쟁 등은 중국과 이웃 국가들 사이에서 긴장을 고조시키고 있다. 또한, 일대일로 프로젝트에 참여한 국가들 사이에서는 과도한 부채 문제로 인해 '채무 함정 외교'라는 비판도 나오고 있다. 중국의 투자가 오히려 참여국의 경제를 약화시키고, 정치적 종속을 초래할 수 있다는 우려가 존재한다.

샴페인을 너무 일찍 터트린 중국 경제의 어려움

중국 경제는 세계 2위 경제 대국이라는 외형적인 성과 뒤에 깊은 내부적 위기를 품고 있다. 시진핑의 아시아 패권 전략은 국제적으로는 영향력을 확대하고 있지만, 국내적으로는 경제의 지속 가능성을 위협하는 다양한 문제들과 직면하고 있다. 중국의 고속 성장은 막대한 부채와 부동산 거품이라는 대가를 치렀고, 이러한 문제는 점차 가시화되며 국가 경제의 리스크로 자리 잡고 있다. 시진핑은 내수시장 확대와 경제적 자립을 통해 문제를 해결하려 하고 있지만, 이러한 방식이 구조적 문제를 해결하는 데 얼마나 효과적일지는 의문이다.

중국의 부동산 위기는 그 심각성이 날로 드러나고 있다. 헝다(恒大) 그룹의 디폴트 사태는 중국 부동산 시장의 취약성을 극명하게 보여주었다. 이로 인해 수많은 투자자들이 손실을 입었고, 부동산 시장은 소비자 신뢰를 크게 잃었다. 부동산 시장의 침체는 지방정부 재정에도 큰 타격을 주었다. 중국 지방정부는 토지 판매 수익에 크게 의존하는 구조인데, 부동산 경기 침체로 인해 이러한 수익원이 급격히 줄어들면서 지방정부 부도 위험이 증가하고 있다. 이러한 악순환은 단기적인 경기 회복뿐 아니라 중국 경제 전체의 신뢰에도 부정적인 영향을 미치고 있다.

또한, 중국은 심각한 청년 실업 문제를 안고 있다. 최근 통계에 따르면, 중국의 청년 실업률은 20%를 넘어섰다. 이는 대학 졸업생 증가와 제조업 일자리 감소, 그리고 신산업 성장의 정체가 맞물린 결과다. 많은 청년들은 안정적인 일자리를 구하지 못하고 임시직이나 저임금 직종에 머물고 있으며, 이로 인해 사회적 불만도 커지고 있다. 이러한 실업 문제는 단순히 경제적 문제가 아니라 중국의 사회 안정성에도 영향을 미칠 수 있는 잠재적 위협 요소로 작용하고 있다.

한편, 중국의 부유층들은 자산 보호와 더 나은 교육, 의료 서비스 등을 위해 해외로의 탈출을 가속화하고 있다. 미국, 캐나다, 호주 등은 중국 부유층의 주요 이민 대상국으로 떠오르고 있으며, 이는 자본 유출과 인재 유출이라는 이중적 문제를 야기한다. 중국 정부는 이러한 부유층의 이탈을 막기 위해 강력한 규제를 도입했지만, 이는 오히려 투자 심리를 위축시키고 있다. 부유층의 탈출은 경제 전반에 걸쳐 장기적인 영향을 미칠 수 있는 요인으로 꼽힌다.

중국은 또한 '중진국 함정'에 빠질 위험에 처해 있다. 중진국 함정이란 일정 수준의 경제 발전을 이룬 국가가 더 이상의 성장 동력을 찾지 못해 정체 상태에 머무는 현상을 의미한다. 중국은 노동 인구 감소와 고령화, 제조업 중심의 경제 구조라는 한계 속에서 새로운 성장 모델을 찾기 위해 노력하고 있지만, 이러한 변화는 단기간에 이루어질 수 없는 과제다. 시진핑은 경제 구조 개혁과 기술 자립, 그리고 새로운 산업 육성을 통해 이러한 문제를 극복하려 하지만, 이는 장기적이고 복잡한 과정이 필요하다.

미국과의 무역 갈등도 중국 경제에 심각한 타격을 주고 있다. 미국의 관세 정책과 기술 제재는 중국의 수출 중심 경제 모델에 큰 부담을 주었으며, 이는 제조업 부진과 기술 산업의 성장 정체로 이어졌다. 이러한 상황 속에서 중국은 내수 경제 강화와 독자적인 기술 개발로 대응하고 있지만, 글로벌 공급망에서의 고립은 중국 경제를 더욱 어렵게 만들고 있다.

중국은 과거의 고속 성장 모델을 넘어서야 하는 상황에 직면해 있다. 샴페인을 너무 일찍 터트린 것처럼 보이는 중국의 경제는 이제 과거의 영광을 재현하기 위해 새로운 전략과 모델을 찾아야 한다. 시진핑의 경제적 자립과 내수 강화 전략이 얼마나 효과를 발휘할지는 미지수이며, 현재의 위기가 중국 경제를 더 강하게 만들지, 아니면 더 깊은 침체로 빠뜨릴지는 앞으로의 정책 결정과 글로벌 경제 환경에 달려 있다.

시진핑의 베이징 콘센스, 새로운 국제질서의 도래인가?

시진핑의 '베이징 콘센서스'는 기존의 워싱턴 콘센서스가 주도하던 서방 중심의 국제질서를 재편하려는 야심 찬 도전으로 볼 수 있다. 시진핑은 단순히 경제적 성장을 넘어, 중국을 새로운 국제질서의 중심으로 자리매김시키고자 한다. 그는 다극화를 지향하며, 미국 중심의 세계 질서를 약화시키고, 중국식 통치와 경제 모델을 대안으로 제시하고 있다. 시진핑의 3연임은 이러한 장기적 목표를 추진하는 데 안정적 리더십을 제공하고 있지만, 그 과정에서 내부와 외부의 도전 과제들이 산적해 있다.

중국의 경제적 어려움은 베이징 콘센서스의 확산에 주요 장애물로 작용하고 있다. 중국은 고속 성장 과정에서 누적된 부채 문제, 부동산 시장 침체, 인구 고령화 등 구조적 경제 문제를 해결해야 하는 상황에 처해 있다. 예를 들어, 헝다 그룹의 부도 사태와 같은 부동산 위기는 지방 정부와 은행 시스템 전반에 영향을 미치며 중국 경제의 신뢰를 약화시키고 있다. 이러한 상황에도 불구하고 시진핑은 내수 경제 강화와 첨단 기술 개발을 통해 경제적 자립을 꾀하며, 베이징 콘센서스의 지속 가능성을 강조하고 있다.

국제적으로 시진핑의 베이징 콘센서스는 많은 개도국들에게 매력적인 대안으로 떠오르고 있다. 아프리카, 중동, 동남아시아의 여러 국가들은 중국이 주도하는 일대일로(BRI) 프로젝트를 통해 경제적 지원과 인프라 개발을 약속받았다. 예를 들어, 스리랑카, 파키스탄, 케냐 등은 일대일로 프로젝트의 주요 수혜국으로, 중국의 경제적 영향력을 체감하며 이를 기반으로 국가 발전을 도모하려 하고 있다. 그러나 이러한 지원은 종종 막대한 부채를 동반하며, 일각에서는 이를 '부채 함정 외교'라고 비판하고 있다. 중국이 제공하는 경제 지원이 장기적으로 해당 국가들의 자율성을 약화시키고, 중국의 영향력에 종속될 위험을 초래한다는 지적이다.

베이징 콘센서스는 정치적 안정성과 국가 주도의 경제 발전을 중시하며, 기존의 자유 민주주의와 자유 시장 경제 모델에 대한 대안으로 자리 잡으려 한다. 중국은 자국의 모델을 통해 정치적 안정과 경제적 번영이 가능하다는 메시지를 전하며, 이를 통해 국제사회에서 자신들의 입지를 강화하려 한다. 특히, 중국은 민주주의의 결핍을 문제로 삼는 서방의 비판에 맞서, 각국의 정치 시스템은 자국 상황에 맞게 결정될 수 있어야 한다고 주장하며, 개발도상국들에게 중국식 모델을 제시하고 있다.

그러나 이러한 시진핑의 전략은 국제적 반발을 불러일으키고 있다. 서방 국가들은 중국의 권위주의적 모델이 자유주의적 국제질서에 도전한다고 보고 있으며, 특히 미국은 이를 견제하기 위해 동맹국들과의 협력을 강화하고 있다. 미국은 일본, 한국, 호주 등과의 군사적, 경제적 협력을 통해 아시아 태평양 지역에서의 영향력을 유지하려 하고 있으며, 중국의 영향력 확대를 견제하려는 노력을 이어가고 있다. 이러한 긴장은 단순히 양국 간의 대립을 넘어, 글로벌 차원의 새로운 냉전을 예고하는 양상을 보이고 있다.

시진핑의 목표는 단순히 중국의 경제적 성장을 넘어, 중국이 국제사회에서 하나의 중심축으로 자리 잡는 것이다. 그는 베이징 콘센서스를 통해 중국의 발전 모델이 워싱턴 콘센서스를 대체할 수 있음을 증명하려 하고 있다. 그러나 중국 내부의 경제적 문제와 국제사회의 반발은 이러한 계획에 큰 도전 과제로 작용하고 있다. 세계는 시진핑의 베이징 콘센서스가 새로운 국제질서를 형성할 잠재력을 주목하고 있지만, 그 과정이 순탄할 것이라고 보기는 어렵다. 베이징 콘센서스의 성공 여부는 중국이 내부의 경제적, 사회적 문제를 해결하고, 외부에서의 비판과 반발을 얼마나 효과적으로 관리하느냐에 달려 있다.

시진핑은 새로운 국제질서의 중심에 중국을 놓고자 하지만, 그 길은 험난하고 복잡하다. 베이징 콘센서스가 정말로 워싱턴 콘센서스를 대체할 수 있을지, 아니면 단기적 대안으로 그칠지는 앞으로의 국제적 대응과 중국 내부의 문제 해결 능력에 의해 결정될 것이다. 이는 단순히 중국의 미래를 넘어서, 전 세계적인 정치와 경제 질서에 중요한 영향을 미칠 사안으로 남아 있다.

04

모디의 인도 영토 확장 욕망과 카슈미르 분쟁

나렌드라 모디. 인도에서 그의 이름을 들으면 사람들 사이에 공통된 이미지가 떠오른다. 바로 '강한 인도'를 꿈꾸는 남자다. 그는 단순히 경제를 살리고 군사력을 키우려는 지도자일 뿐만 아니라, 인도의 정체성을 재정립하려는 지도자다. 모디의 인도는 서양이 만든 틀에서 벗어나 스스로를 새롭게 정의하려는 나라다. 그의 비전은 뿌리 깊은 힌두 민족주의에서 출발해 '강한 인도'를 완성하기 위한 모든 노력을 총동원하고 있다.

힌두 민족주의의 배경 – 뿌리 깊은 역사와 이념적 토대

모디의 힌두 민족주의, 즉 '힌두트바'는 단순한 종교적 신념이 아니다. 이는 인도 내 힌두교가 중심이 되어야 한다는 사상이다. 인도는 수세기 동안 외세의 지배를 받으며 종교와 문화의 정체성에 큰 도전을 받았다. 모디와 그의 당인 인도 국민당(BJP), 그리고 그 모체인 RSS(인도 민족주의 단체)는 인도의 문화와 정체성을 회복하는 것이 인도의 '재부흥'이라고 주장한다. 힌두트바는 인도 사회에서 힌두교가 중심이 되어야 한다는 것을 강조한다. 힌두교만이 인도의 뿌리이자 전통이며, 다른 종교들은 손님일 뿐이라는 메시지를 던지는 것이다.

모디의 정책과 비전 – '강한 인도'의 실현을 위한 추진력

모디의 '강한 인도' 비전은 경제, 사회, 군사 등 다양한 분야에서 나타나고 있다. 그 대표적인 예가 '메이크 인 인디아(Make in India)' 캠페인이다. 그는 인도를 '제조업의 중심지'로 탈바꿈시키려 한다. 이 정책의 목표는 인도가 단순히 글로벌 소비 시장에서 벗어나, 자국에서 생산하고 세계로 공급하는 강력한 경제 중심지가 되도록 만드는 것이다. 또한 이를 통해 인도 내 일자리를 창출하고 외국인 투자(FDI)를 유치하려는 노력도 병행하고 있다.

'디지털 인디아(Digital India)' 이니셔티브도 빼놓을 수 없다. 모디는 인도를 데이터와 기술 중심 국가로 만들겠다는 목표를 세웠다. 농촌까지 인터넷망을 구축해 소외 지역 주민들도 정보에 접근할 수 있도록 하고, 전자정부 시스템을 통해 투명한 정부 운영을 실현하려는 시도는 실로 대담하다. 그는 인도를 단순한 제조업 강국에 머물지 않고, 디지털과 금융 혁신을 통해 글로벌 경제에서 중요한 위치로 끌어올리려 하고 있다.

그리고 모디의 경제 개혁의 하이라이트는 바로 화폐 개혁이다. 2016년, 그는 고액권 지폐를 폐지해 시장에 큰 충격을 주었다. 이는 부패와 불법 자금을 줄이고 경제를 정화하겠다는 의지의 표명이었지만, 동시에 많은 혼란과 논란을 낳았다. 이처럼 모디는 강력한 개혁 의지와 함께 '강한 인도'를 위한 추진력을 멈추지 않고 있다.

사회적 영향 – 종교적 긴장과 정체성 정치의 양면성

모디의 힌두 민족주의 정책은 인도 사회에 큰 파장을 일으켰다. 그의 지지자들은 모디를 인도의 전통과 문화를 되찾는 '구세주'로 여긴다. 그에게는 힌두교적 색채가 짙게 드러나지만, 이는 힌두교를 배제하는 정책을 펼치려는 것이 아니라 인도의 정체성을 강화하려는 것이라고 주장한다. 그러나 그의 정책은 무슬림, 기독교 등 소수 종교 집단들 사이에서 큰 반발을 불러일으켰다.

특히 카슈미르 지역의 무슬림과의 갈등은 모디 정권 하에서 더욱 깊어졌다. 2019년에는 카슈미르 자치권을 박탈하면서 인도 헌법에 새겨진 무슬림 자치권의 역사를 뒤집었다. 이는 인도 내 무슬림 집단과의 불화를 심화시키고, 국제적으로도 큰 논란을 일으켰다. 이러한 종교적 긴장은 모디가 힌두 민족주의를 강조할수록 더욱 커지고 있으며, 인도 사회에 분열의 불씨를 남기고 있다.

국제적 반응 – 인도의 부상과 갈등의 기로

모디의 '강한 인도'는 국제사회에도 커다란 영향을 미치고 있다. 우선, 미국과의 관계에서 모디는 기존의 동맹 관계를 넘어서는 친미 노선을 취했다. 그와 트럼프 대통령 간의 관계는 매우 특별했고, 이들은 서로 '국가 우선주의'라는 공통된 지향점을 공유했다. 하지만 모디가 이끄는 인도는 독립성과 자주성을 지키려는 의지도 강했다. 인도는 미국과의 군사 협력뿐만 아니라 러시아와의 방산 협력도 지속하고 있어, 이를 두고 미국과의 갈등 가능성도 존재한다.

특히 중국과의 관계는 미묘하고 복잡하다. 인도와 중국은 경제적 경쟁자이자, 국경 분쟁을 겪는 국가들이다. 히말라야 국경 지역에서 양국 군대가 충돌하는 일이 잦아지며 두 나라 사이의 긴장은 고조되고 있다. 모디의 '강한 인도'는 아시아에서의 중국의 영향력에 맞서려는 의도를 가지고 있으며, 이는 일본, 호주 등과의 협력에도 반영되고 있다. 인도는 점차 아시아-태평양 지역의 중요한 전략적 파트너로 부상하며 중국의 패권에 맞서기 위한 다각적인 외교를 펼치고 있다.

모디의 힌두 민족주의와 '강한 인도'의 미래

모디의 힌두 민족주의와 '강한 인도' 비전은 단순한 정치적 수사가 아니다. 그는 인도를 '이슬람과 기독교에 오염되지 않은, 진정한 힌두 국가'로 만들고자 하는 깊은 신념을 가지고 있다. 하지만 이러한 신념은 인도 내 종교적 갈등을 촉발시키고 있으며, 이는 장기적인 사회적 불안정을 초래할 가능성이 크다.

모디의 인도는 그 자체로 강력한 야망을 가진 국가이자, 자신들의 역사와 정체성을 통해 자부심을 찾으려는 나라다. 그러나 그의 비전이 장기적으로 인도에 긍정적인 결과를 가져올지는 여전히 미지수다. 그의 정책이 인도의 사회적 갈등을 심화시키고 경제적 도전에 대응하는 데 있어 효과적일지는 지속적인 감시가 필요한 부분이다.

인도의 미래, 모디의 비전이 이끄는 길

나렌드라 모디의 '강한 인도'는 인도 내부에서뿐만 아니라 국제사회에서도 큰 반향을 일으키고 있다. 인도 내 힌두교적 가치를 중시하고, 경제와 군사적 자립을 통해 세계 무대에서 영향력을 넓히고자 하는 그의 비전은 확고하다. 그러나 인도의 다문화적 특성, 글로벌 경제의 불확실성, 그리고 중국과의 갈등 등 많은 도전 과제가 기다리고 있다.

모디의 힌두 민족주의가 인도의 국민적 자부심을 높이고 국제사회에서 인도의 지위를 강화하는 데 일조할 수는 있지만, 그 대가는 무거울 수 있다. 이념이 강해질수록 내부의 갈등은 불가피해지기 때문이다. 인도가 '강한 인도'로서 새로운 시대를 맞이할지, 혹은 그 과정에서 내외부적 도전으로 인해 방향을 수정할지는 앞으로의 정치적, 경제적 환경에 달려 있다.

05

에르도안의 오스만제국 부활의 꿈과 중동 재편 시도

에르도안은 현대 튀르키예에서 가장 강력하고도 논란이 많은 지도자로 평가받고 있다. 그의 정치 여정은 단순한 권력 집착으로 치부될 수 없는, 튀르키예를 이슬람 세계의 지도자로 재탄생시키려는 야심 찬 시도로 가득 차 있다. 2003년 총리로 취임한 그는 총리와 대통령을 거치며 약 20년 넘게 튀르키예를 이끌어왔다. 이 긴 여정은 단순히 개인 권력을 쌓기 위한 것이 아니라, '부흥의 사령관'으로서 튀르키예를 재구성하고자 하는 그의 비전을 실현하려는 길이었다.

에르도안의 정치적 배경 – 이슬람적 가치와 권력 집중의 공생

에르도안의 정치는 이슬람적 가치에 깊이 뿌리를 두고 있다. 그는 정의개발당(AKP)의 창시자로, 이슬람적 가치를 튀르키예 정치에 접목하며 보수적인 튀르키예 국민들의 지지를 얻어왔다. 세속적인 튀르키예를 건국한 아타튀르크가 서구화를 통해 튀르키예를 변혁했다면, 에르도안은 그 반대의 길을 걷고 있다. 그는 이슬람적 정체성을 강화하고, 튀르키예를 '중동의 강자'로 만들겠다는 포부를 가지고 있다.

이러한 배경에서 에르도안은 종종 헌법을 개정하며 자신의 권력을 강화했다. 2017년에는 대통령제를 도입하고, 연임 제한을 폐지해 대통령의 권한을 대폭 강화하는 개헌을 추진했다. 이는 정치적 반대 세력의 목소리를 잠재우고, 자신의 리더십 아래 튀르키예를 '부흥'시키기 위한 확고한 기반을 다지기 위한 선택이었다. 그 결과, 에르도안은 자신을 중심으로 한 권력 구조를 만들어내고, 튀르키예를 과거 오스만제국의 영광을 꿈꾸며 새로운 방향으로 이끌고 있다.

튀르키예 부흥 정책 – 경제적 성장과 문화적 정체성 재발견

에르도안의 경제정책은 인프라 구축과 성장을 중점으로 한다. 그는 대규모 공공 사업과 인프라 투자를 통해 튀르키예 경제를 재건하고, 현대화된 도시들과 공항, 고속도로 등을 개발해왔다. 특히, 튀르키예는 그의 지도하에 경제성장을 이루며 '신흥 경제 강국'으로 자리매김했으나, 최근 몇 년간 통화 가치 하락과 물가상승 등의 문제에 직면하게 됐다. 이러한 경제적 도전에도 불구하고 에르도안은 여전히 경제성장의 가능성을 강조하며 자신감을 드러내고 있다.

그의 문화 정책 역시 경제와 맞물려 있다. 그는 오스만제국의 유산을 강조하며, 튀르키예 내에 이슬람적 가치를 재확산시키려는 노력을 펼치고 있다. 아야 소피아의 재이슬람화는 이 노력의 일환이며, 이는 단순한 종교적 행사 그 이상으로, 튀르키예의 정체성을 재정립하고, 국민들로 하여금 오스만제국의 유산에 대한 자부심을 느끼게 하려는 상징적 조치였다.

이슬람 세계에서의 리더십 – 이슬람적 연대와 정치적 영향력 확장

에르도안의 비전은 튀르키예를 중동과 이슬람 세계에서 중요한 지도자로 만드는 것이다. 그는 아랍의 봄 이후, 중동의 정치적 변화를 적극적으로 이용해왔다. 시리아 내전에서는 반정부 세력을 지원하며 튀르키예의 국경 안보와 이슬람 세력의 확장을 도모했다. 또한, 시리아 쿠르드 민병대에 대한 군사 작전을 통해 쿠르드 독립주의를 억제하며 튀르키예의 안보를 강화하려 했다. 이러한 행보는 에르도안의 이슬람 세계에서의 영향력을 확대하려는 의지를 드러낸다.

또한, 그는 카타르, 리비아, 팔레스타인 등 중동의 여러 국가와 적극적으로 협력하며, 튀르키예를 중동의 핵심 플레이어로 만들려는 노력을 기울였다. 카타르와의 협력 강화는 중동에서 튀르키예의 경제적, 군사적 입지를 다지는 데 기여했으며, 팔레스타인 문제에 대한 지지는 이슬람 국가들 사이에서 튀르키예의 입지를 강화하는 효과를 가져왔다.

사회적 영향 – 종교적 요소와 세속적 튀르키예 간의 긴장

에르도안의 정책은 튀르키예 내부에서도 큰 변화를 일으켰다. 그는 튀르키예 사회에서 이슬람적 가치를 강조하며 종교를 공공 영역으로 끌어들이는 동시에, 튀르키예의 세속적 전통과의 갈등을 초래했다. 세속주의를 지지하는 튀르키예 국민들은 그의 종교적 접근에 대해 비판적인 시선을 가지고 있다. 특히, 대학 내 히잡 착용을 허용한 정책은 세속주의자들에게 충격으로 다가왔으며, 이로 인해 튀르키예 사회는 종교와 세속주의 간의 이념적 갈등이 깊어지게 되었다.

하지만 에르도안은 이러한 비판을 개의치 않고 종교와 정치의 결합을 통해 자신의 권력을 더욱 공고히 해왔다. 그는 보수적 튀르키예 국민들의 지지를 바탕으로 튀르키예를 '종교와 함께하는 나라'로 변모시키고 있으며, 이를 통해 자신의 권력을 공고히 하는 동시에, 튀르키예의 정체성을 새롭게 정립하고자 한다.

튀르키예 부흥과 이슬람 세계의 리더십을 향한 에르도안의 여정

에르도안의 여정은 단순히 튀르키예 국내에만 머무르지 않는다. 그는 튀르키예를 중심으로 한 '중동 재편'을 꿈꾸며, 이슬람 세계에서 튀르키예의 리더십을 강화하려는 노력을 펼쳐왔다. 이를 위해 그는 미국과 유럽, 그리고 러시아 사이에서 외교적 줄타기를 시도하며, 국제적 관계에서도 튀르키예의 독자적인 입지를 구축하고자 했다. NATO 가입국으로서 미국 및 유럽과의 동맹을 유지하는 동시에, 러시아와의 협력을 통해 서방과의 견제 균형을 맞추려 했다. 에르도안은 서방의 제재에도 불구하고 러시아와의 경제적, 군사적 협력을 이어가고 있다. 이는 미국을 비롯한 서방 국가들에게는 불안 요소로 작용하고 있으며, NATO 내부에서도 튀르키예에 대한 신뢰와 경계심이 교차하고 있다. 그는 NATO의 일원이면서도 러시아와 협력하며, 튀르키예의 외교적 독립성을 확보하려는 모습을 보인다.

에르도안의 튀르키예 부흥과 중동에서의 리더십

레제프 타이이프 에르도안은 단순한 정치인을 넘어 튀르키예의 정체성을 재구성하고, 중동에서 튀르키예의 리더십을 확립하려는 지도자로 평가받는다. 그는 이슬람적 가치를 통해 튀르키예 사회의 정체성을 강화하는 동시에, 경제성장을 통해 중동과 세계에서 튀르키예의 입지를 강화하려는 노력을 기울였다.

그러나 에르도안의 '튀르키예 부흥'과 '오스만제국의 부활의 꿈'은 도전 과제와 마주하고 있다. 경제적 어려움, 내부의 세속주의자와의 갈등, 국제사회와의 긴장 등 그의 비전이 성공하기까지는 험난한 길이 기다리고 있다. 에르도안의 튀르키예가 중동과 이슬람 세계에서 어떤 역할을 맡게 될지는 앞으로의 정세와 그가 직면할 도전 과제에 따라 달라질 것이다.

06

트럼프 2.0 시대에 대한 전망

트럼프가 2024년 대선에서 승리하며 다시 백악관에 입성한 것은 단순히 미국 정치의 재편뿐 아니라 국제정세에도 중대한 영향을 미칠 것이다. 그의 정책 방향은 과거와 비슷하게 '미국 우선주의(America First)'를 더욱 강화하고, 불법 이민 단속, 감세, 규제 완화, 강경한 외교 정책으로 이어질 가능성이 높다. 이로 인해 국내외에서 다양한 변화가 예상된다.

정치적 변화 – 권력 집중과 충성파 인사

트럼프는 충성파 인사들로 행정부를 꾸리며, 정부 조직을 대대적으로 개편하는 데 나설 것으로 보인다. 특히, 세계적 기업가이자 혁신가인 일론 머스크를 '정부효율부(DOGE : Department Of Government Efficiency)'의 수장으로 기용할 계획을 밝히며 급진적이고 파격적인 행보를 예고하고 있다. 이러한 인사는 전통적인 정치적 균형을 크게 흔들며, 권력의 집중을 한층 더 강화할 수 있는 기반을 마련한다. 트럼프는 이를 통해 자신의 정책과 비전을 더 강력하게 실행하고, 반대파의 견제를 최소화하려는 의도를 내비치고 있다. 그러나 이러한 행보는 기존 정치 질서를 무너뜨릴 뿐 아니라, 권력 남용과 독단적 결정이라는 비판을 초래할 가능성도 크다. 충성파로 구성된 행정부는 트럼프의 영향력을 확대하는 동시에, 내부 견제와 균형의 기능을 약화시켜 행정적 효율성을 높이는 이면에 논란을 불러일으킬 수 있다.

경제정책 – 친기업 기조와 감세

트럼프는 1기 때와 마찬가지로 대규모 감세와 규제 완화를 통해 친기업적 경제 환경을 적극적으로 조성할 계획이다. 이러한 정책은 단기적으로 경제성장을 촉진하고, 주식 시장의 활황을 가져오며, 기업들의 투자 확대와 고용 창출로 이어질 가능성이 크다. 특히, 기업들에게 과도한 부담으로 여겨지는 환경 규제와 노동 규제를 완화함으로써, 기업의 운영 효율성을 극대화하려는 기조를 강화할 것이다. 에너지 산업 부흥은 그의 경제정책의 핵심축 중 하나로, 화석연료 중심의 에너지 정책을 부활시키며 석탄, 석유, 가스 산업의 성장을 강조할 것으로 예상된다.

이러한 접근은 에너지 자립도를 높이고 관련 산업에서의 일자리를 창출하는 데 기여할 수 있다. 그러나 이러한 정책은 장기적으로는 부의 불평등 심화와 국가 부채 증가를 초래할 우려가 크다. 감세로 인해 감소한 세수는 국가 재정에 부담을 줄 가능성이 있으며, 환경 규제 완화는 기후변화 대응에서 후퇴로 이어질 수 있다는 비판을 받을 수 있다. 트럼프의 경제정책은 단기적 성과와 장기적 리스크 사이에서 균형을 잡아야 하는 과제를 안고 있다.

외교 정책 – 강경한 대중, 대이란 전략

트럼프는 중국에 대해 기존의 강경한 태도를 더욱 강화하며, 무역 관세와 기술 제재를 한층 확대할 가능성이 높다. 이는 미국과 중국 간의 무역 불균형을 바로잡고, 첨단 기술 분야에서 중국의 성장세를 억제하려는 전략의 연장선이다. 특히, 반도체와 인공지능 같은 첨단 기술 분야에서 미국의 기술 패권을 지키기 위한 제재가 가속화될 것으로 보인다. 이러한 접근은 미국 내 제조업을 강화하고 일자리를 보호하겠다는 트럼프의 핵심 공약과도 일맥상통한다. 그러나 이러한 조치들은 글로벌 공급망에 혼란을 야기할 수 있으며, 중국의 보복 조치를 불러일으켜 양국 간 긴장을 더욱 고조시킬 위험이 있다.

중동에서는 이스라엘과의 관계를 더욱 공고히 하며, 트럼프 1기

때 체결된 아브라함 협정을 기반으로 아랍 국가들과의 협력을 확장하려는 시도가 예상된다. 이는 이란에 대한 강력한 제재와 군사적 압박으로 이어질 가능성이 크다. 트럼프는 이란의 핵 프로그램을 강력히 반대하며, 제재를 재개하거나 기존 제재를 강화하여 이란을 국제적 고립으로 몰아넣으려 할 것이다. 이러한 전략은 중동 내에서 미국의 주도권을 유지하려는 의도이지만, 동시에 이 지역의 긴장을 심화시키고 군사적 충돌 가능성을 높일 수 있다.

트럼프의 외교 정책은 동맹국들과의 관계에도 변화를 초래할 것으로 보인다. 그는 동맹국들에게 더 큰 방위비 분담을 요구하며, 미국의 부담을 줄이는 동시에 동맹의 역할을 재조정하려 할 것이다. 이러한 접근은 NATO와 같은 전통적인 동맹 체제에 새로운 균열을 가져올 가능성이 있으며, 국제질서의 불확실성을 키우는 결과를 낳을 수 있다. 트럼프의 강경한 외교 정책은 미국의 이익을 우선시하며, 동시에 글로벌 긴장을 고조시키는 양날의 검이 될 전망이다.

사회적 영향 – 정치적 양극화 심화

트럼프의 재선은 이미 극단화된 미국의 정치적 양극화를 한층 더 심화시킬 것으로 보인다. 그의 발언과 정책은 지지층과 반대층 간의 갈등을 더욱 부추기며 정치적, 사회적 균열을 확대할 가능성이 높다. 특히 트럼프의 지지기반인 보수적 중산층과 농촌 지역 유권자들은 그를 열렬히 지지하는 반면, 도시 지역의 진보적 성향 유권자들은 트럼프의 정책과 발언에 강하게 반대할 것이다. 이는 지역 간, 계층 간 갈등을 증폭시키며, 미국 사회의 통합을 더욱 어렵게 만들 수 있다.

트럼프는 주류 언론과의 갈등을 지속하며 언론을 '가짜 뉴스'로 낙인찍고, 자신의 메시지를 전달하는 데 소셜미디어를 적극적으로 활용할 가능성이 크다. 그는 트위터에서 활동하던 시절과 마찬가지로 직접적인 발언과 도발적인 메시지로 대중의 관심을 끌고, 이를 통해 자신의 지지층과 지속적으로 소통하려 할 것이다. 이러한 방식은 정보의 편향성을 심화시키고, 가짜 뉴스와 음모론이 확산될 위험을 높일 수 있다.

또한, 그의 재선은 미국 내 주요 사회적 이슈에 대한 분열을 더욱 격화시킬 것으로 보인다. 이민, 인종, 성소수자 권리와 같은 민감한 주제에서 트럼프의 강경한 입장은 반대 세력의 강력한 반발을 초래할 수 있다. 특히, 트럼프의 정책이 특정 계층이나 소수 집단에 대한 차별적 영향을 미칠 경우, 대규모 시위와 저항 운동이 일어날 가능성도 배제할 수 없다.

트럼프는 이러한 갈등을 자신의 정치적 도구로 활용하며, '우리 대 그들'의 구도를 형성해 지지층을 결집시키려 할 것이다. 그러나 이는 정치적 안정성과 사회적 통합에 큰 걸림돌이 될 수 있으며, 미국 사회 전반의 신뢰와 공공 의식에 부정적인 영향을 미칠 가능성이 크다. 그의 재선은 단순한 권력의 귀환을 넘어, 미국 내 사회적 분열을 더욱 극명히 드러내는 계기가 될 것이다.

국제적 파장 – 다자주의 약화

트럼프의 재선은 국제사회에 거대한 파장을 불러일으킬 가능성이 크다. 그는 1기 재임 중 보여준 것처럼 NATO와 같은 국제기구를 약화시키고, 동맹국들에게 방위비 분담을 대폭 증대할 것을 요구할 것으로 보인다. 특히 유럽 국가들에게 방위비 부담의 공평한 분담을 강조하며, NATO에 대한 미국의 역할을 축소하려는 움직임을 지속할 가능성이 높다. 이러한 정책은 미국이 주도해온 자유주의적 국제질서의 기반을 흔들고, 동맹 관계의 신뢰를 약화시키는 결과를 초래할 수 있다.

동시에, 트럼프의 고립주의적 태도는 미국이 다자주의적 협력보다는 일방주의적 노선을 강화하는 방향으로 나아가게 할 것이다. 그는 국제기구와 협정을 "미국의 자원을 낭비하고, 미국의 이익을 침해하는 도구"로 간주하며, 미국 중심의 이익을 우선시하는 입장을 강화할 가능성이 크다. 이는 파리기후협약 탈퇴나 세계보건기구(WHO)에 대한 자금 지원 중단과 같은 행동으로 이미 확인된 바 있다. 이러한 조치는 국제적 협력 체계를 약화시키고, 글로벌 문제 해결에서 리더십의 공백을 초래할 수 있다.

트럼프의 정책은 기존의 동맹 관계를 재조정하거나, 심지어 해체의 위기로 몰아넣을 가능성도 있다. 그는 일본, 한국 등 아시아 동맹국들에게도 방위비 분담을 대폭 늘리라고 압박하며, 동맹의 대가를 요구할 가능성이 있다. 이는 동맹국들로 하여금 미국에 대한 신뢰를 재고하게 하고, 지역 안보 질서에 대한 새로운 접근을 모색하게 할 수 있다.

트럼프의 이러한 태도는 국제적으로 자유주의적 질서를 위협하는 동시에, 중국과 러시아와 같은 강대국들에게 권력 공백을 메울 기회를 제공할 수 있다. 특히, 트럼프의 고립주의는 중국에게는 아시아에서의 영향력을 확대할 공간을, 러시아에게는 유럽과 중앙아시아에서의 영향력 증대를 위한 환경을 제공할 가능성이 있다. 이는 세계적인 권력 재편을 가속화하며, 국제질서의 불확실성을 심화시킬 것이다.

트럼프의 재선은 다자주의적 협력의 약화와 함께, 국제 협력의 부재로 인한 권력 공백을 초래할 가능성이 크다. 이는 국제사회의 긴장을 고조시키고, 글로벌 문제 해결에서의 리더십 공백으로 이어질 위험을 내포하고 있다.

환경 정책 – 기후변화 대응 후퇴

트럼프의 재선은 기후변화 대응에 있어 후퇴를 초래할 가능성이 높다. 그는 1기 재임 기간 중 파리기후협약을 탈퇴하며 미국의 글로벌 기후 협력에서의 역할을 축소했고, 이와 유사한 태도를 2기에서도 이어갈 것으로 보인다. 트럼프는 기후변화 문제를 종종 과장된 위협으로 묘사하며, 이를 미국 경제와 산업 발전을 저해하는 요소로 간주해왔다. 따라서 그는 석탄, 석유, 천연가스와 같은 화석연료 산업을 보호하고, 이와 관련된 환경 규제를 대폭 완화할 가능성이 크다.

이러한 정책은 국내적으로는 화석연료 산업과 관련된 일자리 창출을 강조하며, 에너지 자립을 강화하는 명분으로 활용될 것이다. 그러나 이는 재생가능에너지와 지속 가능한 발전에 대한 투자를 저해하고, 미국의 에너지 전환 속도를 늦출 가능성을 내포하고 있다. 특히, 트럼프는 기업의 환경 규제 부담을 줄이기 위해 물, 공기, 토지 오염에 대한 기준을 완화하고, 환경보호청(EPA)의 권한을 축소할 가능성도 있다.

국제적으로는 미국의 기후변화 대응 후퇴가 글로벌 협력에 심각한 악영향을 미칠 수 있다. 파리기후협약에서 가장 큰 책임과 역할을 맡았던 미국의 부재는 다른 국가들에게도 부정적인 신호를 줄 가능성이 있다. 개발도상국을 포함한 다수의 국가들은 미국의 행동을 기후변화 대응에서 중요한 변수로 보고 있는데, 트럼프의 후퇴는 글로벌 기후 목표 달성의 동력을 약화시킬 것이다. 이는 특히 유럽연합과 같은 기후 선도국가들에게 더 큰 부담을 전가하며, 국제적 긴장을 심화시킬 수 있다.

결과적으로, 트럼프의 환경 정책은 단기적으로는 일부 산업 부문에 긍정적 영향을 줄 수 있지만, 장기적으로는 미국과 세계 모두에 부정적인 결과를 초래할 위험이 크다. 이는 기후변화로 인한 환경적, 경제적, 사회적 비용을 증가시키고, 글로벌 기후 협력의 구조적 붕괴로 이어질 가능성을 내포하고 있다.

종합적 전망

트럼프 2.0 시대는 정치, 경제, 외교, 사회 전반에서 극단적이고 급격한 변화를 가져올 가능성이 크다. 그의 재임은 미국 내 정치 지형을 재편하는 데 그치지 않고, 국제질서의 안정성을 흔들며 글로벌 긴장과 불확실성을 크게 증가시킬 수 있다. 특히, 그의 강경한 '미국 우선주의'는 동맹국과의 관계를 재조정하고, 기존 다자주의적 협력 구조를 약화시키며, 새로운 갈등과 경쟁의 불씨를 지필 가능성이 높다.

내부적으로는 그의 충성파 중심의 정부 구성과 강경한 정책이 미국 정치에 더욱 깊은 양극화를 초래할 수 있다. 이는 지지층과 반대층 간의 갈등을 확대하고, 사회적 균열을 심화시키며, 미국 민주주의의 근본적인 위기를 야기할 위험을 내포하고 있다. 또한 친기업적 경제정책과 환경 규제 완화는 단기적으로는 경제성장과 특정 산업의 활황을 가져올 수 있지만, 장기적으로는 심각한 불평등과 기후변화 대응의 후퇴라는 부작용을 동반할 수 있다.

국제적으로는 그의 대중 강경책과 이란 제재 강화, NATO 등 동맹 관계의 재조정이 세계 정치의 불확실성을 한층 더 고조시킬 것이다. 특히, 미국이 글로벌 리더십에서 한 발 물러서는 상황은 다른 강대국들이 그 공백을 메우기 위한 경쟁을 촉발하며, 국제사회의 힘의 균형에 큰 변화를 가져올 가능성이 있다. 그의 정책은 글로벌 경제에도 파급효과를 미칠 것이며, 무역 전쟁의 재점화와 기술 경쟁 심화는 국제 시장의 변동성을 높이고, 세계 경제성장에 악영향을 미칠 수 있다.

트럼프 2.0 시대는 미국과 세계에 새로운 기회를 제공하기보다는 기존의 갈등과 문제를 더 복잡하게 만들 가능성이 크다. 그의 정책과 리더십이 미국과 세계 경제에 단기적으로 긍정적인 영향을 미칠지, 아니면 장기적인 혼란과 불확실성을 심화시킬지는 앞으로 그의 행보와 이에 대한 국내외의 대응에 크게 달려 있다. 트럼프의 두 번째 임기는 단순한 재집권이 아니라, 미국과 세계 질서의 새로운 변곡점을 형성할 중요한 시기로 남을 것이다.

트럼프 2.0 시대와
스트롱맨들

에르도안의 권력 집중 과정

- 정의개발당(AKP) 창립자 에르도안은 이슬람적 가치를 강조하면서도 튀르키예 세속주의를 다루는 정치적 균형을 유지.
- 2017년 헌법 개정을 통해 대통령 중심제를 도입, 권한을 대폭 강화하여 장기 집권의 기틀 마련.

정치적 억압 및 언론 통제

- 정치적 반대 세력과 언론을 통제하여 자신의 입지를 강화, 정치적 안정성을 도모함.
- 비판적인 언론 및 반대파 탄압으로 일관되게 통치 권력을 강화하며 논란을 불러일으킴.

종교와 정치의 결합

- 보수적인 이슬람적 가치를 적극 활용해 종교와 정치의 결합을 추구.
- 튀르키예 내 세속주의 전통과 충돌을 일으키며 종교적 기반을 바탕으로 한 정치적 지지층을 확립.

외교적 독립과 균형 전략

- NATO 회원국임에도 불구하고 러시아와 협력 관계를 유지, 서방 국가들과의 관계에서 독자적인 외교 노선 추구.
- 튀르키예의 독립적 외교 정책을 통해 서방과의 갈등을 조정하면서도 러시아 및 이슬람권에서의 영향력 확대.

중동과 이슬람 세계에서의 리더십 강조

- 오스만제국의 유산을 활용하여 튀르키예의 정체성 강화, 이슬람 국가들 사이에서 튀르키예의 영향력 확대 노력.
- 중동과 이슬람 세계에서의 정치적 입지를 강화하며 튀르키예를 리더로 자리매김하려는 목표 추구.

3부

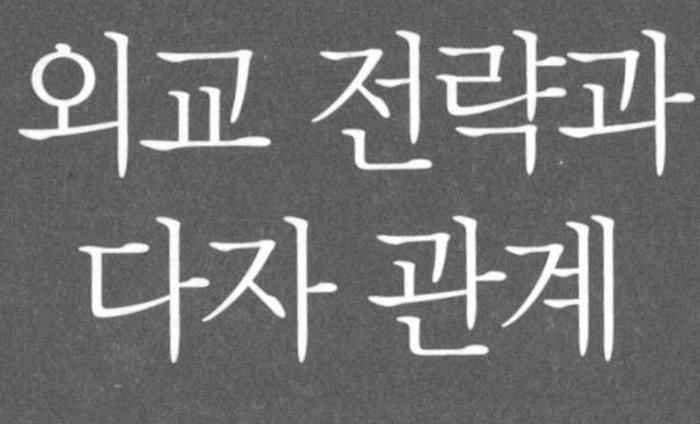

외교 전략과 다자 관계

13

트럼프의 전쟁
– 자유주의 국제질서 vs 미국 제일주의

도널드 트럼프의 귀환은 전 세계적으로 양날의 검처럼 여겨진다. 그의 '미국 제일주의' 정책은 자유주의 국제질서와 충돌하며 새로운 국제무대의 긴장을 예고한다. 자유주의 국제질서가 전후 세계를 정의해왔다면, 트럼프의 비전은 그와는 반대의 길을 걸으려 한다. 이러한 변화의 한가운데에서 우리는 세계정세를 바라보며, 그의 전략이 가져올 영향을 분석해야 한다.

자유주의 국제질서의 해체 – 트럼프의 충격과 공포

지난 80년간 유지되어 온 미국 주도하의 자유주의 국제질서는 다자주의, 민주주의, 인권이라는 원칙을 기반으로 형성되었다. 이는 제2차 세계대전 이후 미국이 설계하고 주도해온 시스템으로, 국제사회가 평화와 안정을 유지하며 경제적 번영을 추구할 수 있었던 기틀을 제공했다. 미국은 이러한 질서의 가장 큰 수혜자였음에도, 트럼프는 이 시스템을 '미국의 부담'이라고 칭하며 본질적으로 그 효용성을 부정해왔다.

트럼프는 NATO, 유엔, WTO 등 다자주의 기구들에 대해 지속적으로 회의적인 태도를 취했다. 그는 "동맹국들이 미국을 이용하고 있다"는 논리를 내세우며, 미국의 동맹 체제를 전면 재검토하려 했다. 파리기후협약 탈퇴와 이란 핵협정(JCPOA) 파기, 그리고 WTO에 대한 개혁 압박은 모두 그가 추구하는 '미국 우선주의'의 연장선이다. 이러한 결정은 기존의 국제질서를 뿌리째 흔들며, 세계 각국에 충격파를 던졌다.

특히, 트럼프의 행보는 유럽과 아시아의 동맹국들을 딜레마에 빠뜨렸다. 유럽은 NATO를 중심으로 한 안보 체제가 흔들리는 상황에서 러시아의 군사적 위협에 직면하고 있다. 동시에, 트럼프는 러시아와의 관계를 개선하려는 의도를 지속적으로 드러내며, 러시아-우크라이나 전쟁에 대한 기존의 미국 지원 정책을 수정할 가능성을 암시했다. 이로 인해 유럽은 스스로 방어 역량을 강화해야 하는 부담을 안게 되었고, NATO 내부의 균열은 더 깊어졌다.

아시아 지역에서도 트럼프의 충격은 컸다. 그는 중국과의 무역전쟁을 통해 국제 무역 체제에 균열을 일으켰으며, 남중국해 문제와 대만 문제에서 강경한 태도를 보이며 미중 관계를 더욱 악화시켰다. 그러나 동시에 한국과 일본 등 전통적 동맹국들에게 방위비 분담금을 증액하라는 압박을 가하며 동맹의 안정성을 흔들었다. 한국과 일본은 미중 경쟁 속에서 전략적 선택을 강요받으며 경제적, 외교적 부담이 가중되었다.

트럼프의 귀환은 이 같은 변화를 더욱 가속화할 전망이다. 그의 '불확실성 협상 전략'은 러시아-우크라이나 전쟁의 판도를 바꿀 수 있는 동시에, 중국과의 경쟁 구도를 더욱 심화시킬 가능성이 크다. 특히, 한중 정상회담과 같은 선별적 협력은 트럼프의 귀환 이후 더욱 복잡한 지정학적 선택의 시나리오를 만들어낼 것이다. 이는 기존 자유주의 국제질서를 무너뜨리는 동시에 새로운 국제질서를 모색해야 하는 시대적 과제를 제기한다.

트럼프의 충격과 공포는 단순히 기존 질서를 흔드는 데 그치지 않는다. 그것은 각국이 스스로의 전략적 독립성을 강화하고, 새로운 형태의 국제 협력과 경쟁 모델을 구축해야 하는 긴급한 상황을 초래하고 있다.

'불확실성'을 무기로 – 트럼프의 협상술

조지프 나이 교수는 트럼프의 전략을 '불확실성을 무기로 삼는 협상'으로 정의하며, 이를 독특하면서도 위험한 정치적 도박으로 평가했다. 트럼프는 예측 불가능성과 혼란을 의도적으로 조성해 상대국들을 압박하고, 이 혼란 속에서 유리한 협상 조건을 끌어내려는 방식을 자주 사용해왔다. 그는 협상 테이블에서 자신의 의도를 명확히 드러내지 않거나, 급격한 태도 변화를 보임으로써 상대방에게 심리적 압박을 가하는 데 능숙했다.

러시아와의 관계는 이러한 트럼프식 협상술을 보여주는 대표적인 사례다. 그는 푸틴과의 개인적 유대를 강조하며, NATO와 같은 다자주의적 안보 체제를 공개적으로 비판하거나 약화시키는 태도를 취했다. 이는 러시아의 외교적 입지를 강화하는 데 일조했으며, 푸틴에게 미국의 태도를 이용할 여지를 주었다. 특히, 트럼프는 러시아–우크라이나 전쟁과 관련해 유럽 동맹국들을 '미국의 부담'으로 간주하며, NATO 동맹국들에게 방위비 분담금을 증가시키라고 압박했다. 이러한 태도는 러시아에 공간을 제공했지만, 동시에 미국의 전통적 동맹국들 사이에서 심각한 신뢰 상실을 초래했다.

트럼프는 러시아–우크라이나 전쟁과 관련해 '미국의 이익'을 최우선으로 하겠다는 입장을 여러 차례 공언했다. 이는 그가 전통적 동맹 관계보다 미국의 단기적 경제적, 전략적 이익을 우선시하겠다는 메시지였다. 우크라이나에 대한 군사적 지원을 축소하거나 중단할 가능성은 충분히 존재하며, 이는 전쟁의 판도를 급격히 바꿀 수 있는 요인으로 작용할 것이다. 트럼프의 이러한 접근은 유럽의 안보 지형을 뒤흔들고

NATO의 결속력을 심각하게 시험대에 올릴 가능성이 높다.

또한, 트럼프는 자신의 경제정책과 협상 전략을 미국 내 비즈니스 파트너십과 연결시키는 경향이 있다. 일론 머스크와의 '브로맨스'는 그 대표적인 사례로, 트럼프는 머스크의 기업적 성공을 미국 경제의 상징으로 내세우며 자신과의 협력 관계를 과시했다. 이는 경제적 불확실성을 정치적 협상과 연결 짓는 독특한 방식으로, 글로벌 무역 관계에서도 비슷한 전략이 반복될 가능성을 시사한다.

결과적으로, 트럼프의 불확실성 전략은 국제관계에서 매우 예측하기 어려운 상황을 만들어내며, 그의 협상 상대방들에게 혼란을 유발하는 동시에, 전통적 외교와는 전혀 다른 게임 규칙을 적용하려는 시도로 평가받는다. 그러나 이러한 접근이 단기적으로는 효과를 발휘할 수 있을지언정, 장기적으로는 미국의 글로벌 리더십과 동맹 체제에 심각한 타격을 줄 가능성 또한 배제할 수 없다.

중동 – 아브라함 협정과 이란 제재

트럼프의 중동 정책은 두 가지 핵심 키워드로 요약된다 – 이스라엘의 강화와 이란의 고립. 그의 1기 재임 동안 가장 주목받았던 외교적 성과 중 하나는 아브라함 협정을 통해 이스라엘과 아랍 국가 간의 관계를 정상화한 것이다. 이 협정은 역사적으로 대립 관계에 있던 이스라엘과 아랍 에미리트, 바레인, 수단, 모로코 등 여러 아랍 국가 간의 외교적 협력을 이끌어내며, 중동의 지정학적 판도를 뒤흔들었다. 그러나 동시에 트럼프는 이란을 중동에서 고립시키고, 이란의 핵 개발과 지역 내 영향력을 억제하기 위해 강력한 제재를 가하며 긴장을 고조시켰다.

트럼프 2기 행정부가 출범할 경우, 이러한 방향성은 더욱 강력하게 추진될 가능성이 크다. 그는 이미 '이란 파산을 위한 최대 압박' 전략을 공언했으며, 이란에 대한 경제적 제재뿐만 아니라 군사적 압박도 병행할 것으로 보인다. 이는 단순히 제재에 머무르지 않고, 이란의 핵 개발 시설에 대한 제한적 군사 행동이나, 걸프 지역에서의 해상 봉쇄 같은 추가적인 조치를 통해 이란 정권을 더욱 위축시키려는 시도로 이어질 가능성이 크다. 이런 상황은 중동 전역을 극도로 불안정하게 만들 위험을 내포하고 있다.

이스라엘은 트럼프의 이러한 전략의 중심에 자리 잡고 있다. 그의 행정부는 이스라엘의 영토 확장을 묵인하거나 심지어 지지하는 입장을 취할 가능성이 있다. 실제로 트럼프는 팔레스타인을 외교적 협상의 대상으로 간주하지 않는 태도를 보였으며, "팔레스타인은 없다"는 발언을 통해 서안 지구 합병의 가능성을 열어두었다. 이러한 움직임은 팔레스타인 구성원들과의 갈등을 심화시킬 뿐만 아니라, 하마스와 헤즈볼라 같은 단체들의 반발을 초래할 가능성이 크다. 특히, 이들 단체가 이스라엘을 대상으로 대규모 공격을 감행하거나, 가자지구와 레바논 남부 지역에서 새로운 충돌을 야기할 가능성이 있다.

트럼프 행정부는 이러한 긴장 속에서도 중동 내 에너지 주도권을 강화하는 데 초점을 맞출 것이다. 중동 산유국들과의 경제적 협력을 강화하고, 미국 중심의 에너지 시장을 유지하려는 노력을 지속할 것이다. 이는 이란의 석유 수출을 차단하거나 제한하는 방식으로 나타날 수 있으며, 동시에 사우디아라비아와의 군사 및 경제적 관계를 더욱 공고히 할 가능성이 크다.

결과적으로, 트럼프의 중동 정책은 이스라엘과 아랍 국가들 간의 협력을 강화하며 긍정적인 외교적 성과를 가져올 수 있지만, 동시에 이란과의 갈등을 심화시키고 중동 전역의 불안을 가중시킬 가능성이 높다. 이스라엘과 하마스, 헤즈볼라 간의 군사적 충돌 가능성, 그리고 이란이 이에 대응해 핵 개발을 가속화할 위험은 중동을 한층 더 혼란스러운 상황으로 몰아넣을 수 있다. 이는 단순히 지역적 문제로 끝나지 않고, 국제적 차원에서의 갈등으로 확산될 가능성을 내포하고 있다.

한반도 – 대화와 제재의 이중주

트럼프의 대북 접근법은 그야말로 양극단을 오가는 전략이었다. 그는 김정은과의 세 차례 정상회담을 통해 국제사회에 큰 충격을 주었지만, 동시에 역사상 유례없는 강력한 대북 제재를 가하며 압박을 병행했다. 이러한 상반된 접근법은 한반도 정세를 불확실성 속으로 몰아넣었고, 트럼프의 2기 행정부에서 더욱 복잡하고 예측 불가능한 방식으로 전개될 가능성이 크다.

북한의 핵 개발이 꾸준히 진전되고 있는 상황에서 트럼프는 또 한 번의 '딜'을 시도할 가능성이 높다. 그는 북한의 비핵화를 조건으로 경제적 보상을 약속하며 김정은 정권을 협상 테이블로 유도하려 할 것이다. 그러나 과거 협상의 실패 경험과 북한의 더욱 고도화된 핵무기와 미사일 기술은 협상의 조건을 훨씬 까다롭게 만들 가능성이 있다. 만약 대화가 또다시 교착 상태에 빠지거나 실패할 경우, 트럼프는 제재와 군사적 압박으로 전환하며 강경한 대응책을 꺼내 들 가능성이 크다. 이는 한반도의 긴장을 다시 한 번 고조시키고, 동북아 정세 전반에 파급 효과를 미칠 것이다.

주한미군 방위비 분담금 문제도 트럼프 2기에서 재점화될 주요 쟁점 중 하나다. 트럼프는 1기 재임 기간 동안 한국 정부를 향해 방위비 분담금의 대폭 인상을 요구하며 '공정한 분담'이라는 명목 하에 강하게 압박한 바 있다. 그의 이러한 태도는 한미 동맹의 근본적인 신뢰에 도전장을 던졌고, 한국 정부를 곤란한 위치에 몰아넣었다. 트럼프가 2기에도 이와 유사한 기조를 유지할 경우, 한미 관계는 다시 한 번 시험대에 오를 가능성이 크며, 한국 내에서 주한미군 주둔에 대한 정치적 논쟁이 재점화될 여지가 있다.

북한은 트럼프의 귀환을 자신들에게 유리한 변수로 활용하려는 움직임을 보일 가능성이 높다. 특히 러시아와의 군사적 협력을 강화하며 국제무대에서 새로운 동맹을 구축하려는 의도를 드러내고 있다. 북한은 러시아–우크라이나 전쟁에 참여하거나 군사 기술 협력을 강화하면서, 자신들의 전략적 위치를 공고히 하려 할 것이다. 이는 한반도 유사시 러시아의 개입 가능성을 암시하는 요소로, 한국의 안보 상황을 더욱 복잡하게 만들 수 있다.

또한, 북한은 드론과 사이버전과 같은 비대칭 전력을 활용한 새로운 도발 전략을 전개할 가능성도 있다. 이러한 비대칭적 전술은 한반도의 군사적 긴장을 고조시키고, 한국과 미국의 대응을 복잡하게 만들 것이다. 동시에 트럼프의 경제정책 변화도 한국에 직접적인 영향을 미칠 전망이다. 트럼프가 2기 행정부에서 전기차 보조금을 폐지하거나 한국의 수출 산업에 불리한 무역정책을 추진할 경우, 한국 경제는 심각한 도전에 직면할 수 있다.

트럼프 2기의 한반도 정책은 대화와 제재, 협력과 압박이라는 이중적 접근이 혼재된 복잡한 양상을 띨 것이다. 이는 한미 동맹과 동북아 정세 전반에 중대한 영향을 미치며, 한국은 이를 대비해 보다 정교하고 다각적인 외교적, 군사적 전략을 마련해야 할 시점에 놓여 있다.

미국 제일주의 – 단기 이익과 장기 불안정

트럼프의 '미국 제일주의'는 단기적으로는 미국 경제와 고용 창출에 긍정적인 영향을 미칠 가능성이 크다. 기업 규제 완화와 세금 감면을 통해 투자와 소비를 활성화하고, 무역 협정을 재조정하여 자국 중심의 경제 이익을 극대화하는 데 집중할 것이다. 이러한 정책은 미국 내 제조업과 에너지 산업 부흥을 촉진하고, 단기적으로는 국민 경제에 긍정적인 효과를 가져올 수 있다. 하지만 이 접근법은 장기적으로 미국의 글로벌 리더십과 국제 체제의 안정성을 훼손할 위험이 크다.

트럼프는 기존 자유무역 체제를 "불공정하다"고 비판하며, 주요 무역 협정들을 재협상하거나 철회하는 방식으로 미국 경제의 자급자족을 강조해왔다. 이는 세계 경제의 상호의존성을 약화시키고, 글로벌 무역 질서를 흔드는 결과를 낳았다. 특히 중국과의 무역 전쟁에서 관세와 기술 제재를 통해 중국의 경제적 도전을 억제하려는 전략을 구사했지만, 이는 공급망의 불안정성과 동맹국 경제에 파급 효과를 초래하며 전 세계 경제에 악영향을 미쳤다.

'미국 우선주의'는 다자주의 기구를 약화시키는 데도 기여했다. 트럼프는 NATO와 같은 전통적 동맹 체제를 비효율적이라고 지적하며, 회원국들에게 방위비 분담금 인상을 요구하는 등 일방적인 압박을 가했다. 이로 인해 동맹국들은 미국의 신뢰도에 의문을 제기하며 자체적인 안보 전략을 모색하는 상황에 놓였다. 또한, 그는 파리기후협약과 이란 핵협정(JCPOA)에서 탈퇴하며, 글로벌 협력의 틀을 파괴하는 데 주저하지 않았다. 이는 국제적 신뢰를 약화시키고, 기후변화와 핵 비확산 문제 해결에서 미국의 리더십을 크게 손상시켰다.

트럼프의 충성파 중심의 행정부 구성도 이러한 경향을 더욱 심화시킬 가능성이 크다. 그의 2기 행정부에서는 대중 강경파와 미국 우선주의를 지지하는 인사들이 외교 및 국방 분야의 핵심 요직을 차지할 것으로 예상된다. CIA 국장으로 존 랫클리프와 같은 충성파를 발탁하거나, 강경한 대중 정책을 추진할 인사들을 임명하며, 기존의 다자적 협력보다는 양자적 거래를 통한 미국의 이익 극대화 전략에 방점을 찍을 것이다.

이러한 정책은 새로운 권력 공백을 초래할 가능성이 크다. 다자주의 체제 약화와 미국의 국제적 참여 축소는 러시아, 중국, 그리고 기타 신흥 강대국들이 그 공백을 채우는 결과를 낳을 수 있다. 유럽연합과 동아시아 국가들 또한 미국 의존도를 줄이고 독자적인 지역 연합 체제를 강화하는 데 집중할 가능성이 있다. 이는 기존 국제질서가 재편되는 과정에서 더 큰 불확실성과 갈등을 유발할 수 있다.

트럼프의 '미국 제일주의'는 단기적으로 미국 내 경제적 이익과 정치적 지지를 확보하는 데 성공할 수 있지만, 장기적으로는 미국의 글로벌 리더십을 약화시키고, 자유주의 국제질서를 흔드는 요인이 될 가능성이 크다. 이러한 정책은 국제사회에서 신뢰와 협력을 저하시킬 뿐만 아니라, 미국 자신에게도 경제적, 안보적 불확실성을 초래할 위험이 있다.

트럼프의 전쟁과 세계의 미래

트럼프의 귀환은 단순히 미국 내 변화에 그치지 않고, 세계 질서와 국제관계를 근본적으로 흔들 가능성이 크다. 그의 독특한 정치 철학과 강경한 미국 우선주의 정책은 자유주의 국제질서의 근간을 다시 쓰는 데 주저하지 않으며, 각국 간의 관계를 재정립할 강력한 동력을 제공한다. 특히, 기존의 다자주의 체제가 약화되면서 세계는 새로운 권력 구도를 향해 빠르게 움직이고 있다. 이 과정에서 미국은 과거의 글로벌 리더십에서 벗어나 고립적이고 자국 중심적인 태도를 보일 가능성이 크며, 이는 국제사회에 새로운 갈등의 씨앗을 뿌릴 수 있다.

트럼프의 정책은 미국의 경제와 안보를 최우선에 두는 명분 하에 실행되지만, 세계 각국에 미치는 여파는 그보다 훨씬 더 크고 복잡하다. 중국, 러시아와 같은 주요 강대국들은 이러한 변화 속에서 기회를 포착해 자신의 입지를 강화하려 할 것이고, 동맹국들은 미국과의 관계에서 새로운 계산법을 적용해야 할 것이다. NATO와 같은 기존 동맹 구조는 약화되고, 유럽과 동아시아의 국가들은 미국 의존도를 줄이는 동시에 독자적인 안보와 경제 전략을 세우려 할 가능성이 높다. 이는 국제사회의 불확실성을 증폭시키며, 예상치 못한 충돌과 협력의 혼재를 낳을 것이다.

이처럼 트럼프 2.0 시대는 자유주의 국제질서의 종말을 선언하는 동시에, 새로운 권력 균형의 도래를 예고하고 있다. 그러나 이러한 변화가 세계적으로 긍정적인 결과를 가져올지, 아니면 더 큰 혼란과 불확실성을 초래할지는 여전히 미지수다. 트럼프의 독특한 협상 스타일과 강경한 정책 방향은 단기적으로 미국의 경제적 이익을 증대시키고, 기존 체제의 문제점을 재검토하는 계기를 마련할 수 있다. 하지만 장기적으로는 글로벌 협력의 틀을 훼손하고, 미국의 신뢰도를 약화시킬 가능성도 크다.

트럼프 2.0 시대는 단순히 한 국가의 리더십 변화가 아닌, 세계가 새로운 시험대에 오르는 시기로 볼 수 있다. 우리는 이러한 변화가 초래할 정치적, 경제적, 그리고 사회적 충격에 대비해야 하며, 그 속에서 기회와 도전을 동시에 마주해야 할 것이다. 트럼피즘은 시대의 새로운 정신으로 재소환되었으며, 이는 단순히 트럼프 개인을 넘어, 세계 각국에서 확산되고 있는 자국 중심주의와 반(反)다자주의 흐름의 상징으로 자리 잡고 있다. 트럼프의 귀환은 단지 하나의 정치적 사건이 아닌, 글로벌 패러다임의 전환을 알리는 신호탄이 될 것이다.

트럼피즘이 재소환된 배경에는 기존 정치체제에 대한 대중의 피로감과 엘리트주의에 대한 반감이 깊게 자리하고 있다. 팬데믹 이후 경제 불평등이 심화되고, 글로벌화의 폐해에 대한 인식이 확산되면서, 많은 이들이 단순하고 강력한 리더십을 통해 문제를 해결하고자 하는 욕구를 드러내고 있다. 트럼프는 바로 이러한 시대적 요구를 포착하며 다시 한 번 주목받고 있으며, 그의 정치적 행보는 앞으로의 국제질서를 가늠하는 중요한 이정표가 될 것이다.

14

푸틴의 에너지 무기화와 유럽에 대한 경제적 압박

푸틴의 러시아는 오랫동안 군사력과 정치력을 활용해 세계 무대에서의 영향력을 확대해왔다. 그러나 그의 비장의 카드는 따로 있다. 바로 에너지다. 푸틴은 러시아의 천연가스와 석유라는 무기를 손에 쥐고, 유럽을 포함한 전 세계를 향해 경제적 압박을 가하고 있다. 유럽 대부분이 러시아의 천연가스에 의존하는 상황을 정확히 꿰뚫고 있는 그는 단순히 경제적 이익을 넘어서 자신의 지정학적 야망을 실현하고자 에너지를 무기화하는 데 주저하지 않는다. 여기서 그는 러시아의 이익을 최우선으로 하면서도, 이를 통해 유럽을 경제적, 정치적으로 제어하고, 그 영향력을 중동과 아시아, 심지어는 북아메리카까지 확장하려는 큰 그림을 그리고 있다.

에너지라는 무기 – 유럽의 Achilles heel을 공략하다

러시아는 세계 최대의 천연가스 공급국 중 하나이며, 유럽의 에너지 시장에서 무려 40%에 달하는 비중을 차지한다. 이처럼 깊은 의존 관계는 푸틴에게 절대적으로 유리한 협상 카드로 작용한다. 유럽은 이제 겨울마다 푸틴이 가스를 차단할까 봐 노심초사해야 하는 상황에 놓였다. 특히 독일은 에너지 전환 정책을 추구해왔지만, 여전히 천연가스에서 벗어나지 못한 채 러시아의 영향력 아래에 있다. 독일은 탈탄소화를 목표로 원자력 발전을 축소했지만, 그 결과로 러시아의 가스에 대한 의존도가 더욱 커졌다. 푸틴의 가스 차단 위협이 현실화될 때마다 독일 경제는 혼란에 빠지고, 산업계는 대규모 공장 가동 중단 위기에 몰린다. 그야말로 독일의 아킬레스건(Achilles heel)이라 할 만하다.

푸틴은 이처럼 유럽이 에너지에서 벗어나지 못하는 구조적 약점을 파고들어, 경제적 이득을 얻는 것은 물론 정치적 영향력까지 극대화하고 있다. 그는 유럽의 가스 밸브를 조절하면서 필요할 때마다 압박을 가해 유럽이 자신과 러시아의 요구를 받아들이도록 만든다. 이 과정에서 유럽의 독립적 외교 정책은 점차 위축되고, 러시아의 지경학적 야망은 더욱 현실에 가까워진다.

러시아-우크라이나 전쟁과 에너지의 전략적 활용

러시아가 우크라이나를 침공하면서 이 에너지 무기는 더욱 날카로워졌다. 푸틴은 서방의 경제 제재에 맞서 가스 공급을 무기화하며, 유럽을 향해 다시 한 번 강력한 메시지를 보냈다. 유럽은 러시아의 가스 의존도를 줄이기 위해 애를 쓰지만, 러시아-우크라이나 전쟁이 지속될수록 그 목표는 멀어져 보인다. 우크라이나 전쟁으로 인해 유럽 내에서 에너지 가격이 폭등하면서 가계와 산업이 직격탄을 맞았고, 그 영향으로 경제적 불확실성이 커졌다.

러시아는 전쟁 초기에 우크라이나를 통해 가스를 유럽으로 송출하는 파이프라인을 전략적으로 활용하면서 우크라이나를 압박했다. 유럽에 가스를 공급하되, 우크라이나를 경유해야 한다는 점을 악용해, 우크라이나가 러시아의 뜻에 반할 경우 가스 공급을 제한하겠다는 위협을 가했다. 유럽은 이 같은 상황에 좌절감을 느끼며, 그동안의 에너지 정책이 얼마나 취약했는지를 자각하게 되었다.

NATO의 개입과 동유럽 방어 태세 강화, 그리고 북한 군인의 참전 문제

NATO는 러시아의 위협에 대응하기 위해 동유럽 지역에서의 방어 태세를 강화하는 동시에, 우크라이나에 군사적 지원을 제공하고 있다. 특히 NATO 회원국들은 러시아의 에너지 무기화를 비난하며, 동유럽 지역에 방어력을 집중하고 있는 상황이다. 러시아의 위협이 동유럽 지역에만 국한되지 않고, NATO 전체에 대한 도전으로 확대되고 있는 가운데, 이 지역의 방어 태세를 강화하는 것은 필수적이다. 또한, 전쟁이 장기화되면서 북한의 군인이 러시아 측에서 참전한다는 가능성마저 제기되고 있다. 북한과 러시아의 협력은 새로운 동맹을 형성하고, 아시아와 유럽 전반에 걸쳐 지경학적 긴장을 고조시키고 있다.

중동의 네타냐후와 이란의 갈등이 러시아 - 우크라이나 전쟁에 미치는 영향

러시아는 중동에서도 영향력을 확대하며 네타냐후 정권의 이스라엘과 이란 간의 갈등을 이용하고 있다. 러시아는 이란과의 긴밀한 관계를 통해 중동에서의 영향력을 확대하려 하고 있으며, 이는 유럽뿐 아니라 전 세계에 걸친 에너지와 군사적 전략의 일환으로 작용한다. 이스라엘과 이란 사이의 오랜 갈등은 러시아가 중동에서의 리더십을 확고히 다지기 위한 도구로 활용되고 있다.

네타냐후와 이란 사이의 갈등은 중동 지역에서 불안정성을 증대시키며, 러시아는 이를 이용해 아시아와 유럽에 걸친 에너지 라인을 조절하며 영향력을 더욱 강화하고자 한다. 이란과의 협력은 특히 미국과 유럽의 제재로부터 벗어나려는 러시아의 전략적 선택이

기도 하다. 러시아는 이란과의 동맹을 통해 유럽 시장을 겨냥한 에너지 공급을 조정하며, 나아가 유럽 국가들을 더욱 곤경에 빠뜨리고 있다.

에너지 무기의 장기적 후유증과 푸틴의 전략적 도박

푸틴의 에너지 무기화 전략은 당장은 러시아에 유리하게 작용할지 몰라도, 장기적으로는 고립을 불러올 위험이 크다. 유럽은 러시아의 에너지 의존도를 줄이기 위해 재생 에너지와 LNG 수입 확대 등을 추진하고 있으며, 미국 역시 셰일가스를 통해 유럽을 지원하려는 움직임을 보인다. 이에 따라 유럽 국가들은 러시아의 에너지 공급망에서 점차 벗어나는 중이다.

하지만 이런 상황에도 불구하고, 푸틴은 자신의 강력한 에너지 무기를 포기하지 않고 있다. 그는 여전히 유럽이 러시아의 가스를 필요로 한다는 점을 이용해 협상력을 높이고, 나아가 러시아의 경제적, 군사적 우위를 유지하려 한다. 이러한 전략은 국제사회에서 러시아의 입지를 불안하게 만들고, 유럽은 러시아로부터의 에너지 독립을 더욱 가속화할 것이다.

결국 푸틴의 에너지 무기화는 러시아와 유럽 간의 끊임없는 긴장과 경제적 충돌을 불러오며, 장기적으로는 유럽이 러시아로부터 에너지 독립을 이루는 계기를 마련할 가능성도 있다.

15

시진핑과 미국의 갈등
– 패권 경쟁의 본질

시진핑 주석과 미국의 갈등은 현대 국제정치의 큰 물줄기를 이룬다. 이 갈등은 단순히 국가 간 힘겨루기에 그치지 않고, 경제적, 군사적, 이념적, 그리고 지정학적 요소들이 복잡하게 얽혀 있다. 특히 시진핑과 트럼프가 양국을 이끌던 시기에 이 긴장은 전면화되었다. 두 스트롱맨의 권력적 카리스마와 서로 상반된 세계관은 국제무대에 극적인 대립 구도를 형성했다. 트럼프가 "미국을 다시 위대하게" 만들고자 했던 것처럼, 시진핑 역시 '중화의 부흥'을 통해 중국의 세계적 지위를 되찾으려 한다. 두 스트롱맨의 패권 경쟁은 어떤 양상으로 펼쳐졌으며, 그 본질은 무엇일까?

경제적 경쟁 – 무역 전쟁의 서막과 기술 패권

미국과 중국의 경제적 경쟁은 단순한 무역 마찰을 넘어 이념적,

체제적 차이로 인한 구조적 갈등을 보여준다. 트럼프 행정부는 중국이 수십 년간 미국의 지식 재산권을 침해하고, 불공정한 무역 관행을 통해 막대한 무역 흑자를 기록해왔다고 비난하며 본격적인 무역 전쟁을 시작했다. 2018년, 트럼프는 대규모 관세 부과를 선언하며 중국의 경제적 야망을 견제하려는 강경책을 펼쳤다. 이 조치는 미국 내 제조업을 보호하고 중국 첨단 산업의 성장을 억제하려는 전략적 의도를 담고 있었다.

중국은 이에 강력히 반발하며 상호 보복 관세를 도입했고, 이는 양국 간 무역 관계뿐 아니라 세계 경제에 충격을 주었다. 특히, 글로벌 공급망은 중단과 재편을 거듭하며 기업들 사이에서 불확실성이 확대되었다. 국제통화기금(IMF)은 2019년 무역전쟁의 여파로 세계 경제 성장률이 3%로 둔화되었음을 지적하며, 이러한 갈등이 장기화되면 세계 경제 회복에도 부정적인 영향을 미칠 것이라고 경고했다.

양국의 경쟁은 무역을 넘어 기술 패권을 둘러싼 전면전으로 확산되었다. 미국은 화웨이, SMIC와 같은 중국의 주요 기술 기업들을 제재하며, 이들이 첨단기술을 통해 세계적 영향력을 확대하려 한다고 주장했다. 특히 5G 기술 분야에서 화웨이는 글로벌 시장에서 선두주자로 자리 잡고 있었으며, 미국은 이를 국가안보에 대한 위협으로 간주했다. 2020년에는 미국 정부가 화웨이와 관련된 기업들과의 거래를 전면 차단하는 조치를 발표했으며, 이는 중국의 기술 확장을 억제하려는 명백한 시도로 해석되었다.

중국은 이러한 제재에 대응해 '자력갱생'을 선언하며 첨단기술 분야에서 독립을 강화하는 데 초점을 맞췄다. 중국은 14차 5개년 계획(2021~2025)에서 반도체, 인공지능(AI), 신에너지 자동차 등 첨단 산업을 국가적 우선 과제로 설정하며, 막대한 자금을 투입해 자국 기술 역량을 강화하기 시작했다. 또한, 미국 제재로 인해 타격을 입은 화웨이는 자체 운영 체제(홍멍OS)를 개발하며 기술 자립도를 높이기 위한 노력을 가속화했다.

양국 간 기술 패권 경쟁은 단순한 경제적 우위를 넘어 국가안보와 전략적 영향력을 좌우하는 문제로 부각되었다. 미국은 중국이 첨단 기술을 통해 군사 및 정보 역량을 강화하고, 이를 기반으로 국제질서에 도전할 가능성을 우려했다. 반면 중국은 미국의 압박을 "패권적 억제"로 규정하며, 독립적 기술 개발을 통해 이를 돌파하겠다는 의지를 분명히 했다.

최근, 미중 갈등은 반도체 공급망 통제로까지 확대되었다. 2023년 미국은 네덜란드와 일본을 포함한 동맹국들과 협력하여, 중국의 첨단 반도체 생산에 필수적인 장비와 기술의 수출을 제한하는 정책을 추진했다. 이러한 조치는 중국의 첨단 기술 개발 속도를 늦추기 위한 국제적 공조의 일환으로 평가받았다. 이에 대응해 중국은 자국 반도체 기업에 대한 투자와 지원을 대폭 확대하며 "반도체 독립"을 위한 전방위적 노력을 이어가고 있다.

미국과 중국 간 경제 및 기술 경쟁은 세계 경제 질서를 재편하고 있다. 글로벌 기업들은 양국 간 갈등 속에서 공급망을 재조정하고 있으며, 각국 정부는 전략적 산업 보호와 기술 역량 강화를 위해 더욱 적극적인 개입에 나서고 있다. 이러한 경쟁은 단순히 양국의 문제가 아니라, 전 세계적으로 경제와 안보의 경계를 흐리게 하는 새로운 형태의 대결 구도를 형성하고 있다.

군사적 긴장 - 남중국해와 대만 문제의 복잡한 판도

경제적 경쟁이 심화될수록 미국과 중국 간 군사적 긴장도 더욱 격화되고 있다. 특히 남중국해와 대만 문제는 양국 간의 군사적 대결을 대표하는 핵심 이슈로 부상했다. 남중국해에서 중국은 해양 영토권을 주장하며, 인공섬을 건설하고 군사 기지를 세우는 한편, 해군 전력을 증강하며 주변 국가들을 압박했다. 이 지역은 전 세계 해상 물류의 중심지로, 중국의 이러한 행보는 지역 안보와 국제적 무역의 안정성을 위협하고 있다. 이에 미국은 항행의 자유를 내세우며 미 해군 함정을 남중국해로 파견하고, 동맹국들과 합동 훈련을 진행하며 중국의 군사적 팽창을 견제하고 있다.

중국의 행동은 단순히 해상에서의 영향력을 확대하려는 시도로 끝나지 않는다. 필리핀, 베트남, 말레이시아와 같은 동남아시아 국가들은 중국의 영토 주장에 강하게 반발하며 미국과의 협력을 강화하고 있다. 최근 필리핀은 자국 해역에서 중국의 해상 민병대와 충돌한 사건을 계기로 미국과의 군사 동맹을 재확인했다. 베트남 역시 미군과의 관계를 증진하며, 중국의 움직임에 대응하기 위한 방어 전략을 마련하고 있다. 이러한 국지적 갈등은 남중국해를 넘어 아시아 태평양 지역 전체로 확산될 가능성을 높이고 있다.

대만 문제는 남중국해 못지않게 미중 간의 민감한 갈등 요소다. 중국은 대만을 자국 영토로 간주하며 "하나의 중국" 원칙을 고수해왔고, 대만의 독립 가능성을 강력히 배제해왔다. 하지만 미국은 트럼프 행정부를 기점으로 대만과의 군사적, 경제적 협력을 강화하며 중국의 반발을 불러일으켰다. 트럼프는 대만에 첨단 무기 시스템을 판매하며, 사실상 대만을 독립적인 안보 파트너로 간주하는 행보를 보였다. 예를 들어, 대만에 F-16 전투기를 비롯한 첨단 방어 장비를 판매한 결정은 중국의 강력한 반발을 초래했다. 이에 중국은 대만 해협에서 대규모 군사 훈련을 전개하며 군사적 긴장을 높이는 동시에 대만을 포위하려는 전략적 시도를 강화했다.

대만 문제는 군사적 긴장을 넘어 외교적 대결로도 확산되고 있다. 2023년 미국 하원의 낸시 펠로시 의장의 대만 방문은 중국의 강한 항의를 불러일으켰다. 중국은 이에 대한 대응으로 대만 주변 해역에서 대규모 군사 훈련을 실시하고, 대만과 미국을 향한 날카로운 경고 메시지를 발신했다. 대만 역시 이러한 위협 속에서 자국의 방어력을 증강하기 위해 미국과의 협력을 더욱 확대하고 있다.

미중 간의 남중국해와 대만 문제를 둘러싼 대립은 단순히 양국 간의 갈등이 아니라 아시아 태평양 지역의 안보 질서를 흔드는 심각한 위협으로 발전하고 있다. 일본과 호주 등 지역 강대국들도 이러한 긴장 속에서 방어 태세를 강화하며, 미중 대결에서 각자의 전략적 입지를 다지고 있다. 일본은 자위대를 강화하며 미국과의 동맹을 재확인하고 있고, 호주는 AUKUS 협정에 따라 핵잠수함 도입을 추진하며 중국의 영향력 확대를 억제하려 하고 있다.

이와 같은 상황은 단순한 군사적 대치가 아니라 경제, 외교, 안보의 모든 측면에서 미중 간 전방위적인 경쟁이 심화되고 있음을 보여준다. 중미 갈등의 이러한 전개는 단기간에 해결되기 어려워 보이며, 아시아 태평양 지역 전체가 이 갈등의 파장을 맞이하고 있다.

이념적 대립 – 민주주의와 권위주의의 충돌

시진핑과 트럼프 사이의 갈등은 경제와 군사를 넘어 이념적 충돌로도 확장된다. 미국은 자유 민주주의와 인권을 국가 정체성과 자부심의 핵심으로 삼아왔다. 반면 중국은 시진핑의 집권 아래 권위주의적 통치 모델을 강화하며 경제 발전과 정치적 안정성을 최우선으로 하는 시스템을 구축했다. 이 같은 이념적 차이는 양국 간 갈등의 중요한 배경이 될 뿐만 아니라, 국제사회에서도 민주주의와 권위주의라는 두 축 간의 대립 구도를 형성하고 있다.

미국은 민주주의와 인권이라는 보편적 가치를 내세워 중국을 비판해왔다. 특히, 신장 위구르 자치구에서의 소수민족 탄압과 홍콩에서의 민주주의 억압은 서방 국가들에게 큰 논란거리로 떠올랐다. 현재, 신장에서 강제 노동 혐의가 있는 제품의 수입을 금지한 미국의 조치와 홍콩 민주화 운동을 지지하는 법안을 통과시킨 것은 중국의 인권 문제를 둘러싼 갈등을 보여준다. 더불어, 인터넷 검열과 언론 통제 같은 중국의 정보 통제 방식은 서방 세계의 강력한 반발을 불러일으켰다. 이는 단순히 미국과 중국 간 갈등에 그치지 않고, 전 세계 자유 민주주의 진영과 권위주의 진영 간의 대립으로 확대되고 있다.

반면 중국은 미국의 비판에 강하게 반발하며 자국만의 정치적 모델을 정당화했다. 시진핑은 '중국식 사회주의'를 강조하며, 서방식 민주주의가 반드시 보편적 기준이 될 필요는 없다고 주장했다. 그는 "안정적이고 지속 가능한 발전을 가능하게 하는 중국의 모델이 세계의 다른 국가들에게 대안이 될 수 있다"고 말하며 권위주의 체제가 효율성과 성과 면에서 우위에 있음을 강조했다. 이와 같은 중국의 입장은 특히 개발도상국들에서 일정 부분 지지를 얻고 있다. 서방식 민주주의가 내부 갈등을 해결하지 못하거나 정치적 불안을 야기한다는 이유로 중국의 모델을 탐색하는 국가들도 늘어나고 있다.

이념적 대립은 양국의 국제적 행동에서도 뚜렷하게 드러난다. 미국은 민주주의 국가 간의 연대를 강화하며 중국을 견제하려는 전략을 취했다. 2023년 열린 '민주주의 정상회의'는 이를 상징적으로 보여주는 사례다. 이 회의에서 미국은 민주주의와 인권 수호를 전 세계적 의제로 삼으며, 중국의 권위주의 체제를 우회적으로 비판했다. 반면 중국은 '글로벌 발전 이니셔티브'와 같은 프로그램을 통해 자국 중심의 협력 체제를 구축하려는 노력을 이어가고 있다. 특히, 중국은 아프리카와 동남아시아 국가들을 대상으로 인프라 개발과 경제 지원을 약속하며 영향력을 확대하고 있다. 이 과정에서 "내정간섭을 하지 않는다"는 원칙을 내세워 서방의 민주주의 모델을 간접적으로 비판하기도 했다.

대만 문제에서도 이념적 대립은 두드러진다. 대만은 스스로를 민주주의의 전초기지로 간주하며, 중국의 권위주의에 저항하는 상징적 존재로 자리 잡고 있다. 미국은 대만과의 관계를 강화하며, 대만이 민주주의를 지키는 핵심적인 동맹국임을 강조했다. 이에 반해 중국은 대만을 자국 영토의 일부로 간주하며 '하나의 중국' 원칙을 강력히 주장하고 있다. 현재, 대만 해협에서의 군사적 긴장은 이러한 이념적 대립이 군사적 갈등으로 전환될 수 있음을 경고하고 있다.

이념적 갈등은 단순히 미중 간 문제에 그치지 않는다. 이는 전 세계 국가들에게 민주주의와 권위주의 중 하나를 선택하도록 강요하는 구도를 만들어내고 있다. 양국은 각자의 정치체제를 정당화하며 다른 나라들을 자신의 진영으로 끌어들이려는 노력을 이어가고 있다. 이와 같은 대립 구도는 향후 국제정치에서 중요한 변수로 작용할 것이며, 세계의 안정성과 경제적 협력에도 상당한 영향을 미칠 것으로 보인다.

지정학적 경쟁 – 일대일로와 동맹의 힘겨루기

시진핑 주석의 일대일로(BRI, Belt and Road Initiative)는 중국 중심의 경제 블록을 구축하려는 구체적 시도로, 아시아에서 유럽, 아프리카까지 잇는 대규모 인프라 프로젝트로 설계되었다. 이 프로젝트는 철도, 항만, 고속도로와 같은 물리적 연결망을 구축하며, 중국이 글로벌 경제의 중심으로 부상하려는 전략의 핵심이다. 중국은 개발도상국들에게 대규모 인프라 투자를 제공하며, 이들 국가와의 경제적 관계를 강화하고 있다. 하지만 이러한 경제적 영향력 확대는 미국을 비롯한 서방 국가들에게는 심각한 지정학적 도전으로 간주되고 있다.

미국은 일대일로를 단순한 경제적 프로젝트가 아닌, 글로벌 질서를 재편하려는 중국의 장기 전략으로 보고 있다. 특히 중국이 인프라 투자라는 명목으로 많은 개발도상국들을 부채의 함정에 빠뜨리고, 이를 외교적 영향력으로 전환하려 한다는 비판이 제기되었다. 스리랑카의 함반토타 항구가 대표적인 사례로, 중국이 막대한 부채를 이유로 항구 운영권을 장악한 일이 국제적 논란을 일으켰다. 이는 일대일로 프로젝트가 경제적 협력을 넘어 전략적 군사 기지 구축과 연결될 수 있음을 보여주는 사례로 꼽힌다.

이러한 중국의 확장에 대응하기 위해 미국은 아시아 태평양 지역에서 동맹국들과의 관계를 강화하며 중국을 견제하려는 전략을 펼쳤다. 트럼프 행정부는 일본, 한국, 호주 등과의 안보 협력을 한층 공고히 하며, 이들 국가를 중심으로 아시아 태평양에서 자유롭고 개방된 질서를 유지하려는 노력을 기울였다. 2024년 기준으로 미국은 '자유롭고 개방된 인도 – 태평양 전략(FOIP)'을 강조하며 중국의 일대일로 프로젝트에 맞서는 경제적·군사적 동맹망을 구축하고 있다.

미국은 경제적 견제 외에도 군사적 전략을 통해 중국의 팽창을 제한하려 하고 있다. 남중국해에서의 군사적 존재 강화와 인도-태평양 지역에서의 군사 훈련 증대는 미국이 이 지역에서 주도권을 유지하려는 노력을 보여준다. 예를 들어, 2023년 미국은 일본과 함께 대규모 해상 훈련을 실시하며, 중국의 해상 활동을 견제하려 했다. 또한, 한국과의 연합 군사 훈련 역시 중국의 군사적 팽창을 억제하기 위한 주요 전략으로 활용되고 있다.

중국은 이러한 미국의 움직임을 자국 안보에 대한 위협으로 간주하며 강력히 반발하고 있다. 중국 외교부는 미국의 인도-태평양 전략을 '아시아판 NATO'로 규정하며, 이는 중국의 부상을 억제하려는 의도라고 비난했다. 중국은 일대일로를 단순한 경제 협력 프로그램으로 설명하며, 미국의 비판이 부당하다고 주장하고 있다. 동시에 중국은 러시아와의 관계를 강화하며, 미국 주도의 질서에 도전할 수 있는 새로운 축을 형성하려는 시도를 지속하고 있다.

이와 같은 지정학적 경쟁은 단순히 미국과 중국의 문제를 넘어, 세계 여러 국가들에게 선택을 강요하는 상황을 만들고 있다. 동남아시아 국가들은 미국과 중국 사이에서 균형을 맞추려 하지만, 경제적·군사적 의존도에 따라 어느 한쪽으로 기울 가능성이 크다. 필리핀은 남중국해 문제를 둘러싸고 미국과의 군사 협력을 강화했지만, 경제적으로는 여전히 중국에 의존하고 있다. 반면, 인도는 미국과의 군사 협력을 확대하며, 중국의 팽창을 견제하려는 주요 파트너로 부상하고 있다.

일대일로와 미국의 대응 전략은 단순한 경제적 충돌을 넘어, 글로벌 패권 경쟁의 중심축이 되고 있다. 이 지정학적 경쟁은 향후 수년간 글로벌 질서를 크게 변화시킬 중요한 변수로 작용할 것이다. 두 나라의 대립이 장기화되면서, 세계는 경제적 통합보다는 블록화된 경쟁 구도로 나아가고 있다. 이는 세계 경제와 안보의 불확실성을 가중시키는 한편, 각국이 생존 전략을 새롭게 모색해야 하는 시대를 예고하고 있다.

패권 경쟁의 미래와 국제질서의 향방

시진핑과 미국 간의 갈등은 단순히 두 국가 간의 경쟁이 아니라, 세계적 질서와 방향성을 재편할 거대한 축으로 자리 잡고 있다. 이 경쟁은 경제, 군사, 이념, 지정학적 요소가 얽힌 복합적인 성격을 띠며, 향후 수십 년간 국제사회에 막대한 영향을 미칠 것으로 예상된다. 중국은 시진핑 주석의 '중화의 부흥'이라는 슬로건 아래, 경제성장과 첨단 기술 개발을 국가적 핵심 과제로 삼고 있다. 특히 반도체, 인공지능, 우주개발과 같은 첨단 기술 분야에서의 성과는 중국이 미국과의 경쟁에서 전략적 우위를 확보하려는 의도를 보여준다. 이와 함께 시진핑은 권위주의적 통치 체제를 강화하며 내부 결속을 다지는 동시에 외교적으로는 일대일로(BRI)와 같은 프로젝트를 통해 글로벌 영향력을 확장하고 있다.

반면, 미국은 자유주의 국제질서를 지키기 위해 전통적인 동맹을 강화하며 중국의 부상을 견제하고 있다. 인도-태평양 전략을 중심으로 일본, 한국, 호주, 인도와의 안보 협력을 강화하는 동시에, 남중국해와 대만 문제에서 군사적 압박을 가하며 중국의 팽창을 제한하려는 노력을 이어가고 있다. 또한, 미국은 첨단 기술 분야에서 중국을 견제하기 위해 중국의 주요 기업들에 대한 제재를 강화하고, 반도체 및 통신 기술 분야에서 자국 중심의 공급망을 재편하려는 시도를 지속하고 있다.

이와 같은 양국 간의 경쟁은 전 세계적으로 다양한 파장을 일으키고 있다. 경제적으로는 무역 전쟁과 관세 정책이 글로벌 공급망을 흔들며, 많은 국가들이 양국 중 한쪽을 선택해야 하는 딜레마에 놓이게 되었다. 예를 들어, 동남아시아 국가들은 경제적으로는 중국과 밀접한 관계를 유지하고 있지만, 안보적으로는 미국과의 협력을 강화하며 균형을 유지하려고 노력하고 있다. 필리핀은 남중국해 문제를 두고 미국과의 군사 협력을 확대했으며, 일본 역시 방위 예산을 대폭 늘리며 지역 내 안보 파트너로서 미국의 역할을 지지하고 있다.

군사적으로는 남중국해와 대만 해협에서의 대립이 가장 첨예하다. 중국은 남중국해에서 인공섬을 군사 기지로 전환하며 해상 패권을 장악하려는 움직임을 보이고 있다. 동시에, 대만을 '중국의 핵심 이익'으로 선언하며 미국과의 갈등을 대만 문제로 집중시키고 있다. 미국은 이에 대응해 대만에 첨단 무기를 판매하고, 정기적으로 대만 해협에 군함을 파견하며 항행의 자유를 강조하고 있다. 이러한 긴장감은 단순히 두 국가 간의 문제가 아니라, 아시아 태평양 지역의 안정을 위협하는 요인으로 작용하고 있다.

이념적으로도 두 나라 간의 갈등은 국제사회에서 중요한 의미를 지닌다. 미국은 민주주의와 인권이라는 가치를 내세우며, 중국의 권위주의 체제를 비판하고 있다. 특히 신장 위구르 자치구에서의 인권 탄압, 홍콩의 정치적 자유 억압, 인터넷 검열과 같은 문제는 서방 국가들에게 중국 비판의 주요 근거로 작용하고 있다. 반대로 중국은 "각국의 정치체제는 그 나라의 역사와 상황에 따라 달라질 수 있다"며, 서구식 민주주의가 유일한 모델은 아니라는 점을 주장하며 반격하고 있다. 이는 단순히 미국과 중국 간의 문제를 넘어, 국제사회가 민주주의와 권위주의라는 두 축으로 나뉘는 구도를 형성하는 결과를 낳고 있다.

이와 같은 갈등은 전 세계에 심각한 도전 과제를 제시하고 있다. 특히 아프리카와 중남미와 같은 신흥국들은 양국의 경제적 유인책과 외교적 압박 사이에서 전략적 선택을 강요받고 있다. 예를 들어, 아프리카 국가들은 중국의 대규모 인프라 투자와 미국의 민주주의 촉진 프로그램 사이에서 균형을 맞추려 하고 있다. 이는 단순히 경제적 선택의 문제가 아니라, 국가의 장기적인 정치적, 경제적 방향성을 결정짓는 중요한 선택으로 이어지고 있다.

시진핑의 '중화의 부흥'과 미국의 패권 유지 의지는 글로벌 질서의 변화를 예고하고 있다. 이 갈등은 단기적으로는 양국 간 긴장과 충돌을 심화시키겠지만, 장기적으로는 국제사회가 새로운 균형을 찾는 계기가 될 가능성도 있다. 이 과정에서 각국은 사국의 이익을 극대화할 수 있는 독자적 전략을 마련해야 하며, 국제사회는 이 갈등 속에서 협력과 경쟁을 조화시키는 새로운 모델을 찾아야 할 것이다.

16

모디의 파키스탄 갈등과 남아시아 외교

나렌드라 모디 총리의 리더십 아래 인도와 파키스탄 간의 갈등은 한층 더 뜨거워졌다. 남아시아의 외교 무대에서 이 두 나라의 관계는 마치 끝이 없는 갈등의 연극처럼 펼쳐지며, 이는 남아시아 지역의 정치와 안보의 핵심적 요소가 되었다. 이 갈등은 단순히 양국 간의 감정 싸움에 그치지 않고, 역사적 아픔과 정치적 불안정, 그리고 군사적 충돌이 얽히게 하고 있다. 이 복잡한 관계는 주변 국가, 특히 중국과의 외교 관계에도 깊은 영향을 미친다. 이제 이 갈등의 역사와 모디 정부의 외교 전략, 그리고 남아시아의 외교적 복잡성을 짚어보자.

역사적 배경 – 분할의 상처와 영토 분쟁

1947년, 영국으로부터 독립한 인도와 파키스탄은 두 개의 국가로 분할되었다. 이 과정에서 종교를 기준으로 국민들이 이동해야 했고, 이는 대규모 폭력 사태로 이어지며 양국 간의 상처가 깊게 남았다. 분할 당시 가장 큰 갈등의 불씨가 된 것은 바로 '카슈미르'였다. 카슈미르는 전략적 요충지이자 두 나라 모두가 영유권을 주장하는 지역으로, 인도와 파키스탄이 서로의 정체성을 증명하려는 상징적인 전장이 되어왔다.

모디 정부는 2019년 카슈미르의 특별 자치권을 박탈하며 더욱 강경한 입장을 취했다. 이는 파키스탄의 반발을 불러일으켰고, 양국 관계는 더욱 험악해졌다. 카슈미르 문제는 단순히 두 나라의 영토 문제를 넘어, 인도 내 힌두 민족주의와 파키스탄의 이슬람적 정체성이 충돌하는 지점으로 작용했다.

모디 정부의 대파키스탄 정책 – 강경 노선과 군사적 압박

모디 총리는 대파키스탄 정책에서 단호하고 강경한 태도를 견지하고 있다. 그의 핵심 전략은 테러와의 전쟁을 빌미로 파키스탄을 압박하는 것이다. 인도는 파키스탄이 자국 내 분리주의 세력과 테러 단체를 지원하고 있다고 주장하며, 테러와의 전쟁을 통해 국민적 지지를 얻고 있다. 이러한 강경 노선은 인도 내에서 모디의 인기와 결속을 강화하는 데 중요한 역할을 했다.

2016년 발생한 '우리 군 기지 공격 사건' 이후 모디 정부는 파키스탄을 대상으로 '정밀 타격 작전'을 감행하며 군사적 대응을 강화했다. 인도군은 파키스탄 점령 카슈미르 지역의 테러 기지를 폭격했고, 모디는 이를 '강력한 인도'의 상징으로 내세우며 자신을 '국가를 지키는 지도자'로 자리매김했다. 하지만 이러한 군사적 압박은 파키스탄과의 대치 상황을 더욱 격화시키며 장기적인 안보 불안을 초래했다.

남아시아 외교의 복잡성 – 중국과의 전략적 경쟁

인도–파키스탄 간의 갈등은 단순히 두 나라만의 문제가 아니다. 이 갈등은 남아시아 전체에 큰 영향을 미치며, 중국과의 외교 관계에서도 복잡한 문제를 야기한다. 파키스탄은 오랜 세월 동안 중국과 긴밀한 관계를 유지해왔으며, 이는 인도에 대한 견제 수단으로 작용해왔다. 중국은 파키스탄에 대규모 인프라 투자를 진행하며 경제적 동맹 관계를 강화하고 있다.

특히 중국의 '일대일로' 프로젝트는 남아시아의 정치적 지형을 바꾸는 중요한 변수로 작용하고 있다. 중국과 파키스탄은 '중국–파키스탄 경제 회랑(CPEC)'을 통해 경제적 연결성을 높이고 있으며, 이는 인도에게는 위협으로 다가온다. 이 회랑은 인도의 카슈미르 영토 일부를 통과하기 때문에, 인도 입장에서는 자국의 주권을 침해하는 것으로 여겨지고 있다. 이러한 이유로 모디는 '메이크 인 인디아'와 같은 자국 중심 경제정책을 통해 중국의 경제적 영향력을 견제하려 하고 있다.

SAARC의 한계 – 지역 협력의 걸림돌

남아시아 지역 협력 연합(SAARC)은 남아시아의 정치적, 경제적 협력을 강화하기 위해 설립되었지만, 인도 – 파키스탄 간의 갈등은 이 기구의 기능을 사실상 마비시켰다. SAARC는 인도와 파키스탄이라는 두 강대국이 상호 협력할 수 없을 경우 실질적인 성과를 내기 어렵다. 특히, 파키스탄이 중국과 협력하고, 인도는 이에 대응해 남아시아 내 자국 중심의 경제 질서를 구축하려 하면서 SAARC는 점점 유명무실해지고 있다.

인도는 SAARC 내에서 자신의 주도권을 강화하려는 노력을 지속하고 있지만, 파키스탄과의 갈등으로 인해 남아시아 전체가 경제적 발전과 정치적 안정에 있어 도전에 직면하게 되었다. 이는 남아시아 국가들이 국제적인 경제 협력과 발전을 이루는 데 걸림돌이 되고 있으며, 세계 경제 속 남아시아의 역할을 제한하는 요인이 되기도 한다.

미래 전망 – 긴장 완화의 가능성은?

모디 정부의 강경한 대(對)파키스탄 정책은 단기적으로는 인도 국민들의 지지를 얻고 정치적 이점을 가져오겠지만, 장기적으로는 남아시아의 안정을 위협할 가능성이 크다. 특히, 인도와 파키스탄 간의 갈등은 무력 충돌 가능성을 높이며, 이는 자칫하면 남아시아 전체의 안보를 위협할 수 있다. 현재 양국은 핵무기를 보유하고 있는 만큼, 이러한 갈등이 확대될 경우 전 세계적인 안보 위협으로 이어질 수 있다는 우려가 존재한다.

남아시아의 안정과 발전을 위해서는 인도와 파키스탄 간의 갈등을 외교적으로 해결하는 노력이 필요하다. 이는 단순히 두 나라의 이해관계에 그치지 않고, 국제사회의 중재와 지원을 필요로 한다. 미국을 비롯한 서방 국가들은 이 갈등을 중재하고 남아시아의 안정을 도모하기 위해 개입할 수 있지만, 이는 또 다른 외교적 복잡성을 초래할 수 있다.

남아시아 외교의 도전 과제

모디 정부 하에서 인도와 파키스탄 간의 갈등은 더욱 고조되고 있으며, 이는 남아시아 외교의 복잡성을 심화시키고 있다. 인도는 '강한 인도'라는 비전을 통해 지역 내 주도권을 강화하고자 하지만, 파키스탄과의 갈등, 그리고 중국과의 지정학적 경쟁은 그 길을 더욱 험난하게 만든다. 이러한 갈등은 남아시아 지역의 정치적, 경제적 발전에 큰 장애물로 작용하며, 국제사회의 관심과 중재가 필요한 상황이다.

향후 남아시아 외교에서 인도와 파키스탄이 어떻게 협력과 갈등을 조율해 나갈지에 따라, 남아시아의 정치와 경제적 안정은 달라질 것이다.

17

에르도안의 시리아 내전 개입과 난민 문제

에르도안 대통령의 튀르키예는 시리아 내전과 난민 문제라는 두 가지 거대한 도전에 맞서며 중동의 정치적 격랑 속으로 뛰어들었다. 튀르키예는 이웃 나라 시리아가 내전으로 흔들리는 와중에 국경을 넘어 적극적으로 개입해왔다. 에르도안의 목표는 단순히 아사드 정권의 종식만이 아니라, 지역에서 튀르키예의 리더십을 공고히 하는 것이다. 동시에, 내전의 여파로 튀르키예는 수백만 명의 난민을 받아들여야 했고, 이는 사회적, 경제적, 정치적 파급을 불러일으켰다.

시리아 내전 개입의 배경 – 이해관계의 복잡성

시리아의 내전은 2011년 아사드 정권에 대한 대규모 반정부 시위에서 촉발되었다. 평화적 시위는 이내 군사적 충돌로 변모하며 수많은 반군 세력과 이슬람 극단주의 단체들이 등장했다. 튀르키예는 지리적으로 시리아와 맞닿아 있을 뿐 아니라, 아사드 정권의 몰락이 튀르키예의 이익에 부합한다고 판단했다. 아사드가 축출된다면, 튀르키예는 새로 들어설 정권과 협력하여 중동에서 튀르키예의 입지를 강화할 수 있을 것이라는 기대가 있었다.

게다가 튀르키예는 시리아 북부의 쿠르드 세력이 강화되는 것을 경계했다. 튀르키예 내에서도 분리주의를 주장하는 PKK(쿠르드 노동자당)와의 갈등이 끊이지 않는 상황에서, 시리아 내 쿠르드 민병대인 YPG가 세력을 확장하는 것은 튀르키예 안보에 심각한 위협으로 여겨졌다. 에르도안은 시리아 내전에서 반군 세력을 지지하고, 쿠르드 세력을 약화시키는 것을 목표로 삼으며 여러 차례 시리아 영토로 군사 작전을 감행했다.

튀르키예의 군사적 개입 – 전략과 목표

튀르키예의 시리아 개입은 단순한 외교적 지원을 넘어 군사적 개입으로 이어졌다. 2016년 튀르키예는 '유프라테스 방패 작전'을 통해 시리아에 처음으로 대규모 군사력을 투입했다. 이어 '올리브 가지 작전'(2018년), '평화의 샘 작전'(2019년) 등 일련의 군사 작전을 전개하며 튀르키예의 존재감을 과시했다. 이 작전들은 주로 시리아 북부에서 활동하는 YPG와 싸우기 위한 것이었다. 튀르키예는 YPG를 PKK와 연계된 테러 조직으로 간주하고, 이들을 저지하기 위한 군사력을 동원했다.

에르도안은 또 다른 목표로 '안전지대'를 설정하려 했다. 시리아 내전에 따라 발생한 수백만 명의 난민들이 튀르키예로 밀려들어온 상황에서, 에르도안은 이들을 위해 시리아 북부에 안전지대를 마련하고, 그곳으로 난민들을 되돌리려는 계획을 세웠다. 이를 통해 튀르키예는 자국의 국경 안보를 강화하고, 국내의 난민 문제를 해결하는 일석이조의 효과를 기대했다. 그러나 이러한 안전지대 구상은 시리아와 주변국, 그리고 국제사회와의 긴장을 고조시키는 요인으로 작용했다.

난민 문제 – 튀르키예의 사회적, 경제적 부담

시리아 내전이 길어지면서 튀르키예는 대규모 난민 유입에 직면했다. 현재 약 360만 명의 시리아 난민이 튀르키예에 머물고 있으며, 이는 튀르키예의 사회적, 경제적 시스템에 큰 압박을 가했다. 난민들은 주로 노동시장에서 저임금 일자리를 차지하면서 튀르키예 내 저소득층과의 경쟁을 촉발했다. 게다가 의료와 교육 등 공공서비스에 대한 수요가 급증하며, 튀르키예 정부는 이를 감당하기 위해 막대한 재정을 투입해야 했다.

난민 문제는 단순히 경제적 부담을 넘어서 사회적 갈등으로 번지고 있다. 일부 튀르키예 국민들은 난민들이 자국의 일자리를 빼앗고 공공 자원을 소모한다고 불만을 표출하며, 난민에 대한 반감이 커지고 있다. 이는 정치적 문제로 발전하여 에르도안 정부의 지지율에도 영향을 미쳤다. 특히 일부 야당 세력은 난민 수용에 대한 강한 반대를 표명하며 이를 정치적 카드로 활용하고 있다.

국제사회의 반응 또한 중요한 요소다. 튀르키예는 난민 문제에 대한 국제적 지원을 요청하며 유럽연합(EU)과 협상을 진행했다. 2016년에는 EU와 튀르키예 간에 난민 협정이 체결되어, 튀르키예가 유럽으로 향하는 난민 흐름을 통제하는 대신 EU로부터 재정적 지원을 받기로 합의했다. 이로 인해 튀르키예는 EU의 재정적 지원을 받으면서 난민들을 수용하고 있지만, EU와의 관계는 여전히 불안정한 상태다.

에르도안의 시리아 내전 개입에 대한 국제적 반응과 도전

에르도안의 시리아 내전 개입은 중동과 국제사회에서 다양한 반응을 불러일으켰다. 튀르키예의 이웃국인 이란과 러시아는 시리아에서 아사드 정권을 지지하고 있으며, 튀르키예의 군사 개입에 반대하는 입장을 취했다. 특히 러시아는 시리아 정부와의 연계를 통해 튀르키예의 영향력을 견제하려 하며, 시리아 내에서 튀르키예와의 갈등이 발생하기도 했다.

또한 에르도안은 시리아 내전을 계기로 이스라엘과의 관계에서도 복잡한 입장을 취하고 있다. 튀르키예는 팔레스타인 문제에 대한 지지와 더불어 이슬람 세계의 리더로서의 역할을 강조하며 이스라엘을 비판해왔다. 그러나 중동에서의 영향력 강화를 위해 이스라엘과의 관계 개선을 모색하기도 하며, 이중적인 외교적 스탠스를 취하고 있다.

미래 전망 – 시리아 내전과 난민 문제의 지속 가능성

에르도안 정부는 시리아 내전이 종료되면 난민들이 고향으로 돌아갈 수 있도록 지원하겠다고 밝혔지만, 현실은 녹록지 않다. 시리아의 정치적 상황은 여전히 불안정하고, 난민들이 안전하게 귀환할 수 있는 환경은 마련되지 않았다. 게다가 난민들 중 일부는 이미 튀르키예 내에 정착하여 장기적으로 머물 가능성이 높다. 이는 튀르키예 사회에 지속적인 영향을 미칠 전망이다.

튀르키예 내부에서도 난민 문제에 대한 정치적 논쟁은 더욱 격화되고 있다. 일부 튀르키예 국민은 난민들이 돌아가길 원하고, 이를 공약으로 내세우는 정치 세력도 늘어나고 있다. 에르도안은 난민 문제를 해결하기 위해 시리아와의 협력을 강화하려고 하지만, 이 과정에서 튀르키예 국민의 지지를 잃을 위험도 있다.

튀르키예의 복잡한 딜레마

에르도안의 시리아 내전 개입과 난민 문제는 단순히 튀르키예의 외교 정책 차원을 넘어, 중동과 국제사회에 큰 파급 효과를 미치고 있다. 에르도안은 튀르키예의 안보와 영향력을 강화하려 했지만, 난민 문제와 외교적 긴장은 예상 밖의 복잡성을 가져왔다. 시리아 내전은 아직 끝나지 않았고, 튀르키예는 여전히 시리아와의 국경에서 긴장 속에 있다. 난민 문제도 장기적으로 해결될 가능성이 불투명하다.

에르도안은 이러한 도전 속에서 국제사회와의 협력과 내부적 안정 사이에서 균형을 맞춰야 하는 딜레마에 직면해 있다. 그의 리더십이 중동에서 어떤 방향으로 나아갈지는 앞으로도 세계가 주목할 중요한 이슈로 남을 것이다.

18

트럼프 2.0 시대의 복잡한 외교 무대
– 트럼프와 시진핑, 푸틴, 김정은

도널드 트럼프는 독특한 협상 스타일과 '미국 제일주의'를 앞세워 국제무대에서 파장을 일으켰다. 그의 외교 정책은 주요 국제 지도자들과의 관계를 중심으로 전개되었고, 특히 시진핑, 푸틴, 김정은과의 관계는 트럼프 외교의 핵심축을 형성했다. 트럼프 2.0 시대의 도래와 함께 이들 지도자와의 관계가 어떻게 전개될지 살펴보자.

1. 트럼프와 시진핑 – 무역 전쟁과 새로운 냉전의 시작

트럼프와 시진핑의 관계는 경제적 이익을 둘러싼 치열한 경쟁과 정치적 긴장으로 얽혀 있다. 두 지도자는 각국의 국가 이익을 최우선으로 삼으며 국제무대에서 강대강 대치를 이어갔다. 이 관계는 글로벌 경제와 외교 질서에 큰 파장을 일으키며 새로운 냉전의 서막을 알리는 전조가 되었다.

무역 전쟁의 촉발 – 대립의 서막

트럼프는 2018년부터 중국산 제품에 대한 고율 관세를 부과하며, 미국과 중국 간의 무역 전쟁을 본격화했다. 이는 '미국 제일주의'의 기치 아래, 미국 내 제조업 부흥과 일자리 보호를 위한 정책으로 포장되었다. 그러나 실질적으로는 글로벌 무역 체제의 균열을 초래하며 세계 경제에 광범위한 영향을 미쳤다. 시진핑은 이에 보복 관세를 부과하며 즉각 대응했고, 양국 간의 무역 긴장은 국제 공급망에 심각한 혼란을 야기했다.

트럼프 2.0 시대에는 이러한 갈등이 더 심화될 가능성이 크다. 트럼프는 중국과의 무역 불균형을 명분으로 더 강력한 관세 부과와 수출 통제 등 경제적 압박을 가할 것으로 보인다. 이는 단순히 무역을 넘어 기술, 금융, 심지어 군사적 분야까지 갈등이 확산될 가능성을 내포하고 있다. 결과적으로 미중 간 경쟁은 새로운 냉전 양상으로 전환될 위험이 높아 보인다.

정치적 긴장과 이념의 대립 – 두 체제의 충돌

미국과 중국 간의 대립은 경제를 넘어 정치와 이념의 영역으로 확장되었다. 홍콩 민주화 시위와 신장 위구르 자치구의 인권 문제는 트럼프가 중국 정부를 강도 높게 비판하며, 국제사회에서 시진핑을 압박하는 주요 수단으로 사용되었다.

특히 트럼프 행정부는 '자유와 민주주의'를 명분으로 삼아 홍콩의 자치권과 신장 위구르 인권 문제를 공개적으로 지지했다. 이에 시진핑은 이를 중국 내정에 대한 명백한 간섭으로 간주하며 강력 반발했다. 이로 인해 양국 간의 정치적 긴장이 고조되었고, 미중 관계는 악화 일로를 걸었다.

트럼프의 대중 강경 노선은 시진핑의 '중국몽'과 정면으로 충돌했다. 트럼프가 세계 무대에서 미국의 주도권을 재확립하려는 동안, 시진핑은 중국의 역사적 부흥과 세계적 영향력을 확대하려는 의지를 드러냈다. 이러한 이념적 대립은 양국 관계를 더욱 복잡하게 만들며 두 지도자 간의 긴장 상태를 최고조로 끌어올렸다.

개인적 대화와 그 한계 – 결과 없는 회담

트럼프와 시진핑은 여러 차례 정상회담을 통해 직접적인 대화를 시도했다. 트럼프는 시진핑을 '훌륭한 협상가'로 평가하며 개인적 관계를 강조했지만, 실질적인 성과를 내는 데는 실패했다. 양측의 정상회담은 서로의 의도를 파악하고 의제별 대화를 진행하는 데 중점을 두었지만, 궁극적으로 신뢰 형성에는 실패했다.

트럼프는 시진핑과의 회담을 통해 미국 국민들에게 자신이 '강력한 협상가'라는 이미지를 부각하려 했다. 그러나 시진핑은 이를 트럼프 특유의 정치적 수사로 간주하며 신중히 대응했다. 트럼프의 공세적 태도는 시진핑에게 또 다른 협상 카드로 작용했을 뿐이다.

시진핑은 자신의 입장을 굽히지 않으면서도 트럼프의 전략적 의도를 면밀히 분석하며 철저히 대응했다.

새로운 냉전의 그림자

트럼프 2.0 시대가 열리면, 미국과 중국의 관계는 단순한 무역 전쟁을 넘어 글로벌 패권 경쟁으로 전환될 가능성이 크다. 두 지도자는 서로를 경계하면서도 국익을 위해 강경한 태도를 고수할 것이다. 이러한 대립은 글로벌 경제 질서를 재편하고, 국제사회에 긴장과 불확실성을 가중시키는 결과를 낳을 수 있다.

트럼프와 시진핑의 관계는 21세기 국제정세를 정의하는 중요한 변수로 작용할 것이다. 두 지도자가 각자의 전략을 어떻게 전개하느냐에 따라 세계는 새로운 질서로 나아갈 수도, 더 깊은 혼란 속으로 빠져들 수도 있을 것이다.

2. 트럼프와 푸틴 – 논란 속의 '브로맨스'

트럼프와 푸틴의 관계는 외교 무대에서 끊임없이 논란과 주목을 받아온 주제 중 하나다. 이 둘의 관계는 개인적 친밀감과 정치적 의혹, 그리고 국제적 영향력의 공방이 얽힌 복잡한 양상을 띠고 있다.

개인적 친밀감과 의혹 – 양날의 검

트럼프는 푸틴과의 관계를 긍정적으로 평가하며 두 지도자가 '좋은 관계'를 유지하고 있다고 강조했다. 그는 푸틴의 리더십을 공개적으로 칭찬하며 러시아와의 관계 개선이 필요하다고 주장했다. 이러한 태도는 그의 지지층에게는 미국의 외교 정책에 새 바람을 불어넣는 혁신적인 접근으로 비쳤지만, 정치권과 언론에서는 즉각적인 비판의 대상이 되었다.

특히 2016년 미국 대선에서 러시아의 개입 의혹이 불거지며 트럼프와 푸틴의 관계는 미국 내 정치적 스캔들의 중심에 섰다. '러시아 스캔들'이라 불리는 이 사건은 트럼프의 러시아 정책에 대한 신뢰를 약화시켰고, 그를 '러시아에 지나치게 관대한 지도자'로 낙인찍는 결과를 초래했다. 트럼프는 이러한 의혹을 강력히 부인하며 자신이 "미국의 이익을 최우선으로 한다"고 주장했지만, 푸틴과의 관계는 끊임없이 비판과 의혹의 그림자 속에 놓였다.

NATO와 우크라이나 문제 – 푸틴에게 기회의 창을 열어주다

트럼프는 1기 재임 동안 NATO 동맹국들에게 방위비 분담금을 대폭 증액하라고 요구하며 동맹 체제를 압박했다. 그는 "미국이 더 이상 전 세계의 안보 비용을 떠맡을 수 없다"는 논리를 내세웠지만, 결과적으로 이는 NATO 내부의 결속력을 약화시키고 동맹국들의 불안감을 증폭시키는 결과를 낳았다.

푸틴에게는 이러한 상황이 기회로 작용했다. NATO의 내부 균열은 러시아가 유럽에서의 전략적 입지를 강화할 수 있는 발판이 되었다. 특히 우크라이나 문제에서 트럼프의 NATO 압박은 푸틴의 팽창주의적 야망을 실현하는 데 유리한 환경을 제공했다. 러우 전쟁이 발발한 후에도 트럼프는 우크라이나에 대한 미국의 군사적 지원을 축소할 가능성을 시사하며 "미국의 이익을 우선시하겠다"고 공언했다. 이는 유럽의 안보를 위협하는 동시에 러시아의 군사적 입지를 강화시키는 결과를 초래할 위험이 크다.

정상회담 – 결과보다 연출이 돋보인 순간들

트럼프와 푸틴은 재임 기간 동안 다수의 정상회담을 가졌다. 이들은 군비 경쟁 축소, 시리아 내전 해결, 에너지 협력 등 다양한 주제를 논의했지만, 이러한 회담들은 실질적인 성과를 내지 못했다는 평가를 받는다.

특히 2018년 핀란드 헬싱키에서 열린 정상회담은 두 지도자의 관계를 상징적으로 보여주는 장면이었다. 트럼프는 푸틴과의 공동 기자회견에서 "러시아의 대선 개입 의혹에 푸틴의 부인을 신뢰한다"는 발언을 해, 미국 정보기관의 결론을 사실상 부정하는 모습을 보였다. 이 발언은 미국 내에서 거센 비판을 불러일으켰으며, 트럼프가 푸틴에게 지나치게 의존적이라는 의혹을 더욱 부채질했다.

트럼프의 접근 방식은 종종 푸틴에게 유리한 환경을 제공했다는 비판을 받는다. 예컨대, 트럼프는 시리아에서의 미군 철수를 결정하며 러시아가 중동에서의 영향력을 확대할 수 있는 기회를 열어주었다. 또한, 에너지 분야에서도 트럼프의 정책은 러시아의 천연가스 공급망을 방해하기보다는 간접적으로 지원하는 결과를 낳았다.

러우전쟁과 북한 – 푸틴의 새로운 카드

트럼프 2.0 시대가 열리면, 러시아–우크라이나 전쟁은 푸틴과의 관계에서 핵심 과제가 될 것이다. 트럼프는 "협상을 통해 전쟁을 종식시키겠다"고 주장할 가능성이 있지만, 이 과정에서 우크라이나와 NATO의 입장을 약화시킬 위험이 있다.

또한 푸틴은 북한과의 군사 협력을 강화하며 러우전쟁에 새로운 변수를 추가하고 있다. 북한은 러시아에 군사 장비와 병력을 지원하는 대가로 경제적 지원과 군사 기술을 받을 가능성이 높다. 이는 한반도의 긴장 상태를 고조시키고, 트럼프의 대북 정책에도 복잡성을 더할 것이다.

새로운 국제질서를 향한 시험대

트럼프와 푸틴의 관계는 단순히 두 지도자 간의 친밀감으로만 설명할 수 없는 복잡한 국제정세의 일부분이다. 이 관계는 NATO, 유럽, 중동, 그리고 아시아를 포함한 글로벌 질서 전반에 영향을 미치며, 트럼프 2.0 시대에는 더욱 중요한 시험대가 될 것이다. 트럼프의 러시아 정책이 어떻게 전개될지는 그의 개인적 의도와 국제적 현실 사이의 균형에 달려 있다.

3. 트럼프와 김정은 – 파격과 실망의 외교

트럼프와 김정은의 관계는 현대 외교사에서 보기 드문 파격적인 접근 방식으로 세계의 주목을 받으며 시작되었지만, 그 결말은 실망으로 이어졌다. 이들의 관계는 화려한 무대 위의 쇼맨십과 냉혹한 현실 정치가 어떻게 충돌하는지를 보여주는 대표적인 사례다.

역사적인 정상회담 – 기대와 현실의 괴리

2018년 싱가포르와 2019년 하노이에서 열린 두 차례 정상회담은 북미 관계에서 혁명적인 순간으로 평가받았다. 싱가포르 정상회담은 북한 지도자가 현직 미국 대통령과 처음으로 얼굴을 맞대고 대화를 나눈 역사적 사건으로, 전 세계의 이목을 집중시켰다. 트럼프는 김정은과의 '좋은 케미'를 강조하며, 개인적 유대가 북한 문제를 해결하는 열쇠가 될 것이라고 자신감을 보였다.

그러나 하노이 정상회담은 예상치 못한 결렬로 끝나면서 양국 관계의 한계를 여실히 드러냈다. 김정은은 경제 제재의 완전한 해제를 요구했으나, 트럼프는 이를 수용하지 않고 회담장을 떠났다. 이는 두 지도자가 협상에서 실질적인 비핵화 로드맵에 합의하지 못했음을 상징적으로 보여줬다. 트럼프의 '딜 메이커'로서의 자부심과 김정은의 고집이 맞부딪히며, 협상의 기대는 점차 실망으로 바뀌었다.

강경과 대화의 이중주 – 균형을 잃은 외교 전략

트럼프는 김정은과의 대화를 통해 북한 문제의 돌파구를 마련하려는 의지를 보였다. 그는 김정은에게 '좋은 친구'라고 부르며 전통적인 외교의 틀을 벗어나려 했지만, 동시에 대북 제재를 유지하며 압박을 강화했다. 이러한 강경과 대화의 이중 전략은 초기에는 긴장을 완화시키는 듯했으나, 시간이 지나면서 북한에게 핵 개발을 위한 시간을 벌어주는 결과를 초래했다.

트럼프 2.0 시대가 도래한다면, 이러한 접근은 더욱 극단적으로 전개될 가능성이 크다. 강력한 경제 제재와 군사적 옵션이 다시금 테이블 위에 오를 것이며, 이는 북한의 도발을 부추길 위험이 크다. 김정은은 핵 개발과 미사일 실험을 통해 국제사회의 압박에 저항할 가능성이 높으며, 한반도의 긴장은 극대화될 수 있다. 트럼프는 과거와 달리 김정은을 더욱 강하게 압박하려 하겠지만, 이는 대화의 여지를 좁히고 북한이 더욱 고립된 방향으로 나아가게 할 가능성도 배제할 수 없다.

4. 한미 동맹의 시험대 – 새로운 갈등의 불씨

트럼프는 1기 재임 기간 동안 주한미군 방위비 분담금 문제를 공개적으로 거론하며 한국 정부를 강하게 압박했다. 그는 '공정한 분담'을 명분으로 삼아 한국이 더 많은 비용을 부담해야 한다고 주장했으며, 이는 한미 동맹에 대한 신뢰를 약화시키는 요인으로 작용했다. 한국 내에서는 방위비 분담금 문제를 둘러싼 정치적 논란이 확대되었으며, 트럼프의 요구는 한국 내 여론을 분열시키는 결과를 초래했다.

트럼프 2기에서도 이러한 압박은 지속될 가능성이 높다. 그는 '미국 우선주의'를 내세우며 주한미군 철수 가능성을 협상 카드로 사용할 수 있다. 이는 한반도의 안보 환경을 더욱 불안정하게 만들고, 북한과 러시아, 중국 등 주변 강대국들에게 틈을 제공할 위험이 있다. 특히 러시아–우크라이나 전쟁에서 북한이 러시아를 지원한 정황이 드러난 가운데, 북한과 러시아 간의 군사적 협력이 강화될 경우, 한반도의 긴장은 더욱 고조될 수 있다.

북한의 새로운 전략 – 러우전쟁과 한반도

러우전쟁은 북한에게도 중요한 전환점이 되고 있다. 북한은 러시아에 군사 장비와 탄약을 제공하고, 이에 대한 대가로 러시아의 경제적 지원과 군사 기술을 받을 가능성이 높다. 이는 북한이 대북 제재를 우회할 수 있는 새로운 기회를 제공하며, 김정은의 입지를 강화시키는 요인이 될 것이다. 더불어 북한이 러우전쟁에 병력을 파병하여, 이는 한반도와 동북아시아 전체에 심각한 안보 위협을 초래할 수 있다.

트럼프 2.0 시대의 한반도 – 대화와 갈등의 교차점

트럼프와 김정은의 관계는 여전히 국제정치의 중요한 변수로 남아 있다. 트럼프의 귀환은 한반도 문제를 새로운 국면으로 몰아넣을 가능성이 크다. 대화와 제재를 병행하는 그의 접근법이 과연 이번에는 다른 결과를 가져올지, 아니면 한반도를 더욱 불안정한 상태로 몰아넣을지는 앞으로의 행보에 달려 있다.

5. 불확실성과 긴장의 외교

트럼프와 시진핑, 푸틴, 김정은과의 관계는 그의 외교 정책에서 중심적인 축을 이루며, 현대 국제정치와 경제에 깊은 영향을 미쳤다. 트럼프는 각 지도자들과의 관계에서 전통적인 외교 규범을 깨는 파격적인 방식을 선보였다. 그는 협상의 기본 원칙인 예측 가능성을 무시하며 상대방에게 혼란을 주는 것을 전략으로 삼았다. 이로 인해 일부에서는 "기존의 외교 패러다임을 흔들었다"는 평가를 받았지만, 동시에 글로벌 리더십에 대한 신뢰를 약화시키고 국제정세에 불확실성을 심화시켰다는 비판도 피할 수 없었다.

트럼프의 이러한 접근법은 시진핑과의 무역 전쟁에서 뚜렷하게 나타났다. 그는 관세 폭탄을 통해 중국의 경제적 패권을 약화시키려 했지만, 그 과정에서 글로벌 공급망에 심각한 혼란을 초래했다. 푸틴과의 관계는 그야말로 논란의 연속이었다. 트럼프는 푸틴과의 개인적 친분을 과시하며 러시아와의 관계 개선을 추구했으나, 이는 미국의 전통적 동맹 체제를 약화시키고 러시아의 국제적 입지를 강화시키는 결과를 낳았다. 김정은과의 관계는 '좋은 친구'라는 수사를 통해 대화 외교의 가능성을 열었지만, 실제로는 북한의 핵 개발 시간을 벌어주는 데 그치며 한반도 긴장을 완화하지 못했다.

트럼프 2.0 시대에 이러한 관계는 더욱 극단적으로 변화할 가능성이 높다. 그는 더욱 강경한 무역정책으로 중국과의 경쟁을 격화시키고, 러시아와의 새로운 협상을 시도하며 유럽의 안보 체제를 흔들 가능성이 크다. 또한, 북한에 대해서는 강력한 제재와 군사적 압박을 병행하며 대화와 갈등의 반복을 이어갈 것으로 보인다. 이는 각국 지도자들과의 복잡한 역학 관계를 더욱 긴장 상태로 몰아넣으며, 국제사회의 불안정을 가중시킬 가능성을 높인다.

국제사회는 트럼프의 외교 정책이 초래할 불확실성과 긴장에 대비해야 할 것이다. 그의 협상 방식은 기존의 외교 규범을 뒤엎는 동시에 새로운 외교 패러다임을 제시하는 양면성을 지닌다. 그러나 이로 인해 발생할 국제적 갈등과 경제적 파장은 전 세계적인 협력과 대처를 요구할 것이다. 트럼프의 외교는 기존의 틀을 깨뜨리는 데 그칠지, 아니면 더 큰 혼란과 위기를 초래할지, 국제사회는 그 결과에 주목하지 않을 수 없다.

자국 산업 보호

- 자국 경제를 보호하기 위해 보호무역주의 강화. 수입 관세 인상, 특정 산업 보호를 통한 경제 자립 추구.
- 에너지, 방위산업 등 핵심 산업을 자국 주도로 발전시키려는 정책 기조.

자원 활용과 경제성장

- 풍부한 천연 자원을 경제성장 동력으로 삼고, 이를 통해 외환 수입과 자급자족을 이루려는 시도.
- 러시아, 미국, 중국 등 주요 국가들이 자국의 에너지 자원을 전략적 자산으로 활용.

국내 소비 활성화

- 외부 의존도를 줄이고, 자국민의 소비를 통한 내수시장 강화. 소득 증대와 일자리 창출을 통해 경제성장 유도.

무역 파트너 다변화

- 특정 국가나 지역에 대한 무역 의존도를 줄이고, 아시아, 아프리카 등 신흥 시장과의 경제 협력 강화.
- 미국과 중국 간 무역 갈등, 러시아의 서방 제재 등 외교 갈등 속에서 다양한 경제 파트너십 모색.

해외 의존도 감소

- 첨단 기술, 에너지, 방위 산업 등 주요 부문에서 해외 의존도를 줄이고, 자국 생산 기술 확보 추진.
- 예를 들어 반도체, 통신 등 첨단 기술 분야에서 자국 기술 육성 정책 적극 도입.

관세 정책과 무역 전쟁

- 주요 경제 강국들 사이의 관세 경쟁과 무역 전쟁 심화. 미국과 중국의 관세 충돌, 러시아와 유럽의 에너지 제재 등이 대표적.
- 자국 산업을 보호하고 경쟁력을 높이기 위한 글로벌 관세 정책 도입 및 강화.

자국 우선주의와 글로벌 공급망 재편

- 세계 경제의 불안정 속에서 자국 우선주의가 강해지고, 글로벌 공급망이 지역별로 재편.
- 반도체, 의약품 등 핵심 품목에 대해 국내 공급망 강화 및 비상사태 대비.

자국 경제 부흥과 경쟁력 강화

- 미국의 제조업 부흥 정책, 중국의 기술 혁신 강화, 러시아의 자원 기반 경제 확대 등 자국 경제 강화를 위한 정책들이 두드러짐.
- 장기적으로는 국내 경제 활성화와 자립을 목표로 함.

4부

경제정책과 자국 보호주의

19

트럼프 2.0 시대의 자국 우선주의와 글로벌 공급망 재편

도널드 트럼프가 두 번째로 백악관에 입성하자마자, 세상은 다시 미국의 자국 우선주의라는 거센 바람을 마주하게 되었다. 트럼프 2.0 시대, 그가 펼치는 자국 우선주의는 1기보다 더욱 강력하고 고집스럽다. 미국이 우선이라는 원칙 아래, 그는 글로벌 무역과 외교의 모든 방면에서 철저히 미국의 이익을 보호하려는 정책들을 전개해 나갔다. 단순히 국내 문제를 해결하려는 수준을 넘어, 세계 질서를 재편하고 글로벌 공급망까지 흔들어 놓는 강한 의지를 보였다.

트럼프 2.0의 자국 우선주의 – 개념과 목표

트럼프의 자국 우선주의는 국가 이익 최우선주의의 극치를 보여준다. 그는 미국의 경제적 이익을 최우선으로 고려하며, 국경 밖의 문제에는 최소한의 관심만 기울였다. 이는 미국이 무역 협정, 외교 관계, 심지어 국제 동맹에서도 자국의 이익을 보장받지 못한다면 언제든지 손절할 수 있다는 메시지를 전 세계에 던진 것이다.

트럼프의 2기 목표는 분명하다. "제조업을 다시 미국으로!"를 외치며 미국의 전통적 산업을 부활시키고, 과거의 영광을 재현하겠다는 것이었다. 그는 해외로 빠져나간 기업들을 미국으로 불러들이기 위해 다양한 세금 인센티브와 규제 완화를 약속했다. 그 결과, 여러 다국적 기업들이 본국으로 돌아오거나, 적어도 중국 의존도를 낮추기 위한 다양한 대안을 모색하게 되었다.

글로벌 공급망 재편 – 관세 전쟁의 서막

트럼프 2.0 시대의 가장 극적인 변화 중 하나는 관세 전쟁이었다. 그는 중국뿐만 아니라 여러 국가에 고율 관세를 부과하며 무역 전쟁을 선포했다. 이로 인해 미국 기업들은 중국산 제품에 대해 높은 비용을 부담해야 했고, 이로 인해 생산 거점을 동남아시아, 인도, 심지어 멕시코와 같은 지역으로 옮기려는 움직임이 급속히 증가했다.

"중국을 떠나 미국으로 돌아오라!"라는 트럼프의 요구에 따라, 많은 기업이 비용과 리스크 분산을 고려해 공급망 다변화 전략을 채택하게 되었다. 이는 단순히 미국과 중국 간의 갈등을 넘어 글로벌 공급망의 구조를 본질적으로 변화시키는 계기가 되었다. 동남아시아 국가들은 이러한 움직임의 수혜자로 떠올랐고, 중국은 수십 년에 걸쳐 구축해 온 '세계의 공장' 역할에 점차 균열이 생기기 시작했다.

국내 생산 장려와 미국 제조업 부활의 꿈

트럼프는 미국 내에서의 제조업 부흥을 위해 세금 감면과 규제 완화라는 당근을 내밀었다. 특히 반도체, 의료 기기, 전기차 배터리와 같은 핵심 산업에서의 자급자족을 목표로, 이를 장려하기 위한 다양한 정책들을 도입했다. 'Made in America'라는 슬로건 아래, 그는 미국의 산업을 다시 한 번 세계의 중심으로 돌려놓겠다는 포부를 가지고 있었다.

이러한 정책은 미국 내 일자리를 늘리고 제조업 기반을 강화하는 긍정적 효과를 불러일으켰지만, 동시에 단기적 성공에 그칠 위험도 존재했다. 국내 생산 비용이 여전히 해외에 비해 높기 때문이다. 그럼에도 불구하고 트럼프의 자국 내 생산 장려는 미국 기업들에게 어느 정도 자국 내 투자의 중요성을 일깨워주었다.

자국 우선주의에 대한 국내외 반응

트럼프의 자국 우선주의는 미국 내부에서도 환영받지 못한 부분이 있었지만, 국제무대에서는 그 파장이 훨씬 더 컸다. 그는 동맹국들도 예외 없이 미국에 불리하다고 판단되는 경우 언제든지 관세를 부과할 수 있다고 선언했다. 이에 유럽연합(EU)을 비롯한 여러 동맹국들은 트럼프의 정책에 불만을 토로했고, 무역 파트너 간 갈등이 잇따랐다.

또한, 자국 우선주의는 국내 소비자들에게 가격 상승이라는 부담을 안겼다. 수입 제품에 대한 관세로 인해 생활비가 증가했으며, 기업들은 상승한 비용을 소비자에게 전가할 수밖에 없었다. 그럼에도 불구하고 트럼프는 미국의 이익이 최우선이라는 강력한 메시지를 고수하며, 그의 정책이 장기적으로 미국에 이득이 될 것이라 주장했다.

글로벌 공급망 재편의 지속 가능성과 미래 전망

트럼프의 자국 우선주의는 미국 경제와 글로벌 공급망에 구조적 변화를 가져왔다. 공급망 다변화라는 흐름은 미래에도 계속될 가능성이 높다. 세계적인 다국적 기업들은 공급망의 중국 의존도를 줄이고, 리스크를 분산하기 위해 동남아시아, 인도, 멕시코 등 다양한 국가로의 생산 기지 확장을 고려하고 있다. 이러한 변화는 기업의 비용 절감뿐 아니라, 정치적 불확실성에 대한 대응 전략으로도 작용하고 있다.

트럼프가 떠난 뒤, 바이든 행정부도 자국 우선주의의 일부 요소를 계승했다. 비록 동맹국들과의 협력을 중시하며 조금 더 부드러운 접근을 취했지만, 미국의 핵심 산업 보호와 글로벌 공급망 다변화에 대한 기조는 유지되었다. 이는 트럼프 2.0 시대의 여파가 미국의 장기적 정책 방향에 깊숙이 자리 잡았음을 의미한다.

트럼프 2.0과 자국 우선주의의 유산

트럼프의 자국 우선주의는 단순히 미국의 경제정책에 국한된 것이 아니라, 세계 경제 구조를 변화시키는 강력한 촉매로 작용했다. 단기적으로는 미국 내 일자리와 제조업을 부흥시키는 효과가 있었으나, 장기적으로는 소비자 부담 증가와 무역 파트너들과의 갈등이라는 문제도 함께 남겼다.

미국의 자국 우선주의는 국제관계와 무역 구조에 오래도록 영향을 미칠 전망이다. 트럼프 2.0 시대에 시작된 이러한 변화는 앞으로도 글로벌 경제의 변곡점에서 주요한 역할을 하며, 세계가 다시 한 번 미국 중심으로 움직이는 시대가 도래할 가능성을 시사하고 있다.

20

전쟁 중에 성장하는 러시아 경제의 아이러니, 그리고 그 후유증

러시아 경제는 아이러니하게도 우크라이나 전쟁 중임에도 불구하고 일정한 성장세를 기록했다. 일반적으로 전쟁이 경제에 미치는 부정적인 영향을 고려할 때, 이는 상식에 반하는 현상처럼 보인다. 그렇지만 전쟁과 같은 비상 상황이 몇몇 산업에 활력을 불어넣으며 일종의 경제성장을 유발할 수 있다는 것도 역사의 여러 사례들이 증명해온 아이러니다. 이번 전쟁에서 러시아는 군수산업을 비롯해 에너지 수출을 통해 경제적 반전을 일으켰다. 하지만 이러한 전시 경제의 성장에는 불안정한 기초와 심각한 후유증이 따라온다. 트럼프의 백악관 복귀에 기대를 걸고 있는 푸틴의 상황도 복잡해지기 시작했다.

전쟁 중에 웃은 군수산업과 에너지 부문

전쟁이 발발하자마자 러시아 군수산업은 호황을 누렸다. 군사 예산이 대폭 증액되면서 군수 기업들은 눈부신 성장을 기록했다. 그간 러시아 정부가 각종 무기와 군사 장비에 천문학적 자금을 투입하면서 군수산업은 곧바로 경제의 주요 동력원으로 떠올랐다. 전쟁이 길어지면서 이 분야의 성장세는 계속 이어졌고, 러시아는 자체적인 군수물자를 생산하며 외국의 도움 없이도 전쟁을 수행할 수 있는 환경을 조성했다.

또한, 전쟁으로 인해 에너지 가격이 급등하면서 러시아는 주요 에너지 수출국으로서 상당한 수익을 창출할 수 있었다. 비록 유럽과의 관계가 악화되어 일부 수출 경로가 제한되었지만, 중국과 인도와 같은 아시아 국가들과의 에너지 거래가 활발히 이루어졌다. 이를 통해 러시아는 수출 수익을 확보하며 제재로 인한 경제적 타격을 상쇄할 수 있었다.

자급자족으로의 급선회와 내수시장의 변화

전쟁과 서방 제재로 인해 외국 기업들이 대거 철수하면서, 러시아의 내수시장에도 변화가 일어났다. 해외 브랜드와 제품이 빠져나가면서, 러시아 내 기업들이 자연스럽게 빈자리를 채우기 위해 나섰다. 이를 통해 러시아 국내 기업들이 새로운 기회를 찾게 되었고, 일부 산업에서는 국산화가 이루어지면서 내수시장이 활성화되었다.

또한 서방의 제재로 인한 경제적 자립 강화는 의도치 않게 러시아의 자급자족을 촉진했다. 농업, 식품, 기술 분야에서의 자급률을 높이기 위한 정책들이 속속 시행되었고, 이로 인해 다양한 분야에서 자국 내 생산이 확대되는 현상이 발생했다. 하지만 이런 자급자족의 강화는 장기적인 경제성장보다는 단기적인 제재 회피의 수단으로 볼 수 있다.

전시 경제의 아이러니한 성장과 그 후유증

러시아의 전쟁 중 경제성장은 군수산업과 자원 수출에 크게 의존하고 있다. 그러나 군수산업의 성장과 자원 수출의 확대가 단기적으로 경제에 활력을 불어넣을 수 있지만, 경제의 장기적인 안정을 보장하지는 않는다. 군수와 에너지 산업 중심의 경제 구조는 지속 가능한 성장 모델이 아니다. 이러한 특정 산업의 성장에 집중되면 경제의 불균형을 초래하고, 궁극적으로는 경제 전반에 악영향을 미칠 수 있다.

또한 서방의 지속적인 제재는 러시아의 경제성장 잠재력을 제한하는 요인으로 작용하고 있다. 기술, 금융, 무역 분야에서 서방의 제재는 러시아의 성장을 저해하는 중요한 장애물이다. 기술 개발과 첨단 산업 분야에서 서방과의 교류가 차단된 상황에서, 러시아는 지속적인 성장을 이루기가 어려워 보인다. 이는 러시아 경제가 장기적으로 제자리에 머물거나 오히려 후퇴할 가능성을 시사한다.

사회적으로도 불안정성은 점점 커지고 있다. 전쟁으로 인해 사회적 불안이 증폭되고, 경제적 어려움이 이어지면서 국민들의 불만도 커지고 있다. 일부 젊은 세대는 전쟁과 군 복무를 피하기 위해 해외로 이주하고 있으며, 이는 장기적으로 인구 감소와 노동력 부족을 초래할 수 있다. 이러한 문제는 러시아 경제에 심각한 타격을 줄 수 있는 요소들로, 미래의 성장에 큰 장애가 될 것이다.

푸틴의 희망 – 트럼프 복귀와 러시아의 미래

푸틴은 전쟁을 통해 국제사회에서의 입지를 다지고자 했으나, 상황은 예상대로 흘러가지 않고 있다. 제재와 고립이 길어지며 러시아는 경제적으로나 정치적으로 점점 궁지에 몰리고 있는 상황이다. 이러한 상황에서 트럼프의 백악관 복귀는 푸틴에게 하나의 희망이자 돌파구로 여겨진다.

트럼프는 1기 때부터 러시아와의 관계 개선에 관심을 보였고, 미국의 대외 정책을 축소하고 자국 중심의 경제에 집중하는 모습을 보였다. 푸틴은 트럼프가 다시 한 번 국제정치의 판을 흔들어 러시아가 제재에서 벗어나거나 최소한 완화될 수 있는 길을 열어주길 기대하고 있다.

트럼프가 유럽 동맹국들과의 관계를 약화시키고 NATO의 역할을 축소시킨다면, 이는 푸틴에게 유리한 국제적 환경을 제공할 수 있다.

전쟁 중 성장의 한계와 러시아 경제의 미래

러시아의 전쟁 중 경제성장은 일시적이고 특정 산업에만 집중된 불균형적 성장이다. 이는 장기적으로 러시아 경제에 심각한 문제를 초래할 수 있는 잠재적 위험 요소들로 가득하다. 군수산업과 자원 수출을 통한 성장 모델은 지속 가능하지 않으며, 서방의 제재로 인한 기술 격차와 경제적 고립은 러시아 경제의 발목을 잡고 있다.

푸틴의 전쟁 중 경제성장은 그 자체로 아이러니한 성공이지만, 장기적인 경제적 지속 가능성과 국민의 삶의 질 향상이라는 측면에서 보면 매우 불안정한 기반 위에 서 있다. 향후 러시아가 경제 구조를 어떻게 재편하고, 국제사회에서 어떤 새로운 길을 모색할지가 러시아의 미래를 좌우할 것이다.

21

시진핑의 일대일로와 글로벌 경제 패권 전략

시진핑의 일대일로(BRI,一带一路, Belt and Road Initiative) 이니셔티브는 단순한 인프라 투자 그 이상이다. 2013년, 중국이 세운 이 야심 찬 계획은 경제와 외교, 나아가 지정학적 영향력을 아우르는 다목적 프로젝트로, 세계를 잇는 새로운 실크로드를 그려내려는 시진핑 주석의 장기적 비전이다. 중국은 육상과 해상을 가로지르며 연결된 글로벌 네트워크를 통해 경제적 이득을 확보하고, 이를 기반으로 정치적 영향력까지 확장하려 하고 있다. 과거 서구가 주도하던 경제적 흐름에 맞서 아시아 중심의 새로운 경제 블록을 구축하려는 이 프로젝트는, 일대일로가 단순한 개발 프로그램이 아닌, 중국의 글로벌 패권 전략을 보여주는 상징이기도 하다.

일대일로의 개요

일대일로 프로젝트는 크게 육상 경로와 해상 경로로 구성된다. 육상 경로, 즉 '실크로드 경제벨트'는 중국에서 출발해 유라시아 대륙을 가로지르며 유럽, 중동, 아프리카까지 이어진다. 이는 철도, 도로와 같은 육상 인프라 구축을 통해 아시아와 유럽의 경제적 협력과 교류를 촉진하는 것을 목표로 한다.

또한 21세기 해상 실크로드라 불리는 해상 경로는 중국의 해안 도시에서 시작하여 동남아시아, 남아시아, 아프리카, 그리고 유럽의 주요 항구들로 이어진다. 이는 해상 무역을 활성화하여, 아시아와 아프리카, 유럽을 잇는 중국 중심의 해상 네트워크를 구축하려는 시도다.

이 두 경로는 중국이 과거의 고립에서 벗어나 전 세계에 걸쳐 영향력을 확대하려는 포부를 상징한다. 특히 중국은 일대일로를 통해 경제성장과 자국의 주도권 강화를 동시에 노리고 있다. 그렇다면 이 야심 찬 계획의 구체적인 목표는 무엇일까?

경제적 목표 – 무역, 인프라, 자원의 삼박자

일대일로의 핵심 목표는 인프라 투자와 무역 확대, 그리고 자원 확보다. 이 프로젝트는 단순히 도로와 철도, 항만을 건설하는 것에 그치지 않고, 중국 기업이 해외 시장에 진출할 수 있는 발판을 제공하며, 무역을 확대하여 새로운 수출 시장을 창출하려 한다. 이를 통해 중국의 경제성장을 지속적으로 이끌어내겠다는 야심 찬 계획이다.

먼저 인프라 투자를 통해 중국 기업들은 각종 개발 프로젝트에 참여하며 해외에서의 입지를 다지고 있다. 이를 통해 고속철도, 항만, 공항 등 여러 인프라가 구축되고 있으며, 그 결과 중국과 참여국 간의 무역은 날로 증가하고 있다. 무역의 확대는 중국이 일대일로 참여국과의 경제적 교류를 증대시키고, 중국의 제품과 서비스가 새로운 시장에 원활하게 공급될 수 있도록 돕는다. 마지막으로, 에너지 자원 확보도 중요한 목표다. 특히 중국은 자원의 안정적 공급이 자국의 산업 발전을 뒷받침할 수 있도록 자원을 확보하려고 한다. 이를 통해 중국의 자원 의존도를 줄이고, 독립적이고 강력한 경제 체계를 구축하고자 한다.

정치적 목표 – 지정학적 영향력과 다자간 협력 체제

경제적 목표가 충분히 야심 찬 것이지만, 일대일로가 단지 경제적인 면에만 국한되지 않는다. 시진핑의 진정한 목표는 지정학적 영향력 확대와 국제사회에서 중국의 입지를 높이는 것이다. 중국은 일대일로를 통해 경제적 의존을 유도하며 참여국과의 관계를 강화하고, 궁극적으로는 미국과의 패권 경쟁에서 우위를 차지하려 하고 있다. 이는 과거 서방 주도의 글로벌 경제 질서를 흔들고, 다자간 협력 체제를 통해 중국 중심의 국제질서를 구축하려는 시도이기도 하다.

특히 중국은 아시아 인프라 투자은행(AIIB)과 같은 금융 기관을 통해 서구 중심의 금융 질서에 도전하고 있다. 이는 미국 중심의 IMF와 월드뱅크와는 다른, 새로운 경제 네트워크를 구축하고 중국의 경제적, 정치적 입장을 국제사회에서 더욱 공고히 하는 데 목적이 있다. 중국은 이를 통해 글로벌 경제 패권에 도전할 새로운 힘을 얻게 된다.

글로벌 경제 패권 전략의 진실과 아이러니

중국이 일대일로를 통해 구축하고자 하는 것은 단순히 경제 협력이 아니다. 경제적 의존성 증가라는 미묘한 힘이 작용한다. 중국은 참여국들에게 대규모 자금을 지원하고, 그 결과 이들 국가는 중국에 대한 경제적 의존도가 높아진다. 이는 경제적 지원을 넘어선 정치적 영향력 확대로 이어지며, 중국은 이를 통해 글로벌 패권을 강화하려 한다.

중국은 이니셔티브를 통해 기술 및 혁신을 확산하고, 자신이 지닌 기술적 우위를 전 세계로 전파하려 한다. 이는 단순한 인프라 투자에서 끝나는 것이 아니라 기술 패권의 확보까지 아우르는 계획인 것이다.

중국은 또한 기존 서구 중심의 금융 질서를 무너뜨리고 AIIB와 같은 금융 기관을 통해 자신만의 금융 체계를 확립하려는 목표도 가지고 있다. 이는 달러 중심의 금융 체제에 도전하고, 자신만의 경제 체제를 만들려는 시도의 일환이다.

비판과 도전 – 부채 함정 외교와 환경 파괴 문제

일대일로가 그리는 장밋빛 미래에 비판의 목소리도 크다. 특히 아프리카와 아시아에서 중국의 부채 함정 외교에 대한 우려가 깊다. 부채 함정 외교란 중국이 과도한 대출을 통해 참여국의 자산을 담보로 잡고, 부채 상환 능력이 부족할 경우 이들 국가에 정치적 압력을 행사하려는 전략으로 비춰지기도 한다. 이를테면, 스리랑카가 경제적 어려움으로 인해 중국이 투자한 항만을 99년간 임대하는 사례가 이러한 비판을 대표한다.

환경 및 사회적 문제도 심각하다. 대규모 인프라 프로젝트는 환경 파괴를 유발하고, 지역 주민들에게 피해를 줄 수 있다. 예를 들어 파키스탄의 경우 일부 일대일로 프로젝트가 환경 오염과 생태계 파괴로 이어지며 지역 주민들의 반발을 초래했다. 또한 미국을 포함한 서방 국가들은 중국의 이러한 행보가 국제질서에 부정적인 영향을 미칠 수 있다는 우려를 표명하고 있다. 이는 일대일로가 지정학적 긴장을 유발하며, 국제사회에서 중국에 대한 반감을 조성할 가능성이 높다는 점을 보여준다.

일대일로의 미래와 글로벌 패권 경쟁

시진핑의 일대일로 이니셔티브는 단순한 경제적 도구가 아니라, 중국이 글로벌 패권에 도전하기 위한 포괄적인 전략이다. 하지만 이 야심 찬 계획은 여러 도전과 비판을 안고 있다. 아프리카와 아시아 국가들의 부채 부담, 환경 문제, 서방 국가들과의 긴장 등 일대일로가 글로벌 경제 패권 전략으로서 성공하기 위해 해결해야 할 과제들이 적지 않다.

결국 중국이 글로벌 패권을 장악할 수 있을지는, 일대일로가 참여국들에게 실제로 긍정적인 변화를 가져다주는지, 그리고 이로 인해 국제사회에서 신뢰를 쌓을 수 있는지에 달려 있다.

22

모디의 경제 자립과 제조업 부흥 정책

나렌드라 모디의 경제 자립과 제조업 부흥 정책은 인도를 자급자족하는 경제 강국으로 만들기 위한 장대한 계획이다. '아트만리바르 바라트(Atmanirbhar Bharat),' 즉 '자립하는 인도'라는 슬로건 아래 모디는 인도가 외부에 의존하지 않고 스스로의 힘으로 성장할 수 있는 길을 찾으려 하고 있다. 이 정책의 기본 구도는 간단하다. 수입을 줄이고, 자국에서 필요한 것을 직접 만들고, 전 세계 시장에서 인도산 제품의 존재감을 키우는 것이다. 이를 통해 인도는 단순히 경제적으로 강해지는 것을 넘어, '글로벌 제조 허브'로 거듭나겠다는 목표를 세우고 있다.

아트만리바르 바라트 – 자립의 의미와 목표

'자립하는 인도'라는 모토 아래 모디 정부가 꿈꾸는 인도의 모습은 외부의 지원 없이 자국 자원을 활용해 경제성장을 도모하는 국가다. 이는 단순히 경제적 자립을 목표로 하는 것이 아니다. 자국에서 필요한 제품과 기술을 직접 개발하고, 더 나아가 이를 수출해 세계에서 경쟁력을 인정받겠다는 포부다. 이를 통해 일자리 창출, 경제성장, 자본 유입이 이루어지며 궁극적으로는 외국 의존도를 줄여 나가는 것이다.

이 자립 계획의 핵심은 '메이크 인 인디아(Make in India)' 캠페인에 있다. 2014년 시작된 이 캠페인은 인도를 글로벌 제조업 허브로 만들어 외국인 직접 투자를 유치하고, 자국 내 제조업을 활성화하려는 목적을 가진다. 모디는 이를 통해 인도가 단순한 인구 대국에서 벗어나, 품질과 가격 경쟁력을 갖춘 글로벌 제품의 생산기지로 자리 잡길 바라고 있다. 한마디로, 인도산 제품이 글로벌 시장에서 '메이드 인 차이나'와 겨루는 날이 오길 기대하는 것이다.

제조업 부흥을 위한 세부 정책 – 인프라, 기술, 인센티브

제조업 부흥을 위해 모디 정부는 산업 인프라 개발을 강화하고 있다. 산업단지와 물류 허브를 구축하고, 스마트시티 프로젝트를 통해 기반을 다지고 있다. 이와 더불어 기술 혁신과 연구 개발에 대한 지원도 빠지지 않는다. 특히 기술 혁신을 위한 자금 지원, 인프라 개발을 통해 제조업의 경쟁력을 높이려는 다양한 프로그램이 운영되고 있다.

그리고 여기에 중요한 프로그램이 PM 가티 샥티(Gati Shakti)다. 이는 물류와 인프라를 통합하여 효율성을 높이고, 제조업의 경쟁력을 강화하는 프로그램이다. PM 가티 샥티는 인도의 대형 인프라 프로젝트들을 연결하여 물류 효율을 극대화함으로써 제조업 부흥에 크게 기여할 것으로 기대된다.

한편, 생산 연계 인센티브(PLI) 제도도 주목할 만하다. 이는 전자, 자동차, 제약 등 특정 산업 분야에서 생산을 늘리는 기업들에게 인센티브를 제공하는 정책으로, 각 산업이 자발적으로 생산을 늘리도록 유도하는 강력한 수단이 되고 있다. 이 모든 노력이 종합적으로 이루어지면 인도는 기술과 제조업 분야에서의 자립을 목표로 한 걸음 더 나아갈 수 있다.

경제 자립을 위한 전략 – 수입 대체와 수출 촉진

모디의 자립 전략은 두 가지 방향으로 전개된다. 첫째는 수입 대체다. 외국 제품을 수입하지 않고, 자국 내 생산을 통해 자체적인 수요를 충족시키는 것이다. 이를 통해 인도는 외부 경제에 흔들리지 않는 강력한 내수시장을 구축할 수 있다. 둘째는 수출 촉진이다. 단순히 자국의 필요를 채우는 데 그치지 않고, 경쟁력 있는 제품을 글로벌 시장에 내놓아 세계 경제에서의 위치를 강화하겠다는 것이다. 이러한 수입 대체와 수출 증대를 통해 인도는 글로벌 경제에서 영향력을 확대하려 하고 있다.

여기에 인력 개발도 빼놓을 수 없다. 숙련된 인력이 제조업의 핵심 자산이기 때문이다. 모디 정부는 다양한 기술 교육과 직업 훈련 프로그램을 통해 산업계의 수요에 맞는 인력을 양성하고, 제조업의 인력 수요를 충족시키려는 노력을 기울이고 있다. 이를 통해 청년들에게 새로운 기회를 제공하며, 자국 내 일자리 창출에도 기여하고자 한다.

정책 이행의 걸림돌 – 인프라 부족, 규제, 글로벌 경쟁

물론 이러한 전략이 쉽지만은 않다. 모디 정부가 직면한 첫 번째 과제는 인프라 부족이다. 인프라가 여전히 취약한 인도에서는 제조업이 성장하는 데 제약이 될 수 있다. 교통, 전력 공급, 물류 등의 문제는 제조업 활성화의 걸림돌이 되고 있다. 이를 해결하기 위해서는 더욱 적극적인 인프라 투자가 필요하다.

두 번째는 복잡한 규제와 관료주의다. 인도의 규제 환경은 기업이 활동하기에 상당한 부담이 되고 있으며, 이는 외국인 투자 유치에 걸림돌이 되기도 한다. 관료주의와 복잡한 규제는 사업이 시작되기 전에 기업의 의지를 꺾는 경우가 많다. 이를 해결하기 위해 정부는 규제를 완화하고 기업 친화적인 환경을 조성하려 노력하고 있으나, 아직 갈 길이 멀다.

세 번째는 글로벌 경쟁이다. 전 세계 국가들이 각기 제조업을 부흥시키기 위해 노력하는 상황에서, 인도가 성공적으로 글로벌 시장에서 자리를 잡기 위해서는 지속적인 혁신과 품질 개선이 필요하다. 특히 중국, 베트남 등 제조업 강국과의 경쟁에서 살아남기 위해서는 고유의 경쟁력을 확보해야만 한다.

모디의 경제 자립과 제조업 부흥의 미래

모디의 경제 자립 및 제조업 부흥 정책은 인도를 단순한 소비 국가에서 벗어나 강력한 생산 국가로 탈바꿈시키려는 야심 찬 계획이다. 아트만리바르 바라트라는 슬로건 아래, 인도는 외부에 의존하지 않는 경제 구조를 구축하려 하고 있으며, 메이크 인 인디아, PLI, PM 가티 샥티와 같은 정책들이 이를 뒷받침하고 있다.

그러나 이러한 목표를 실현하기 위해서는 인프라 개선, 규제 완화, 지속적인 기술 혁신이 반드시 뒤따라야 한다. 인도가 현재 직면하고 있는 인프라 부족과 복잡한 규제의 문제를 해결하지 않는 한, 이러한 계획은 완벽히 실현되기 어려울 것이다. 또한, 글로벌 시장에서 경쟁력을 확보하고 유지하기 위해서는 지속적인 혁신과 품질 개선이 필수적이다.

모디의 경제 자립 정책은 인도가 자국 내에서 원하는 것을 스스로 만들어내고, 세계에 자신 있게 수출하는 자부심 넘치는 경제로 거듭나기 위한 첫걸음이다. 이 걸음이 성공적으로 이어진다면 인도는 향후 글로벌 경제에서 더욱 강력한 존재감을 드러내게 될 것이다.

23

에르도안의 대규모 인프라 프로젝트와 외채 의존

에르도안의 튀르키예에서는 거대한 인프라 프로젝트가 어느 때보다 활발하게 진행되고 있다. 튀르키예 대통령 에르도안은 경제성장의 기반을 강화하고, 나라를 현대화하기 위한 주요 전략으로 이런 대규모 프로젝트들을 추진하고 있다. 하지만 이들 프로젝트의 막대한 자금은 주로 외채로 충당되고 있으며, 이로 인한 부담이 상당하다는 점에서 문제가 복잡해지고 있다. 이번 글에서는 에르도안의 인프라 프로젝트가 어떻게 튀르키예 경제에 영향을 미치고, 그 결과 외채 의존으로 이어진 복잡한 상황을 살펴보도록 하겠다.

튀르키예의 대규모 인프라 프로젝트 – 성장의 엔진이자 정치적 상징

에르도안 정부가 추진한 인프라 프로젝트는 그 규모가 어마어마하다. 공항, 고속도로, 다리 등 다양한 분야의 프로젝트들이 추진되었고, 이는 단순히 국가의 경제적 성장을 목표로 한 것이 아니라, 튀르키예가 국제사회에서 강력한 이미지를 구축하고자 하는 정치적 상징이기도 하다.

교통 인프라 – 튀르키예의 혈관을 뚫다

튀르키예는 지리적으로 아시아와 유럽을 잇는 교차점에 위치해 있다. 이를 활용해 에르도안 정부는 고속도로와 철도, 항만을 확장하며 교통 인프라를 강화해왔다. 그중에서도 이스탄불에 새로 지어진 공항은 단연 돋보이는 성과물로, 세계 최대 규모의 공항 중 하나로 꼽힌다. 이를 통해 튀르키예는 국제 항공 허브로 자리 잡겠다는 야심을 품고 있으며, 공항을 전 세계로 뻗어나갈 거점으로 삼으려 하고 있다.

에너지 독립을 향한 여정 – 원자력과 재생에너지

튀르키예는 에너지 자립에 대한 목표를 가지고 다양한 에너지 프로젝트를 추진 중이다. 원자력발전소 건설부터 태양광, 풍력 등 재생 에너지 프로젝트까지 폭넓은 투자가 이루어지고 있다. 이를 통해 에르도안은 튀르키예가 에너지 면에서 외국 의존도를 줄이고, 자국의 에너지 수요를 충족하길 원하고 있다. 하지만 이러한 대규모 에너지 프로젝트 역시 막대한 자본이 필요하며, 이를 조달하기 위해 외채가 크게 늘고 있다.

도시 재개발 – 현대적이고 상징적인 튀르키예의 도시들

또 다른 중요한 프로젝트로는 튀르키예 주요 도시들의 현대화를 목표로 하는 도시 재개발이 있다. 이스탄불에서는 다양한 도시 재개발 프로젝트가 진행 중이며, 주거 지역을 비롯해 상업 및 공공시설을 재정비하고 있다. 이를 통해 튀르키예는 내부의 생활 환경을 개선하면서, 동시에 더 많은 관광객을 유치할 수 있는 도시를 건설하려 하고 있다.

외채 의존 – 과도한 부채의 덫

튀르키예의 경제를 빠르게 성장시키고자 하는 에르도안의 야심이 현실로 다가오는 데는 막대한 자금이 필요하다. 문제는 이러한 자금을 대부분 외국으로부터 빌려와야 했다는 것이다. 인프라 프로젝트가 진행됨에 따라 튀르키예의 외채 의존도가 급격히 높아지며 여러 가지 문제가 발생하고 있다.

부채 증가 – 부담이 커져가는 튀르키예 경제

튀르키예 정부는 도로, 철도, 공항, 발전소 등 많은 프로젝트를 외국 대출로 충당해 왔으며, 그 결과 국가의 외채가 눈덩이처럼 불어나고 있다. 부채가 커지면서 튀르키예의 국가 재정은 점점 더 많은 부담을 지게 되었다. 특히 고금리로 빌린 자금은 상환 부담이 커져, 튀르키예 경제의 숨통을 더욱 조여 오고 있다.

환율 변동의 위험 – 리라 가치의 악순환

외채의 또 다른 문제점은 환율 변동에 취약하다는 점이다. 튀르키예 리라의 가치가 하락하면 외채 상환 부담이 가중되며, 이는 튀르키예 경제에 큰 타격을 준다. 특히 2020년대 초반, 리라의 급격한 가치 하락으로 인해 튀르키예 경제는 큰 충격을 받았으며, 그 부담이 점점 더 커지고 있는 실정이다.

경제적 불안정성 – 외부 충격에 취약한 구조

외채에 의존하는 경제는 외부 충격에 매우 취약하다. 튀르키예는 글로벌 경제 상황이 악화될 경우 외채 상환에 어려움을 겪을 가능성이 높으며, 이는 경제 전반에 큰 불안을 초래할 수 있다. 외부 경제가 불안해지면 튀르키예의 외채 부담이 커지며, 이로 인해 경제 불안이 가중될 가능성이 높다.

사회적 불만과 정치적 불안정

대규모 인프라 프로젝트로 인해 일부 지역 주민들은 삶의 질 악화와 환경 문제를 호소하고 있다. 특히 대규모 토목 공사는 환경 파괴 문제를 유발하기도 하며, 이에 대한 시민들의 불만도 커지고 있다. 이는 정치적 불안정으로 이어질 가능성이 있으며, 정부의 안정성에도 부정적인 영향을 미칠 수 있다.

외교적 균형 – 이스라엘과의 협력 관계

에르도안 정부는 인프라 프로젝트와 경제적 안정성을 위해 외교적으로도 균형을 잡으려는 노력을 기울이고 있다. 특히 이스라엘과의 협력 관계는 튀르키예의 외교 전략에서 중요한 위치를 차지한다. 이스라엘은 중동 지역에서의 중요한 경제 파트너로, 에르도안은 이스라엘과의 관계 개선을 통해 튀르키예의 국제적 입지를 넓히고자 한다.

이스라엘과의 협력 관계의 목표와 의미

이스라엘과의 협력은 경제적 차원에서뿐만 아니라, 정치적 차원에서도 큰 의미를 가진다. 중동에서의 정치적 균형을 유지하고, 이스라엘과의 경제적 협력을 통해 튀르키예의 경제성장을 더욱 가속화하려는 것이다. 에르도안은 이스라엘과의 외교 관계를 개선하여 중동 지역에서의 입지를 강화하려 하고 있으며, 이를 통해 튀르키예가 경제적 의존도를 다변화하려는 전략을 추구하고 있다.

경제성장과 외채 의존의 딜레마

에르도안의 대규모 인프라 프로젝트는 튀르키예의 경제성장을 촉진하기 위한 중요한 전략이지만, 외채 의존이라는 위험한 함정을 동반하고 있다. 이러한 부채 증가와 환율 변동의 위험은 튀르키예 경제에 잠재적인 위협이 될 수 있으며, 장기적인 성장에 부정적인 영향을 미칠 가능성이 크다. 특히 튀르키예는 리라의 가치 변동과 외부 경제 상황에 따라 경제가 크게 흔들릴 수 있는 취약한 구조가 유지되고 있다.

에르도안의 튀르키예는 경제성장을 위해 막대한 부채를 감수하고 글로벌 시장에서의 경쟁력을 높이고자 하는 야심을 가지고 있다. 하지만 외채 의존의 함정을 벗어나기 위해서는 지속 가능한 재정 관리와 함께 경제 구조의 다변화가 필수적이다. 이를 통해 튀르키예는 단기적인 성장을 넘어, 장기적으로 안정적인 경제성장을 이루어야 할 것이다.

24

'트럼프 2.0' 행정부 교과서 '프로젝트 2025'

'프로젝트 2025'는 도널드 트럼프 전 미국 대통령이 재선 도전을 위해 제시한 야심 찬 정책 로드맵이다. 이 프로젝트는 트럼프의 과거 행정부 정책 기조를 강화하고, 새로운 차원의 행정 개혁을 목표로 삼는다. 글로벌 파급력을 가진 이 계획은 단순한 정치적 선언이 아닌 실행 가능한 청사진으로 자리매김하며, 트럼프주의의 진수를 담고 있다.

1. 주요 정책 및 전략

경제 중심 – 규제 철폐와 에너지 자립

트럼프는 1기 행정부 시절부터 강력히 추진했던 경제정책 기조를 프로젝트 2025에서도 더욱 강화하려 한다. 대대적인 세금 감면과 규제 완화를 통해 기업과 산업의 활동을 활성화시키고, 이를 통해 미국 내 일자리 창출과 경제성장을 도모할 계획이다. 특히, 석유·가스와 같은 전통 에너지 산업의 부흥이 핵심 목표 중 하나로, 이를 위해 미국의 에너지 자립을 강화하고 국제 에너지 시장에서의 경쟁력을 더욱 높일 방침이다.

또한, 재생가능에너지와 같은 친환경 정책은 우선순위에서 밀려날 가능성이 크다. 이는 단기적으로는 미국 내 전통 에너지 기업들에게 긍정적인 영향을 미치고 경제적 활력을 줄 수 있지만, 기후위기 대응과 지속 가능한 발전이라는 글로벌 흐름에서 미국을 고립시킬 우려도 제기된다. 이러한 정책 방향은 탄소 배출 감소와 관련한 국제적 협력의 틀을 약화시키고, 미국 내외에서 기후변화 대응의 후퇴로 비판받을 가능성이 높다.

이민 정책 – 국경 장벽과 대규모 추방

트럼프의 트레이드마크로 꼽히는 강경한 이민 정책은 프로젝트 2025에서도 중점적으로 다뤄지고 있다. 그는 불법 이민자를 대규모로 추방하고, 멕시코와의 국경에 장벽을 재건하며, 이를 통해 국경 보안을 강화하겠다는 의지를 거듭 강조했다. 이러한 조치는 단순히 불법 이민을 억제하려는 것을 넘어, 미국 내 이민자들의 노동 시장 접근을 제한하고, 경제적 자원을 미국 시민들에게 우선적으로 분배하려는 목적도 내포하고 있다.

이민 정책은 특히 경제적 불평등 해소나 이민자 권리 보장보다는 강력한 보안과 국가 이익을 우선시하는 형태로 전개될 전망이다. 이는 기존 이민자 커뮤니티와의 긴장을 심화시키고, 국제사회로부터 미국의 인권 정책에 대한 비판을 불러일으킬 가능성이 크다. 그러나 트럼프는 이러한 정책이 그의 핵심 지지층인 보수 성향 유권자들 사이에서 큰 지지를 받을 것이라고 믿고 있다.

국방 및 외교 – 강경한 미국 우선주의

프로젝트 2025의 또 다른 핵심축은 강력한 국방과 외교 정책이다. 트럼프는 미국의 군사적 역량을 대폭 강화하고, 세계 무대에서 '미국 우선주의'를 다시금 확립하려는 목표를 가지고 있다. 그는 군비 확충을 통해 미국의 국방력을 더욱 공고히 하고, 이를 기반으로 중국, 러시아와 같은 주요 경쟁국과의 대립 구도를 선명히 하려 한다.

특히, 그는 NATO와 같은 동맹국들에게 방위비 분담금 증액을 강하게 요구하며, 미국의 군사적 부담을 줄이고 동맹국들의 자율적 역할을 확대시키겠다는 입장이다. 이는 기존 동맹 관계를 약화시킬 우려가 있지만, 트럼프는 이를 통해 미국의 군사 자원을 더 효율적으로 사용할 수 있다고 주장하고 있다.

동시에, 이란에 대한 강도 높은 제재와 대북 군사 옵션 논의는 국제사회의 긴장을 고조시킬 주요 원인으로 작용할 가능성이 크다. 이란의 핵 개발 문제와 북한의 군사 도발에 대해 트럼프 행정부는 더욱 강력한 대응 조치를 모색할 것으로 보인다. 이러한 강경한 외교 정책은 미국의 이익을 우선시하며 글로벌 리더십을 강화하려는 시도로 평가되지만, 동시에 국제질서를 불안정하게 만들 가능성을 배제할 수 없다.

프로젝트 2025는 경제, 이민, 외교 등 여러 측면에서 트럼프주의의 핵심을 반영하며, 그의 2기 행정부를 준비하는 구체적이고 강력한 계획으로 자리 잡고 있다. 하지만 이 프로젝트의 실행은 미국 내외에서 큰 논란과 갈등을 불러일으킬 가능성도 크며, 국제사회는 이러한 정책의 여파를 면밀히 주시하고 있다.

2. 행정 개혁 – 관료주의 해체와 충성파 임명

트럼프는 행정부 개혁의 핵심 목표로 정부의 비효율성을 제거하고 관료주의를 해체하는 데 집중하고 있다. 이를 위해 그는 일론 머스크와 같은 민간 기업가와 자신의 정치적 충성파를 주요 행정부 요직에 임명하는 파격적 인사를 계획하고 있다. 머스크가 이끄는 '정부효율부'는 전통적인 관료적 체계를 대폭 축소하고, 규제 혁신을 통해 행정의 민첩성과 효율성을 극대화하는 것을 목표로 삼고 있다.

트럼프는 이러한 개혁을 통해 정부의 역할을 최소화하고 민간 부문에 더 많은 권한을 부여하려 한다. 이는 미국의 자유시장 경제를 더욱 강화하려는 그의 신념을 반영하지만, 동시에 공공서비스의 축소와 사회적 안전망 약화에 대한 우려를 불러일으키고 있다. 이와 같은 급진적인 개혁은 공공기관의 중립성을 훼손할 위험이 있으며, 일부 전문가들은 정부 기능의 과도한 민영화가 장기적으로 국민의 삶에 부정적인 영향을 미칠 수 있다고 경고하고 있다.

특히, '정부효율부'의 구성은 기존의 전통적인 행정부 운영 방식과는 완전히 결을 달리하며, 트럼프의 '아웃사이더' 이미지와 일치한다. 그러나 이러한 급격한 변화는 정부 내에서의 갈등과 혼란을 초래할 가능성이 높고, 행정부 운영의 지속 가능성에 의문을 제기하는 목소리도 적지 않다.

3. '프로젝트 2025'의 글로벌 파급력

'프로젝트 2025'는 단순히 미국 내부에 국한되지 않고, 국제적인 파급력을 가질 수 있는 강력한 전략으로 평가받고 있다. 트럼프의 재집권은 자유주의적 국제질서의 근본적 재편을 가속화하며, 기존의 다자주의 체제를 약화시킬 가능성이 높다. 그는 자유무역 체제와 글로벌 협력의 효용성을 공개적으로 의문시하며, 이를 미국 경제와 안보에 불리하게 작용하는 '구조적 결함'으로 간주해 왔다.

트럼프는 자유무역을 대신할 새로운 경제적 구상을 내세울 가능성이 있다. 이는 일방적 관세 부과와 미국 중심의 양자 협상 체제로 귀결될 가능성이 크며, 글로벌 경제에 심각한 긴장을 초래할 수 있다. 동시에 그는 WTO, UN, NATO와 같은 국제기구에 대한 미국의 기여를 축소하거나, 아예 탈퇴를 시도할 가능성도 있다. 이는 기존 국제질서의 근간을 흔들고, 다자간 외교의 틀을 무너뜨릴 위험을 내포하고 있다.

더 나아가, '프로젝트 2025'는 미국의 외교 정책에 있어서 강경한 '미국 우선주의'를 더욱 심화시킬 것이다. 이는 동맹국들에게 방위비 분담금을 더욱 강하게 요구하고, 기존 협정을 재조정하는 방식으로 나타날 것이다. 트럼프는 이를 통해 미국의 부담을 줄이고, 자국 중심의 국제 체제를 강화하려는 의도를 분명히 하고 있다.

트럼프의 재집권과 '프로젝트 2025'의 실행은 글로벌 경제와 외교 무대에서 거대한 재편을 불러일으킬 가능성이 크다. 이는 기존의 다자주의 체제를 흔드는 동시에, 새로운 불확실성과 혼란을 초래할 위험을 안고 있다. 국제사회는 이 계획이 초래할 수 있는 영향에 대해 긴밀히 대비해야 할 것이다.

4. 논란과 미래

'프로젝트 2025'는 명확한 비전과 추진력을 제시하지만, 이와 동시에 미국과 전 세계의 불확실성을 심화시킬 가능성을 내포하고 있다. 이 계획은 경제, 외교, 국방 등 주요 분야에서 과감한 변화를 시도하며 트럼프주의의 핵심 가치를 반영하고 있다. 하지만 이러한 과감함이 동반하는 부작용은 트럼프 2.0 시대의 가장 큰 시험대가 될 것이다.

우선, 환경 분야에서의 후퇴는 기후 위기 대응 노력에 큰 걸림돌로 작용할 가능성이 높다. 석유와 가스를 중심으로 한 에너지 정책은 단기적으로는 미국 내 전통 에너지 산업에 활력을 불어넣겠지만, 전 세계적인 환경 규제와의 충돌을 초래하며 미국의 국제적 입지를 약화시킬 수 있다. 재생가능에너지에 대한 투자 축소는 장기적으로는 미국 경제의 지속 가능성을 위협하고, 글로벌 리더십에서도 미국을 뒤처지게 만들 위험이 있다.

경제적 측면에서도, 대규모 감세와 규제 완화는 기업과 산업 성장에 단기적인 활력을 제공할 것이다. 그러나 이러한 정책은 국가부채 증가와 부의 불평등 심화로 이어질 수 있으며, 이는 미국 내 사회적 긴장과 정치적 양극화를 더욱 악화시킬 가능성을 높인다. 동시에, 무역 전쟁을 통해 글로벌 경제의 판도를 재편하려는 트럼프의 전략은 주요 무역 파트너들과의 관계를 훼손하며, 세계 경제의 안정성을 위협할 수 있다.

외교 및 안보 분야에서도 논란은 불가피하다. 트럼프의 강경한

'미국 우선주의'는 동맹국들에게 추가적인 방위비 분담을 요구하며, 전통적인 동맹 체제의 균열을 초래할 것이다. NATO와의 긴장, 중국과의 무역 전쟁 심화, 러시아와의 관계 재조정은 모두 국제질서를 근본적으로 흔드는 요소로 작용할 가능성이 있다. 이 과정에서 트럼프의 전략적 협상 방식은 예측 불가능성과 혼란을 불러일으키며, 전 세계적인 긴장을 고조시킬 위험이 크다.

이러한 모든 요소는 단순히 미국 내 정치와 정책의 변화에 그치지 않고, 전 세계적으로 새로운 외교적·경제적 패러다임을 강요할 가능성을 시사한다. '프로젝트 2025'는 트럼프주의의 정점을 보여주는 동시에, 이로 인해 야기될 충돌과 도전에 대한 경고를 담고 있다. 이는 자유주의 국제질서의 해체와 새로운 권력 구도의 형성이라는 방향으로 이어질 수 있으며, 세계사의 흐름을 급격히 바꿀 잠재력을 지니고 있다.

트럼프의 비전이 실제로 실행될 경우, 이는 미국과 국제사회 모두에 새로운 질서를 강요할 것이다. 그러나 그 과정에서 동반될 갈등, 논란, 예기치 못한 부작용은 누구도 정확히 예측할 수 없다. '프로젝트 2025'는 야심 찬 비전인 동시에, 그 자체로 복잡한 문제와 불확실성의 상징으로 남을 가능성이 크다. 앞으로의 트럼프 2.0 시대는 이 비전을 둘러싼 성공과 실패의 균형이 어떻게 나타날지에 따라 결정될 것이며, 이는 전 세계가 주목할 수밖에 없는 대목이다.

사이버 전쟁의 확산

- 주요 국가들이 사이버 공격을 통해 상대국의 인프라, 군사 기밀, 경제를 타격하려는 전략을 강화.
- 해킹, 정보 탈취, 서비스 방해 등 다양한 방식으로 진행.
- 민간과 공공 부문 모두 피해를 입을 가능성이 커짐.

정보 통제 강화

- 권위주의 국가들은 온라인 정보 통제를 강화하며 정부에 비판적인 내용을 차단.
- 가짜 뉴스, 허위 정보 유포를 통해 여론을 조작하고 통제하는 전략 사용.
- 시민의 자유와 프라이버시를 침해하며 정부 권력을 강화.

기술적 발전과 감시 시스템

- 인공지능, 빅데이터, 생체 인식 기술 등 발전으로 감시 기술이 고도화.
- 중국의 '사회 신용 시스템' 등 감시 시스템이 대표적 사례.
- 감시와 통제가 더 정교해지면서 개인의 행동과 언론을 제한.

국제적 갈등과 사이버 방어 강화

- 사이버 공격의 피해가 글로벌 문제로 확산되며 각국은 사이버 방어 체계를 강화.
- NATO와 같은 국제기구들도 사이버 방어 및 대응 전략을 마련 중.
- 국제사회는 규제와 협력을 강화하려 노력하지만, 갈등 심화 우려.

미래의 전쟁 양상 변화

- 물리적 전쟁보다 정보와 기술이 중심이 되는 미래 전쟁 가능성.
- 정보 통제와 사이버 전쟁이 국경을 넘어 세계 정치와 안보에 큰 영향.
- 사이버 전쟁과 정보 통제가 강화됨에 따라 민주주의와 개인 자유에 큰 도전.

5부

사이버 전쟁과 정보 통제

25

'미국의 사이버위원장' 일론 머스크
– 혁신과 논란의 중심에 서다

트럼프 2.0 시대가 열리면서, 일론 머스크는 단순히 혁신적인 기업가라는 역할을 넘어, 미국의 사이버 보안 및 기술 정책에서 핵심적인 조력자로 자리매김할 가능성이 크다. 테슬라, 스페이스X, 그리고 소셜미디어 플랫폼 X(엑스, 구 트위터)를 이끄는 머스크는 기술과 경제의 새로운 패러다임을 창조하고 있으며, 그 영향력은 이미 민간 영역을 넘어 정부 정책의 중심부까지 확장되고 있다. 특히, 트럼프 행정부의 신설 '정부효율부' 장관으로 발탁되면서, 그는 정부의 운영 방식에까지 혁신적인 변화를 가져올 수 있는 위치에 서 있다.

머스크는 트럼프의 정책 비전과 맞물려 미국의 사이버 보안 및 효율성 문제를 다루는 비공식적인 지도자로 부상 중이다. 그의 기업가적 접근은 민첩성과 효율성을 강조하며, 정부 운영의 비효율성을 줄이는 데 기여할 것으로 기대된다. 일각에서는 그가 미국 정부의 지출을 최대 2조 달러까지 줄일 수 있을 것이라는 예상까지 나오고 있다. 그러나 그의 전략이 공공서비스와 관료 체계에 어떤 파급 효과를 미칠지는 여전히 논란의 여지가 많다.

머스크가 트럼프에게 올인한 이유 역시 흥미롭다. 그는 자신이 구축한 기업 제국과 트럼프의 '미국 우선주의'가 전략적으로 결합할 때, 더 큰 시너지를 창출할 수 있다고 판단한 듯하다. 실제로 그는 소셜미디어 플랫폼 X(엑스, 구 트위터)를 통해 하루 100개 이상의 트럼프 관련 게시물을 쏟아내며 트럼프의 메시지를 전파하는 데 열을 올리고 있다. X(엑스, 구 트위터)는 머스크의 손에서 단순한 소셜네트워크를 넘어, 트럼프의 정치적 '확성기'로 사용되고 있다. 이는 트럼프의 지지층과 머스크의 팬덤을 융합해 더 강력한 영향력을 발휘하려는 계산된 전략으로 보인다.

한편, 머스크는 공식적으로 미국의 사이버 보안 관련 위원회에서 직책을 맡고 있지는 않지만, 그의 기업들은 이미 기술 혁신과 사이버 보안 문제의 최전선에 서 있다. 자율주행차, 우주 인터넷, 인공지능(AI) 등 그의 프로젝트는 모두 해킹과 사이버 공격의 위협에 직면해 있으며, 그는 이러한 문제를 해결하기 위한 선도적인 인물로 자리 잡고 있다. 따라서 트럼프 행정부의 비공식적 조언자로서 머스크의 역할은 단순한 상징적 존재를 넘어 실질적인 정책 수립에까지 영향을 미칠 가능성이 크다.

트럼프 2.0 시대의 머스크는 단순히 기업가를 넘어 정치와 기술의 경계를 허무는 새로운 리더로 부상하고 있다. 그의 도전적인 경영 철학과 트럼프의 정치적 의지가 결합하면, 미국의 행정 구조와 기술 정책에 상상 이상의 변화를 가져올 수 있다. 하지만 이러한 변화가 긍정적인 혁신으로 남을지, 아니면 새로운 갈등과 혼란의 씨앗이 될지는 앞으로의 행보에 달려 있다.

1. 머스크와 트럼프 – 브로맨스에서 시작된 역할론

트럼프와 머스크의 관계는 단순한 정치와 기술의 교차를 넘어 현대사회의 독특한 협력 모델을 보여준다. 트럼프의 '미국 우선주의'와 머스크의 '기술적 자립' 비전은 놀라울 정도로 상호보완적이며, 이는 트럼프 행정부의 핵심 정책인 '프로젝트 2025'에서 명확히 드러난다. 트럼프가 제시한 행정 개혁의 중심은 관료주의 해체와 민간 부문의 적극적인 참여로, 이 과정에서 머스크는 정부 효율화 부서의 수장으로 임명되어 대규모 구조조정을 주도할 것으로 보인다. 단순히 테슬라, 스페이스X, X(엑스, 구 트위터) 등을 이끄는 기업가를 넘어, 그는 이제 미국 정부 운영의 판도를 바꾸는 데 주요 역할을 할 준비가 되어 있다.

머스크는 트럼프 행정부의 '실세'로 불릴 정도로 강력한 영향력을 행사하고 있다. 일부 비판론자들은 "머스크가 공동 대통령 아니냐"는 볼멘소리를 내기도 한다. 그는 첨단 기술을 활용해 정부의 비효율적인 운영을 개선하고, 트럼프의 대대적인 행정 개혁 구상을 실행할 주요 인물로 자리 잡았다. 특히 그의 기업가적 접근은 관료적 관성을 무너뜨리고, 정부 구조를 민첩하고 효율적으로 재편하는 데 기여할 것으로 기대된다.

머스크의 경영 철학, 특히 그가 도입한 '주 80시간 근무' 같은 논란적인 모델은 트럼프 행정부의 정책에도 강한 영향을 미칠 가능성이 크다. 이 같은 효율성 추구는 정부 개혁 과정에서 효과를 발휘할 수 있지만, 지나친 노동 강도와 공공서비스 약화와 같은 부작용도 예견된다. 머스크가 트럼프와 함께 추진하는 정부 개혁은 과거 행정 방식과는 전혀 다른 차원의 실험이 될 것이다.

사이버 보안과 기술 정책에서도 머스크의 역할은 독보적이다. 공식적으로 미국의 사이버 보안 관련 위원회에서 직책을 맡고 있지는 않지만, 그의 기업들은 기술 혁신의 최전선에서 사이버 보안 문제를 다루고 있다. 테슬라의 자율주행차 해킹 위협, 스페이스X의 위성 네트워크 보안, 그리고 X(엑스, 구 트위터)의 소셜미디어 플랫폼에서 발생하는 정보 조작 및 데이터 유출 문제까지, 그는 이미 민간 영역에서 이러한 위협에 대응하며 독보적인 경험을 쌓아왔다. 트럼프 2.0 시대에서 머스크는 사이버 보안 정책을 이끌거나 조언하는 비공식 리더로서의 역할을 할 가능성이 높다.

트럼프 행정부의 정책과 머스크의 비전이 결합하면 미국의 정부 운영과 기술 정책은 이전보다 훨씬 급진적으로 변화할 가능성이 크다. 다만, 이러한 변화가 미국 사회와 세계에 어떤 영향을 미칠지는 아직 미지수다. 머스크는 단순한 혁신적인 기업가가 아니라, 이제는 기술과 정치의 접점에서 국가의 미래를 설계하는 역할을 맡고 있다. 그의 영향력은 트럼프 행정부와의 협력을 통해 더욱 확장될 것이며, 이는 미국 행정의 효율성과 글로벌 기술 경쟁력에 새로운 장을 열 것이다.

2. 머스크와 사이버 보안 – 기술 혁신의 최전선

자율주행차와 보안의 과제

머스크의 테슬라는 자율주행차 기술에서 글로벌 선두주자로 자리 잡았다. 그러나 이 기술의 발전은 보안 문제라는 새로운 과제를 동반하고 있다. 자율주행차는 단순한 이동 수단을 넘어, 데이터와 네트워크로 연결된 '바퀴 달린 컴퓨터'라 할 수 있다. 따라서 악의적인 해커가 차량의 소프트웨어를 해킹하거나 통제권을 장악하는 경우, 치명적인 교통사고와 같은 공공 안전 문제가 발생할 수 있다. 이는 단순한 개인의 피해를 넘어, 대규모 인프라 마비나 국가 안보 위협으로까지 확대될 가능성이 있다.

머스크는 이를 방지하기 위해 AI 기반의 보안 알고리즘과 다중 인증 시스템을 도입해 해킹 방지에 나서고 있다. 또한 정부와 협력해 자율주행차의 보안 표준을 정립하고, 이를 산업 전반에 확대 적용하려 하고 있다. 테슬라는 이미 이러한 노력을 통해 보안 강화의 선례를 제시하고 있으며, 이는 머스크가 기술 혁신뿐만 아니라 보안의 필수성을 강조하는 데도 선두에 서 있음을 보여준다.

우주 공간의 사이버 전쟁

스페이스X는 단순히 우주 탐사를 넘어서 지구 밖 인터넷 인프라를 구축하며 사이버 보안의 새로운 장을 열었다. 특히 스타링크 위성망은 군사적, 경제적 활용에서 강력한 도구로 주목받고 있다. 우크라이나 전쟁 중 스타링크는 전쟁 지역의 인터넷 연결을 제공하며 정보 전달과 군사적 작전에 큰 역할을 했다. 이는 우주 기반 인프라가 지상 전쟁에서 얼마나 중요한 자산이 될 수 있는지를 보여주는 사례다. 그러나 이러한 기술적 우위는 동시에 적대적 세력의 표적이 될 위험도 수반한다.

머스크는 우주 공간에서의 사이버 보안을 강화하기 위해 혁신적인 네트워크 방어 시스템을 구축하려 하고 있다. 스타링크를 포함한 위성망은 기존 지상 네트워크와의 연결을 통해 글로벌 보안을 더욱 강화할 잠재력을 가지고 있다. 머스크는 이를 기반으로 우주와 지구를 연결하는 통합적인 보안 생태계를 구상 중이다. 이는 군사적 활용뿐만 아니라, 재난 지역의 긴급 통신, 경제적 네트워크

보호 등 다방면에서 사이버 보안의 새로운 표준을 제시할 수 있다.

소셜미디어 플랫폼 X(엑스, 구 트위터)와 정보 보안

머스크가 인수한 소셜미디어 플랫폼 X(엑스, 구 트위터)는 정보의 유통과 사이버 공격의 최전선에 서 있다. 이 플랫폼은 가짜 뉴스, 허위 정보 확산, 데이터 유출 등과 같은 복잡한 문제를 해결해야 하는 상황에 직면해 있다. 최근에는 해커들에 의한 대규모 데이터 유출 사건과 정보 조작 문제가 발생하며, 플랫폼 보안에 대한 요구가 더욱 커지고 있다.

머스크는 이를 해결하기 위해 AI 기반 필터링 기술을 도입하고, 사이버 보안 정책을 강화하려 하고 있다. 그는 정보의 투명성을 높이고 가짜 뉴스를 효과적으로 차단하기 위해 기술과 규제의 조화를 강조한다. 특히 X(엑스, 구 트위터)는 단순히 소셜미디어를 넘어 정보와 데이터의 허브로 작용하며, 글로벌 여론 형성에 중요한 역할을 하고 있다.

또한, 러시아-우크라이나 전쟁에서 스타링크를 통한 저궤도 위성 지원이 전략적 자산으로 평가받은 만큼, 머스크의 플랫폼도 정보 전쟁에서 중요한 역할을 담당할 가능성이 크다. 푸틴조차 머스크에게 직접 전화를 걸어 협조를 요청할 정도로 그의 기술적, 전략적 영향력은 상당하다. 머스크의 이러한 행보는 단순히 사이버 보안 전문가로서의 역할을 넘어, 글로벌 정치와 경제의 지형을 재편하는 중요한 요소로 자리 잡고 있다.

머스크의 경영 철학과 사이버 보안 비전

머스크는 "IQ가 높고, 주 80시간을 무보수로 일할 사람"이라는 파격적인 기준으로 정부효율부 구인 공고를 냈다. 이는 그의 철저한 성과주의와 효율성을 강조하는 경영 철학을 단적으로 보여주는 사례다. 이러한 철학은 그의 사이버 보안 비전에서도 명확히 드러난다. 그는 단순한 방어 전략을 넘어, 선제적 대응과 지속 가능한 기술 혁신을 결합한 사이버 보안 모델을 구축하려 하고 있다.

트럼프 행정부와 협력하여 머스크가 제시할 사이버 보안 정책은 기존의 틀을 넘어선 새로운 지평을 열 가능성이 크다. 이는 글로벌 경제와 안보에 큰 영향을 미칠 것이며, 향후 국제사회에서 머스크와 그의 기업들이 차지할 위상을 더욱 확고히 다질 것이다.

3. 머스크와 미중 관계 – 테크 경쟁의 중심에서

트럼프 2기 행정부에서 머스크의 존재감은 미·중 기술 경쟁의 핵심에서 더욱 도드라질 가능성이 크다. 그의 테슬라 상하이 공장은 글로벌 기술 공급망과 중국 시장을 연결하는 상징적인 존재로, 양국 간의 복잡한 경제적·기술적 관계를 잘 보여준다. 머스크는 테슬라의 중국 내 성공을 위해 현지화 전략을 철저히 실행하며 중국 정부와 우호적인 관계를 구축해 왔다. 그러나 이러한 행보는 트럼프의 대중 강경책과 충돌할 가능성을 내포하고 있다.

트럼프 행정부는 '미국 우선주의' 원칙을 기반으로 중국과의 기술 및 경제적 디커플링을 더욱 강화하려는 의지를 보이고 있다. 이 과정에서 머스크는 단순히 테슬라의 CEO를 넘어, 미·중 기술 교류를 조율하는 비공식 중재자 역할을 수행할 가능성이 크다. 그는 미국 기술 기업의 글로벌 시장 접근성을 유지하기 위해 트럼프 정부와 중국 당국 사이에서 전략적인 줄타기를 시도할 것이다.

그러나 머스크의 이러한 역할은 논란의 중심에 설 가능성이 높다. 트럼프의 강경한 대중 정책은 애국적 의무와 글로벌 비즈니스 간의 충돌을 일으킬 수 있는 상황을 만들고 있다. 머스크가 테슬라 상하이 공장을 통해 중국 시장에 의존하면서도, 미국 내 첨단 기술 산업 보호와 성장이라는 트럼프 행정부의 전략적 목표를 동시에 충족시키는 균형을 유지해야 한다는 압박에 직면할 것이다.

더 나아가, 머스크는 단순히 기술 교류를 조율하는 데 그치지 않고, 트럼프의 경제 및 외교 정책을 실질적으로 지원하는 역할을 맡을 가능성도 배제할 수 없다. 그는 테슬라와 스페이스X의 기술적 혁신과 산업적 영향력을 활용해 중국과의 기술 패권 경쟁에서 미국의 우위를 강화하는 데 기여할 수 있다. 이는 미국의 첨단 기술 산업의 경쟁력을 지키는 데 기여하는 동시에, 중국 정부와의 복잡한 관계를 더욱 민감하게 만든다.

머스크가 트럼프 행정부와 중국 시장 사이에서 보여줄 행보는 그 자체로 새로운 국제 경제 질서의 향방을 결정짓는 중요한 변수로 작용할 것이다. 그는 글로벌 비즈니스 리더로서, 그리고 미국 경제와 기술 정책의 조력자로서 두 세계를 연결하는 독특한 위치에 서 있다. 그러나 이러한 위치는 동시에 그의 기업과 개인의 명성을 둘러싼 정치적 논란과 경제적 압박을 동반할 가능성이 크다. 머스크의 미·중 관계에서의 역할은 트럼프 2기 행정부가 세계를 다시 그리는 과정에서 그가 어떤 기준과 가치를 선택할지를 시험하는 사례가 될 것이다.

4. 미래를 위한 비전 – AI와 사이버 보안의 결합

머스크는 AI의 발전이 가져올 가능성과 위험에 대해 꾸준히 경고의 목소리를 내왔다. 그는 AI 기술이 단순히 인간의 삶을 혁신하는 데 그치지 않고, 새로운 차원의 사이버 보안 위협을 초래할 수 있다고 지적해 왔다. 특히, 자율적인 AI 시스템이 악의적으로 악용될 가능성, 해커들이 AI를 활용해 사이버 공격을 정교화할 위험성을 강조하며, 기술 발전과 보안 대책이 균형을 이루어야 한다고 주장한다.

트럼프 행정부의 2기에서 AI와 사이버 보안을 결합한 정책 개발은 중요한 우선 과제가 될 것으로 보인다. 머스크는 이러한 정책의 설계와 실행 과정에서 핵심적인 조언자로서의 역할을 맡을 가능성이 크다. 그의 기술적 통찰력과 기업가적 혁신성은 정부와 민간의 협력을 새로운 차원으로 이끌어갈 중요한 촉매제가 될 것이다. 그는 트럼프 행정부의 '프로젝트 2025' 비전에 부합하는 효율적이고 혁신적인 사이버 보안 체제를 구축하는 데 기여할 것이다.

더불어, 머스크는 AI 기술의 발전이 전통적인 사이버 보안 개념을 어떻게 변화시키는지에 대한 깊은 이해를 제공할 수 있다. 그는 AI 기반 공격에 대응하기 위해 고도화된 AI 보안 솔루션을 개발하고, 이를 정부와 민간에 적용할 구체적인 전략을 제안할 수 있다. 이러한 노력은 AI가 보안 위협뿐만 아니라, 보안의 새로운 방어선이 될 수 있음을 보여줄 것이다.

트럼프 행정부와의 협력 아래 머스크가 제안할 AI 규제 정책은 단순히 위협을 억제하는 데 그치지 않을 것이다. 오히려 AI의 책임 있는 발전과 활용을 보장하는 동시에, 미국이 이 분야에서 기술적 우위를 지속적으로 유지할 수 있는 발판을 마련하는 데 중점을 둘 가능성이 크다. 이는 AI와 사이버 보안이 단순히 공존하는 것이 아니라, 상호보완적으로 작용하여 미래의 기술 패러다임을 형성하는 데 기여하는 중요한 모델이 될 것이다.

5. 논란 속의 리더십 – 기대와 우려

머스크의 리더십은 혁신의 상징이자 논란의 중심에 있다. 그는 효율성과 속도를 무엇보다도 강조하며 관료주의적 절차를 대대적으로 축소하려는 강력한 의지를 보여왔다. 이 과정에서 그는 기존의 관행과 규제를 과감히 깨뜨리고, 기술 중심의 접근 방식을 통해 공공 행정의 패러다임을 바꾸려 한다. 트럼프 행정부의 '프로젝트 2025'에서 그가 주도할 관료주의 혁신은 머스크식 경영 철학을 정부에 적용하는 첫 실험장이 될 것이다.

그럼에도 이러한 접근은 공공서비스의 품질과 접근성이 희생될 가능성을 내포하고 있다. 머스크의 기업 중심적 효율성 추구는 민간 기업에서 성공을 거둔 사례로 평가받지만, 이를 공공 부문에 그대로 적용하는 것은 또 다른 문제다. 공공서비스는 단순한 효율성 이상의 가치를 지닌다. 사회적 형평성과 공공의 신뢰라는 요소가 필수적인데, 이는 때로는 비용과 속도를 희생하며 유지되어야 하는 경우도 있다. 머스크가 공공 이익을 기업적 성과로만 판단할 경우, 그의 리더십은 양날의 검이 될 수 있다.

더불어, 그의 '비용 절감' 기조는 공공 부문에서 심화된 논쟁을 촉발할 가능성이 크다. 머스크는 정부 지출을 대폭 줄이고 효율성을 극대화하겠다는 비전을 제시하며, 미국 정부 예산에서 최대 2조 달러를 절감할 수 있다는 강력한 주장을 펼쳤다. 그러나 이를 실현하는 과정에서 사회 안전망 축소나 공공서비스 감소로 이어질 경우, 대중의 반발과 정치적 저항에 직면할 가능성이 높다.

그의 리더십이 가진 또 다른 논란은 공공과 민간의 경계가 흐려질 가능성이다. 머스크는 민간 기업의 혁신과 기민성을 정부 운영에 도입하려 하지만, 이는 공공의 이익과 민간 기업의 상업적 이익이 충돌할 수 있는 위험을 내포한다. 특히, 그의 여러 기업들이 정부 프로젝트와 긴밀히 연결되어 있는 만큼, 이해 충돌 문제도 부각될 가능성이 있다.

머스크의 리더십은 혁신적이고 비전이 뚜렷하지만, 그가 직면한 도전은 단순한 기술적 과제를 넘어선다. 공공 부문의 복잡성과 다층적인 요구를 조화롭게 다루는 데 성공할지, 아니면 그의 접근 방식이 오히려 새로운 갈등과 혼란을 초래할지, 그의 리더십은 이제 진정한 시험대에 올랐다.

6. 사실상 '미국의 사이버위원장', 머스크의 영향력

일론 머스크는 단순히 혁신적인 기업가로 머무르지 않는다. 그는 기술과 정책이 만나는 지점에서 강력한 영향력을 행사하며, 기술 혁신과 공공 정책의 융합을 상징하는 대표적인 인물로 자리 잡고 있다. 테슬라, 스페이스X, 스타링크, 그리고 소셜미디어 플랫폼 X(엑스, 구 트위터)까지, 머스크의 손길이 닿는 곳은 현대 기술의 최전선에 위치하며, 이는 곧 미국의 사이버 보안 및 기술 정책에 직접적인 영향을 미친다. 트럼프 행정부의 '프로젝트 2025'에서 그는 '정부효율부'의 수장으로 발탁되었고, 관료주의의 해체와 디지털 혁신을 선도할 임무를 부여받았다.

머스크의 영향력은 단지 그의 기업적 성과에 국한되지 않는다. 그의 파격적인 리더십 스타일과 급진적인 아이디어는 미국 사이버 보안 정책의 새로운 방향성을 제시할 수 있는 잠재력을 가지고 있다. 자율주행차, 우주 통신, 그리고 소셜미디어와 같은 분야에서 그의 혁신은 단순한 기술 발전을 넘어 국가안보와 정보의 흐름에 이르기까지 광범위한 파급 효과를 불러일으키고 있다. 특히, 스페이스X의 스타링크 위성 네트워크는 우크라이나 전쟁에서 그 전략적 가치를 입증하며, 우주와 지구를 연결하는 사이버 보안의 새로운 가능성을 열었다.

그러나 머스크의 접근 방식은 그만큼 논란을 일으키기도 한다. 그의 파격적인 혁신은 종종 기존의 관행과 충돌하며, 그의 기업 중심적인 사고방식이 공공 정책에 어떤 영향을 미칠지에 대한 우려를 낳는다. 예를 들어, 그의 '주 80시간 근무'와 같은 논란적인 경영 철학은 정부의 효율성을 극대화하는 데 도움이 될 수 있지만, 이는 공공서비스의 품질과 노동 환경에 부정적인 영향을 미칠 수 있다.

또한, 그의 급진적인 비용 절감 노력은 단기적으로는 정부 예산 절감에 기여할 수 있으나, 장기적으로는 사회 안전망의 약화로 이어질 위험을 안고 있다.

머스크의 역할은 미국 내를 넘어 국제적으로도 주목받고 있다. 트럼프 행정부의 대중(對中) 강경 노선에서 머스크는 테크 경쟁의 중심에 서게 될 가능성이 높다. 테슬라 상하이 공장과 같은 글로벌 사업을 운영하면서도, 미국의 기술 주도권을 강화하기 위해 머스크가 어떤 전략적 선택을 할지는 여전히 논란의 여지가 많다. 그는 애국적 의무와 글로벌 비즈니스 이익 사이에서 균형을 찾아야 하는 딜레마에 직면해 있다.

트럼프 2.0 시대에서의 머스크는 그 자체로 기술과 정치의 융합을 상징하는 인물이다. 그의 혁신은 미국의 사이버 보안 정책과 기술 발전에 기여할 잠재력을 지니고 있지만, 동시에 그의 독특한 리더십 스타일이 초래할 수 있는 갈등과 혼란은 새로운 시험대가 될 것이다. 미국과 세계는 이제 그의 다음 움직임에 주목하고 있으며, 그의 결정은 단순히 기술적 혁신에 그치지 않고, 세계 정치와 경제에 파장을 미칠 것이다.

26

푸틴의 사이버 공격과 러시아의 정보 전쟁 전략

푸틴 하의 러시아는 전통적인 군사력만으로는 충분하지 않다고 판단했다. 러시아는 새로운 형태의 전장, 즉 디지털 세계에서 펼쳐지는 사이버 공격과 정보 전쟁을 통해 국제사회에 영향력을 확대하려는 전략을 펼치고 있다. 이 전략은 종종 '하이브리드 전쟁'이라 불리며, 눈에 보이지 않지만 치명적인 방식으로 상대국을 무력화하거나 내부에서 혼란을 일으키려는 것이 목적이다. 이 글에서는 러시아가 어떻게 사이버 공격과 정보 전쟁을 통해 세계 정치에 흔적을 남기고 있으며, 이로 인해 나타난 국제사회의 반응은 어떠한지는 살펴보겠다.

1. 러시아의 사이버 공격 – 눈에 보이지 않는 전선

러시아의 사이버 공격은 흔히 영화 속 첩보전을 떠올리게 한다. 그러나 이는 현실이다. 푸틴은 인터넷이라는 무대 위에서 보이지 않는 전쟁을 펼치고 있으며, 그 공격은 국가적 차원에서 계획되고 실행된다.

국가 주도의 사이버 공격 – 새로운 전쟁의 규칙

러시아는 국가 차원에서 사이버 공격을 수행하며, 때로는 정부가 직접 나서지 않고 해커 그룹들을 지원하거나 통제하기도 한다. 예를 들어, 세계적으로 큰 이슈가 되었던 2016년 미국 대선 개입 사건은 러시아의 이러한 전략을 보여주는 대표적인 사례다. 미국의 주요 인물과 조직에 대한 해킹으로 민감한 정보들을 탈취해 공개함으로써 혼란을 초래했고, 이는 곧 미국 내 정치적 파장을 일으켰다. 이는 단지 선거 개입을 넘어, 미국 사회 내 분열을 촉진하는 심리전의 일환이기도 했다.

인프라 공격 – 민간을 무력화하는 무기

러시아는 전략적 목표를 위해 특정 국가의 중요 인프라를 겨냥한 사이버 공격을 감행하기도 한다. 전력망, 통신망, 금융 시스템 등 핵심 인프라가 주요 타깃이 된다. 이를 통해 해당 국가의 기능을 마비시키고, 민간인에게까지 심리적 압박을 가하는 것이다. 대표적인 사례로 2015년과 2016년 우크라이나 전력망에 대한 공격이 있다. 전력을 마비시킴으로써 수천 가구가 한겨울에 정전 사태를 맞게 했고, 이는 단지 불편함을 넘어 국가의 안정성을 직접적으로 위협하는 상황을 초래했다.

정보 탈취 및 유출 – 교묘한 심리전

러시아의 사이버 전략은 정보를 탈취해 공개하거나 왜곡하는 방식으로 상대국에 대한 불신을 조장하는 데 초점을 맞춘다. 이는 정부 기밀문서나 민감한 개인정보를 포함하며, 이를 통해 상대국의 정치적 지도자와 국민 간의 신뢰를 흔들어 놓으려는 목적이 있다. 이런 정보 탈취는 단순한 해킹 사건이 아니라, 하나의 전쟁 수단으로 활용된다. 이를 통해 푸틴의 러시아는 상대국의 내적 갈등을 부추기고 정치적 불안을 조성하는 데 유리한 환경을 만들어간다.

2. 정보 전쟁 전략 – 의식을 흔들고 여론을 조작하다

러시아는 사이버 공격에 그치지 않고, 정보 전쟁을 통해 상대국의 인식과 행동을 좌우하려는 전략을 펼친다. 이를 통해 푸틴은 전통적 군사력 없이도 상대국에 불안을 심어주는 데 성공하고 있다.

가짜 뉴스와 허위 정보 – 여론 조작의 기술

러시아는 소셜미디어와 다양한 온라인 플랫폼을 통해 가짜 뉴스와 허위 정보를 퍼뜨린다. 이는 단순한 뉴스가 아니라, 치밀하게 기획된 심리전의 일환이다. 특히 선거 기간이나 정치적 위기가 발생한 상황에서는 이러한 허위 정보의 파급력이 극대화된다. 이는 사회적 분열을 일으키고, 특정 이슈에 대한 국민 여론을 조작하여 정치적 불안을 조성하는 전략으로 활용된다.

심리전 – 내부의 분열을 유도하다

푸틴의 정보 전쟁 전략은 단순히 정보를 전달하는 것이 아니라, 국민의 불안과 두려움을 자극하여 내부 갈등을 일으키는 데 중점을 둔다. 이는 공포심을 조성하여 상대국 국민들이 불안정한 상태에 빠지도록 유도하는 방식이다. 이를 통해 내부 갈등이 심화되면, 해당 국가의 정치적 안정을 위협하는 결과를 초래할 수 있다.

정보 통제와 선전 – 국민의 신뢰를 조작하다

푸틴 정부는 자국 내 미디어를 철저히 통제하며, 국가의 입장을 강조하는 선전 활동을 통해 국민들의 인식을 조작한다. 이러한 정보 통제는 외부에서 비판의 목소리가 높아질수록 더욱 강력해진다. 이는 국민들에게 러시아의 정책과 세계관이 옳다는 신념을 주입시키며, 외부의 시각을 차단하여 정부의 정당성을 높이는 효과를 낳는다.

3. 국제적 반응 – 대응과 방어의 경계선

푸틴의 사이버 공격과 정보 전쟁 전략은 국제사회의 강한 반발을 일으키며, 이에 대한 다양한 대응이 이어지고 있다.

제재와 외교적 압박 – 강력한 경고의 메시지

서방 국가들은 러시아의 사이버 공격에 대해 경제적 제재와 외교적 압박을 통해 대응하고 있다. 이러한 제재는 러시아의 행동을 억제하려는 의도이지만, 러시아는 이에 굴하지 않고 오히려 더 강력한 사이버 공격으로 맞서려는 경향을 보인다. 이는 사이버 전쟁의 치열한 양상으로 이어지며 긴장이 고조되고 있다.

사이버 방어 강화 – 새로운 방어 체계의 구축

러시아의 위협에 맞서 많은 국가들이 사이버 방어 능력을 강화하고 있다. 사이버 방어 체계 구축은 이제 국가안보의 필수 요소로 자리 잡고 있으며, 이에 따라 관련 예산과 인력이 대폭 증가하고 있다. 이는 푸틴의 사이버 공격에 대응하기 위한 필수적인 조치로 여겨진다.

정보 전쟁 대응 – 허위 정보에 맞서는 진실의 방패

정보 전쟁에 대응하기 위해 각국은 사실 확인과 정보 진위 검증 프로그램을 운영하며, 허위 정보와의 싸움을 이어가고 있다. 허위 정보는 전통적인 무기와 다르게 국민의 의식에 영향을 미치기 때문에 이에 대한 교육과 인식 제고가 중요하다. 특히 선거 기간이나 국가적 위기 상황에서는 이러한 허위 정보 방지 프로그램의 역할이 더욱 강조된다.

4. 푸틴의 전략과 국제사회의 지속되는 대립

푸틴의 사이버 공격과 정보 전쟁 전략은 이제 현대 전쟁의 새로운 양상으로 자리 잡고 있다. 디지털 시대에 접어들면서 이러한 비대칭적 전쟁 방식은 상대적으로 저비용으로도 큰 효과를 낼 수 있는 강력한 무기로 평가받고 있다. 푸틴은 전통적인 전쟁의 규칙을 무시하고, 사이버 공격과 정보 전쟁을 통해 상대국에 깊은 혼란을 불러일으키며, 그 안에서 러시아의 지위를 높여가고 있다.

국제사회는 이러한 푸틴의 전략에 대응하기 위해 더욱 강력한 사이버 방어와 정보 진위 검증을 위한 시스템을 강화하고 있다. 푸틴의 정보 전쟁은 단순한 일회성 사건이 아니라, 전 세계적으로 국가의 안보 체계와 정치적 안정을 흔드는 중요한 문제로 자리 잡고 있다.

27

시진핑의 디지털 독재와 소셜미디어 검열

중국의 디지털 통제 전략을 지휘하는 시진핑 주석의 계획은 이제 세계가 주목하는 주제가 되었다. 이는 디지털 기술을 활용한 철저한 감시와 소셜미디어 검열을 통해 국가 통제를 강화하고 있다. 과거에는 통제가 직접적이거나 물리적이었다면, 이제는 디지털이라는 무형의 공간에서 더욱 섬세하게 펼쳐지고 있는 것이다. 이를 통해 중국은 거대한 '디지털 장벽'을 세우고, 내부와 외부의 정보 흐름을 철저히 통제하며, 국민을 감시의 눈 아래 둔다. 시진핑의 디지털 독재가 어떤 요소로 이루어져 있는지, 그리고 이로 인한 국제적 반향은 어떤지에 대해 살펴보자.

1. 디지털 독재 – 모든 것을 보고, 기록하고, 평가하다

중국의 디지털 독재는 몇 가지 핵심 요소로 구성되어 있으며, 그 중에서도 가장 두드러진 것은 감시 시스템과 사회 신용 시스템이다. 이는 정부가 '안전과 질서 유지를 위한 조치'라는 명목으로 국민을 통제하는 기제로 작용하고 있다.

감시 시스템 – 모든 것을 감시하는 거대한 눈

중국의 감시 시스템은 CCTV, AI 기반 얼굴 인식 기술, 위치 추적 시스템, 데이터 분석 등을 포함한 최첨단 기술로 무장하고 있다. 도시 곳곳에 설치된 CCTV 카메라는 시민들의 일거수일투족을 기록하며, 이 정보는 실시간으로 중앙 서버에 저장된다. 범죄 예방이라는 명분 아래 구축된 이 시스템은 실상 국민의 행동을 통제하고, 개인의 자유를 제한하는 수단으로 사용된다. 길을 걷는 순간부터 집에 도착할 때까지, 언제나 '누군가'가 지켜보고 있다는 인식이 만연해 있다. 일상 속에서 익명의 감시자가 존재하는 것이다.

사회 신용 시스템 – 시민의 신용을 국가가 평가하다

중국의 또 다른 통제 수단은 사회 신용 시스템이다. 개인의 행동과 태도를 바탕으로 점수를 매기고, 이 점수를 통해 다양한 혜택 또는 제재를 받게 되는 시스템이다. 간단히 말해, 정부가 '국민의 신용도를 측정하는 평가자' 역할을 자처하는 것이다. 신용 점수가 높으면 은행 대출이나 교육, 주거 등에 유리한 조건을 얻을 수 있다. 반면 점수가 낮아지면 다양한 불이익을 받을 수 있어, 사실상 국민을 '훈육'하는 역할을 하게 된다. 이는 정부가 원하는 행동을 장려하고, 불순하거나 비판적인 시민에게 불이익을 주는 기제로 작용한다.

2. 소셜미디어 검열 – 정보의 흐름을 통제하는 디지털 벽

중국의 소셜미디어 검열은 내부 비판과 외부 정보 유입을 차단하기 위한 중요한 전략이다. 정부는 대중이 정보를 어떻게 소비하고, 공유하고, 논의하는지 철저히 감시하고 있다.

인터넷 검열 – 만리장성을 닮은 '만리방화벽'

중국의 인터넷 검열 시스템, 일명 '만리방화벽(Great Firewall)'은 외부 정보가 중국 내로 유입되는 것을 철저히 차단한다. 구글, 페이스북, 트위터 등 주요 글로벌 플랫폼은 이 방화벽을 넘지 못하고, 중국 내에선 접근이 불가능하다. 대신 정부의 철저한 통제 아래 운영되는 중국 내 소셜미디어 플랫폼이 활성화되어 있다. 이를 통해 정부는 내부의 비판적 여론을 제어하고, 외부에서 유입될 수 있는 영향을 차단하는 이중의 효과를 얻는다. 실질적으로 중국의 인터넷은 외부 세계와 단절된 섬과 같다.

자체 플랫폼의 통제 – 자기 검열을 유도하는 방식

중국의 소셜미디어 플랫폼, 예를 들어 웨이보(Weibo), 위챗(WeChat) 등은 정부의 지침에 따라 운영되며, 엄격한 모니터링과 검열을 거친다. 사용자들이 민감한 내용의 글을 올리면, 이내 삭제되거나 계정이 정지될 수 있다. 이는 사용자가 알아서 '자기 검열'을 하게 만드는 효과를 유도한다. 점차 사람들은 의도적으로 논쟁적

이거나 비판적인 내용을 피하게 되고, 정부가 승인하는 정보만이 유통된다. 이로 인해 중국의 소셜미디어는 서로 같은 의견만을 나누는 '반향실'이 되어가고 있다.

정보 조작 및 선전 – 긍정적인 여론 형성

중국 정부는 검열을 통해 반대 의견을 억제하는 것뿐 아니라, 소셜미디어를 선전 수단으로 활용하여 정부의 이미지를 제고한다. 긍정적이고 애국적인 내용을 적극 홍보하며, 정부의 정책을 지지하는 여론을 형성한다. 이는 정부의 이미지 관리뿐만 아니라, 대중에게 정부의 권위가 당연한 것처럼 느끼게 만든다. 정보의 양과 질을 철저히 통제하여, 대중이 자연스럽게 정부 입장을 받아들이게 하는 것이다.

3. 국제적 반응과 중국의 확장된 영향력

중국의 디지털 독재와 소셜미디어 검열은 국제사회에서도 큰 논란을 일으키고 있으며, 이에 대한 반응도 다양하다.

인권 문제 – 개인의 자유를 억압하다

중국의 디지털 독재는 국제 인권 단체들로부터 끊임없는 비판을 받고 있다. 개인의 자유와 프라이버시를 심각하게 침해한다는 이유에서다. 감시와 검열이라는 억압적 시스템 아래에서 시민들은 자유롭게 말하고 행동할 권리를 박탈당하고 있다. 이는 현대 사회에서 지켜져야 할 기본적인 권리와 충돌하며, 많은 인권 단체와 서방 국가들이 우려의 목소리를 내고 있다.

기술 수출 – 디지털 독재 모델의 확산

중국은 자국 내에서 성공적으로 운영 중인 감시 기술과 검열 시스템을 다른 나라로 수출하고 있다. 이러한 기술은 개발도상국이나 권위주의 정부가 있는 국가들에서 특히 인기를 끌고 있다. 일부 국가에서는 중국의 감시 기술을 도입해 국민을 감시하고 통제하는 사례가 증가하고 있으며, 이는 중국의 디지털 독재 모델이 다른 지역으로 확산될 가능성을 보여준다. 결국 중국은 이러한 기술을 통해 다른 국가들에도 자국의 영향력을 행사하려는 의도를 가지고 있는 것이다.

정보 전쟁 – 국제 여론을 장악하려는 시도

중국은 자국의 정책에 대한 비판이 외부에서 나올 경우, 이를 반격하고 대응하는 전략도 구사하고 있다. 특히 해외 언론과 소셜미디어에서 자국의 이미지를 보호하고, 정책을 정당화하기 위한 선전 활동을 적극적으로 펼친다. 이는 단순한 방어적 반응을 넘어, 국제 여론을 장악하고, 중국 중심의 내러티브를 전파하려는 시도로 해석될 수 있다.

4. 시진핑의 디지털 독재가 만들어낸 새로운 질서

중국은 시진핑의 지도 아래 '디지털 독재'라는 새로운 통제 체계를 통해 국민의 일상부터 사상의 흐름까지 철저히 관리하고 있다. 이 통제 방식은 과거의 물리적 억압을 넘어, 눈에 보이지 않는 무형의 감시와 통제라는 특징을 가진다. 디지털 독재의 중심에는 국가가 운영하는 방대한 감시 시스템과 인공지능 기술이 있다. 예를 들어, 중국 정부는 10억 대 이상의 CCTV 카메라를 전국적으로 설치하고, 이를 AI 기술과 결합해 사람들의 동선과 행동을 실시간으로 모니터링하고 있다. 사회 신용 제도를 통해 개인의 신용 점수를 평가하고, 점수가 낮은 사람들에게는 여행 제한, 대출 거절 등의 불이익을 가하는 방식으로 국민을 관리하고 있다.

이러한 디지털 통제는 단순히 국민의 행위를 감시하는 데 그치지 않고, 사상의 흐름을 통제하는 데도 적극 활용되고 있다. 인터넷 검열 시스템인 '만리방화벽(Great Firewall)'은 중국 내에서 외부의 비판적 목소리가 들어오는 것을 철저히 차단한다. 동시에, 정부는 중국 내 소셜미디어와 검색 엔진을 활용해 국가의 입맛에 맞는 정보를 확산하고, 반대 의견을 철저히 억압하고 있다. 이러한 체제는 국가가 국민의 생각과 의견까지 조작할 수 있는 수준에 이르렀다는 점에서 단순한 감시 체제를 넘어선 '디지털 독재'라는 새로운 차원을 보여준다.

시진핑은 이 체제를 통해 중국 사회를 더욱 통합된 형태로 만들고자 한다. 디지털 독재는 정부의 정책 시행을 효과적으로 뒷받침하며, 반대 세력을 미리 차단함으로써 안정성을 유지하는 데 중요한 역할을 하고 있다. 그러나 이 모든 것이 자유와 권리의 희생을 대가로 이루어진다는 점에서 논란이 크다. 표현의 자유와 프라이버시는 사실상 사라졌고, 국민들은 국가의 감시망에서 벗어날 방법이 없다. 디지털 독재는 개인의 행동뿐 아니라, 사고와 선택의 자유까지 제한하는 결과를 낳고 있다.

국제사회는 이러한 중국의 디지털 독재를 경계하고 있지만, 중국은 이를 자신들의 기술력과 자본을 통해 세계로 확산하려는 의도를 드러내고 있다. 중국은 아프리카와 동남아시아, 중동 지역의 여러 국가에 AI 기술과 감시 장비를 수출하며, 자신들의 디지털 통제 모델을 간접적으로 전파하고 있다. 예를 들어, 중국의 하이크비전(Hikvision)과 다후아(Dahua) 같은 감시 카메라 제조업체들은 여러 개발도상국에 감시 시스템을 공급하며 막대한 경제적 이익을 창출하고 있다. 또한, 중국은 기술을 넘어서 이념적 영향력까지 확장하며, 권위주의 국가들에게 디지털 독재가 효과적인 통치 모델임을 입증하려 하고 있다.

디지털 독재의 국제적 파장은 점차 확대되고 있다. 중국의 기술 수출은 단순히 경제적 거래가 아니라, 그들의 통제 모델을 세계적으로 정당화하려는 전략의 일환으로 작용하고 있다. 국제사회는 이를 심각하게 받아들이고 있으며, 미국과 유럽연합(EU)은 중국의 디지털 독재와 기술 수출에 강한 경계심을 드러내고 있다. 예를 들어, 미국은 중국의 기술 기업들이 민주주의 국가의 안보에 위협이 될 수 있다고 보고, 화웨이와 같은 중국 기업에 대한 제재를 강화하고 있다. 유럽연합도 개인정보 보호 규정을 강화하며, 중국의 감시 기술이 자국 내로 확산되는 것을 방지하려는 노력을 기울이고 있다.

중국의 디지털 독재는 단순히 국내적 문제가 아니다. 이는 기술과 권위주의의 결합을 통해 새로운 국제질서를 구축하려는 시진핑의 야심을 드러낸다. 시진핑은 이를 통해 중국이 세계의 중심으로 자리 잡을 수 있다고 믿고 있으며, 이는 기존의 자유 민주주의와 자유 시장 경제 체제에 대한 도전으로 작용하고 있다. 그러나 이러한 디지털 독재가 중국 내부의 문제와 국제적 반발을 어떻게 극복하며 지속 가능성을 확보할지는 여전히 불확실하다. 디지털 독재가 세계적으로 확산될 가능성과 이를 둘러싼 논쟁은 앞으로도 국제사회의 주요한 쟁점으로 남을 것이다.

28

모디의 정보 통제와 디지털 정책

모디 정부의 정보 통제와 디지털 정책은 인도의 미래를 바꿔놓을 수 있는 강력한 요소로 자리잡고 있다. 이 정책들은 인도의 경제적 성장을 가속화하고, 사회적 통합을 이루려는 명목으로 추진되고 있다. 그러나, 그 이면에는 정부의 통제와 정보 검열, 개인의 자유 제한이라는 논란이 함께 따라다닌다. 현대 사회에서 정보가 곧 권력임을 잘 알고 있는 모디 총리는 디지털을 통해 권력을 강화하고, 통치 방식을 고도화하려 한다. 인도의 디지털 변화 속에서 어떤 일이 벌어지고 있는지, 그리고 그 파급 효과는 무엇인지 살펴보자.

1. 디지털 인프라 구축 – 정보화 사회로의 발돋움

모디 총리의 디지털 정책의 중심에는 '디지털 인도(Digital India)'라는 대규모 캠페인이 있다. 이 캠페인은 인도를 정보화 사회로 전환하려는 대대적인 시도다. '디지털 인도'는 기술을 통해 정부와 국민

간의 거리를 줄이고, 전자 정부 서비스를 강화하며, 경제와 교육을 포함한 다양한 사회적 측면에서 혁신을 일으키고자 한다.

디지털 인도 – 미래를 여는 문

디지털 인도 캠페인은 모든 시민이 디지털 정부 서비스에 접근할 수 있도록 하겠다는 목표를 세우고 있다. 이를 통해 국민은 정부 서비스에 손쉽게 접근할 수 있으며, 공무원과의 불필요한 접촉을 줄일 수 있다. 공공 데이터와 서비스가 디지털화되면서 시민들은 스마트폰이나 컴퓨터만 있으면 언제 어디서나 정부와 소통할 수 있는 시대를 맞이하고 있다. 모디는 이 캠페인을 통해 '디지털 인프라'를 미래 경제성장의 기초로 삼고자 한다.

모바일 혁명 – 스마트폰 한 대로 가능해진 일상

인도는 이제 스마트폰의 보급이 폭발적으로 증가하면서 모바일 혁명을 일으키고 있다. 정부도 모바일 플랫폼을 통해 대중에게 각종 서비스를 제공하고 있으며, 은행 계좌 개설, 공공서비스 신청, 정보 조회 등을 모바일로 간편하게 할 수 있도록 하고 있다. 이는 도시와 농촌 간의 격차를 줄이는 데 기여하며, 인도 경제에 새로운 활력을 불어넣고 있다.

2. 정보 통제 및 검열 – 소셜미디어와 인터넷의 장벽

디지털 인프라가 구축되면서 인도는 정보의 흐름을 자유롭게 하는 것처럼 보이지만, 모디 정부는 이 흐름을 통제하려는 강한 욕구를 드러내고 있다. 그 중심에는 소셜미디어 검열과 인터넷 차단이라는 두 가지 도구가 있다.

소셜미디어 검열 – 불편한 목소리를 잠재우다

모디 정부는 소셜미디어에서 유포되는 정보들을 감시하고, 정부에 불리한 내용이 확산되는 것을 막고자 한다. 정부는 가짜 뉴스, 혐오 발언, 폭력 선동 등을 이유로 콘텐츠를 삭제하고, 계정을 차단하는 조치를 내린다. 이로 인해 정부에 비판적인 의견은 소셜미디어상에서 점점 줄어들고 있으며, 반대 의견은 쉽게 사라지기 마련이다. 비판의 소리는 마치 파도에 휩쓸려 사라지는 조약돌처럼 흩어지게 된다.

인터넷 차단 – 정보의 흐름을 멈추게 하다

모디 정부는 특정 지역에서 사회적 불안이 발생할 경우, 인터넷을 차단하는 강력한 수단을 사용하기도 한다. 이 조치는 공공 안전을 이유로 정당화되지만, 실질적으로는 정보의 자유를 제한하며, 상황을 통제하기 위한 수단으로 사용된다. 이는 종종 사회적 불안을 해소하기보다는 정보의 흐름을 통제하는 데 더 큰 목적이 있다는 비판을 받고 있다.

3. 데이터 보호와 개인정보보호 – 누구를 위한 보호인가?

모디 정부는 개인정보보호와 데이터 관리에 대한 법안을 마련하며 데이터 주권 강화와 개인정보보호를 주장한다. 그러나 이러한 법안들이 실제로 국민의 프라이버시를 보호하는지, 아니면 정부의 감시를 강화하는 도구가 되는지에 대한 우려가 계속되고 있다.

개인정보보호법 – 보호인가, 감시인가?

정부는 개인정보보호법을 통해 개인 데이터 보호를 강조하고 있지만, 그 이면에는 국민의 데이터가 정부의 통제 아래 있을 수 있다는 우려가 있다. 정부가 데이터를 수집하고, 이를 어떻게 사용하는지에 대한 투명성이 부족하다면, 개인정보보호라는 미명 아래 더 큰 통제가 이루어질 가능성도 배제할 수 없다.

국가 데이터 정책 – 데이터는 곧 자산

모디 정부는 데이터를 새로운 자산으로 여기며, 국가 데이터 정책을 수립해 데이터 활용을 통해 경제를 활성화하려 하고 있다. 그러나 개인정보와 관련된 데이터가 정부 손에 들어가면서, 프라이버시에 대한 의문이 남는다. 과연 데이터는 인도의 발전을 위한 순수한 도구일지, 아니면 정부가 국민을 더 효율적으로 감시하기 위한 또 다른 수단일지에 대한 의구심이 계속된다.

4. 정보 전쟁과 정치적 통제 – 여론을 장악하다

모디 정부는 정보를 관리하는 데 그치지 않고, 이를 정치적 지지를 공고히 하는 데에도 활용하고 있다. 정부는 소셜미디어와 언론을 통해 긍정적인 메시지를 퍼뜨리고, 정부에 비판적인 여론을 억누르는 정보 전쟁을 펼친다.

정보 조작 – '빛나는 인도' 이미지를 만들다

모디 정부는 소셜미디어에서 긍정적인 정부 이미지를 강화하며, 비판적인 목소리를 억누르는 경향이 있다. 이를 통해 국민이 정부의 성과를 높이 평가하게끔 유도하며, 정부의 정책을 지지하게끔 만드는 여론 조성을 꾀한다. 이러한 정보 조작은 국민의 정치적 관점을 일정한 방향으로 몰아가는 데 기여하고 있다.

언론 자유 제한 – 비판의 목소리를 막아라

모디 정부 하에서는 언론의 자유가 위축되고 있다는 비판이 제기된다. 정부에 비판적인 기사를 작성하거나, 비판적 견해를 표명하는 기자들은 압박을 받거나 심지어는 고소를 당하기도 한다. 언론이 자유롭게 정보를 제공할 수 없게 되면, 정부는 더욱 통제력 있는 정책을 펴기 쉬워지고, 국민은 제한된 정보 속에서만 판단하게 된다.

5. 국제적 반응과 디지털 외교 – 인도의 영향력 확대

모디 정부의 정보 통제와 디지털 정책에 대한 국제적 반응은 뜨겁다. 인도는 디지털 기술을 통해 국제적으로도 영향력을 확대하려 하고 있지만, 그 과정에서 인권 문제에 대한 우려가 커지고 있다.

인권 문제 – 자유의 경계를 넘어서다

모디 정부의 디지털 정책과 정보 통제는 국제 인권 단체들로부터 자유와 권리를 침해하고 있다는 비판을 받고 있다. 이러한 비판에도 불구하고 모디 정부는 정보 통제를 통해 사회적 안정과 정치적 지지를 강화하고 있으며, 국제사회에서 이와 같은 통제 모델이 어떻게 평가될지에 대한 의문이 제기되고 있다.

디지털 외교 – 기술력을 통한 국제적 영향력

인도는 디지털 기술을 통해 국제적으로도 영향력을 넓히려 한다. 다른 국가와의 디지털 협력을 통해 글로벌 디지털 경제에서 인도의 입지를 강화하려는 노력이 이루어지고 있으며, 인도의 디지털 기술력은 외교 수단으로도 활용되고 있다.

6. 디지털 혁신과 통제 사이에서

모디 정부의 디지털 정책은 인도를 기술 강국으로 도약시키려는 비전 아래 추진되고 있다. 디지털 인프라를 강화하고, 정보통신기술을 통한 경제 활성화는 긍정적인 성과를 가져오고 있다. 그러나 정보 통제와 검열이 강화되면서 국민의 자유와 프라이버시가 위협받고 있다. 디지털 독재가 아니냐는 비판이 일고 있으며, 정보의 자유와 통제 사이에서 인도는 어디로 나아갈 것인가가 주요한 화두가 되고 있다.

국제사회는 인도의 디지털 혁신을 주목하고 있지만, 동시에 그 이면에 깔린 통제의 그림자도 간과하지 않고 있다. 앞으로 인도의 디지털 정책이 개인의 권리와 자유를 지키면서도, 국가의 발전을 이끌어낼 수 있을지에 대한 의문은 여전히 남아 있다.

29

에르도안의 언론 탄압과 인터넷 검열

에르도안의 튀르키예에서 언론 자유와 인터넷의 자유는 그야말로 '역사 속 이야기'처럼 들리는 현실이다. 튀르키예의 지도자 레제프 타이이프 에르도안은 독특한 정치적 스타일을 가지고 권력을 강화해 왔다. 이 과정에서 언론 탄압과 인터넷 검열이라는 강력한 무기를 손에 쥐고 국가 내의 비판적 목소리를 잠재우는 데 심혈을 기울여 왔다. 과연 그는 왜 이렇게까지 미디어 통제에 집착하는가? 그가 꿈꾸는 나라는 어떤 모습일까? 에르도안의 통제 방식과 그에 따른 영향, 그리고 국제사회의 반응을 따라가 보자.

1. 언론 탄압 – 침묵을 강요당하는 언론인들

에르도안의 튀르키예에서 정부에 반하는 목소리를 내는 언론인들은 그야말로 '위험한 직업'을 갖고 있다. 그는 정부에 비판적인 언론인들을 '국가의 적' 취급하며 구속하는 데 주저하지 않는다. 특히 테러리즘 혐의나 국가안보위협이라는 명목은 정부의 비판을 잠재우는 마법 같은 단어로 쓰이고 있다.

언론인 구속 – 소리 없는 비명을 들으며

튀르키예에서 수많은 기자들이 테러리즘 연루 혐의로 수감되어 있다. 쿠데타 시도 이후, 정부는 안보를 이유로 기자들을 감금하고 있으며, 이는 전 세계 언론 자유 순위에서 튀르키예가 급격히 추락하게 만든 주요 원인이다. 전통적으로 언론은 정부를 비판하고 견제하는 역할을 맡아야 하지만, 에르도안 정부 하에서 언론은 이를 포기할 수밖에 없었다. 정부는 '테러리스트들과의 연루 가능성'이라는 단어를 휘두르며 자신의 목소리에 반하는 모든 언론을 범죄화하고 있다.

언론사 폐쇄 – 문을 닫아 잠그고 빛을 차단하다

비판적 성향의 언론사들은 생존 자체가 어려운 상황이다. 2016년 쿠데타 시도 이후, 반정부 성향의 언론사들은 대대적으로 문을 닫았다. 이는 언론 환경을 매우 협소하고 제한적으로 만들었으며, 살아남은 언론사들도 끊임없는 압박에 시달리게 했다. 언론이 다양한 시각을 제시하고 토론하는 민주적 장으로 기능하기는커녕, 그저 정부의 공식 입장을 전달하는 대변자로 전락한 현실은 튀르키예의 민주주의의 침체를 단적으로 보여준다.

자기 검열 – 무서운 침묵의 효과

에르도안의 언론 탄압 속에서 튀르키예의 언론인들은 점차 '자기 검열'을 당연하게 여긴다. 그들 스스로 비판을 자제하고, 민감한 주제에 손을 대지 않는 분위기가 자리 잡았다. 어떤 기자가 불편한 진실을 꺼내면 돌아오는 것은 처벌과 감금이기 때문이다. 이 침묵의 체계 속에서 언론은 점점 무기력해지고, 독자들은 점점 진실을 알기 어려워진다. 이제 언론은 자유롭게 비판하고 진실을 밝히는 창구가 아닌, 정부의 이야기를 재생하는 스피커에 불과하다.

2. 인터넷 검열 – 사이버 공간을 통제하는 손길

튀르키예에서 인터넷은 그저 전 세계와 연결되는 창이 아니라, 에르도안 정부의 통제 아래 관리되는 또 하나의 공간이다. 정부는 비판적 사이트와 소셜미디어 계정을 차단하며 인터넷에서 반대 의견이 퍼지는 것을 적극적으로 막고 있다. 이는 튀르키예 국민들에게 사실상 온라인에서도 '침묵의 문화'를 강요하는 셈이다.

웹사이트 차단 – '만리 방화벽'을 세우다

에르도안 정부는 비판적 콘텐츠가 있는 웹사이트를 차단한다. 특히 정치적 불만을 표현하거나 사회적 이슈를 논의하는 사이트는 차단 대상이 되기 쉽다. 이는 튀르키예의 국민이 온라인상에서도 자유롭게 의견을 표현하거나 정보를 접근할 수 없게 만들며, 일종의 '사이버 만리 방화벽'을 구축하는 데 기여하고 있다.

소셜미디어 규제 – 입을 막고, 손을 묶다

튀르키예의 소셜미디어 규제는 온라인상의 자유를 억제하는 주된 수단이다. 정부는 소셜미디어 플랫폼에 규제를 강화하며 특정 게시물이나 계정을 삭제하거나 차단하는 방식으로 반대 의견을 억압한다. 예를 들어, SNS에서 정부를 비판하는 게시글을 올렸다가는 계정 정지나 차단의 처분을 받을 수 있다. 소셜미디어가 전 세계적으로 정부에 대한 비판과 토론의 장이 되고 있는 반면, 튀르키예에서는 소셜미디어가 오히려 국민의 목소리를 제한하는 장치로 전락하고 있다.

정보 통제 – 필터를 통해 걸러진 사실들

에르도안 정부는 인터넷 서비스 제공업체(ISP)에 대한 통제를 통해 특정 정보의 유통을 제한한다. 이를 통해 튀르키예 국민이 접하는 정보는 철저히 정부가 승인한 '공식적 사실'들로만 구성되게 된다. 그 결과, 대중은 정부가 제공하는 정보 외에는 다른 관점을 접하기 어려워진다. 정보는 필터를 거쳐 변질되고, 국민은 진실과 거리가 먼 세상에서 살게 되는 것이다.

3. 법적 프레임워크 – 합법적으로 통제하는 장치들

에르도안 정부는 언론과 인터넷 검열을 합법화하기 위한 법적 장치를 마련해왔다. 이를 통해 권력은 법적 보호막 아래서 자유롭게 언론과 인터넷을 통제할 수 있다.

언론법 및 인터넷법 – 언론의 목을 조르는 올가미

에르도안 정부는 언론법과 인터넷법을 강화하여 정부의 통제에 법적 근거를 더하고 있다. 이러한 법안들은 정부가 언론과 인터넷을 합법적으로 규제할 수 있는 토대를 마련하며, 표현의 자유를 제한하는 수단으로 사용되고 있다. 이는 정부의 검열을 합법화하는 수단이 되어 튀르키예 국민의 표현의 자유를 더욱 위축시키고 있다.

테러리즘 및 국가안보 법률 – 비판을 억압하는 만능 도구

'테러리즘'과 '국가안보'는 튀르키예에서 정부 비판을 억압하는 데 자주 사용되는 명목이다. 언론인과 시민들이 정부의 정책이나 행동을 비판할 경우, 그들이 테러리즘과 연루되었다고 주장하며 기소하는 경우가 빈번하다. 이는 비판적인 목소리를 차단하고 국민을 두려움 속에 살게 하는 수단으로 악용되고 있다.

4. 국제적 반응 – 지켜보는 눈, 그러나 닿지 않는 손

에르도안 정부의 언론 탄압과 인터넷 검열은 국제사회에서도 뜨거운 이슈다. 인권 단체들과 국제기구들은 이 문제를 심각하게 우려하고 있다.

인권 단체의 비판 – 자유를 위한 목소리

국제 인권 단체들은 에르도안 정부의 언론 탄압을 강력히 비판하고 있다. 이들은 튀르키예의 언론 자유가 심각하게 침해되고 있으며, 민주주의의 기본 원칙이 무너지고 있다고 경고한다. 자유롭게 목소리를 낼 권리, 진실을 접할 권리는 국제사회가 지켜야 할 기본적 권리라는 주장이 강력히 제기되고 있다.

EU 및 국제사회의 우려 – 깨진 민주주의의 거울

유럽연합(EU)을 비롯한 국제기구들은 튀르키예의 표현의 자유 침해를 우려하고 있다. 이러한 상황은 튀르키예의 국제적 이미지와 관계에도 부정적인 영향을 미치며, 튀르키예의 인권 문제를 지속적으로 문제 삼고 있다. 국제사회의 비판이 강하게 이어지고 있지만, 이는 아직 에르도안 정부의 정책을 변화시키는 데 큰 영향력을 미치지 못하고 있다.

5. 튀르키예의 언론과 인터넷, 자유를 향한 갈망

에르도안 정부의 언론 탄압과 인터넷 검열은 튀르키예의 민주주의와 인권을 위협하는 현실이다. 그는 언론과 인터넷을 통해 국민의 목소리를 통제하고, 정부에 반하는 의견을 억누르며 자신의 권력을 강화해 왔다. 자유롭게 소통하고 비판할 권리가 제한된 사회에서 민주주의는 한낱 형식에 불과하게 된다.

튀르키예 사회는 오늘날 철저한 통제 속에서 정보의 자유와 민주적 권리를 상실한 채 살아가고 있다. 그러나 역설적이게도, 국민의 갈망은 이 모든 억압 속에서도 더욱 강해진다.

30

트럼프의 가짜 뉴스 논란과 여론 조작

트럼프와 가짜 뉴스, 그리고 일론 머스크까지 등장한 이 새로운 드라마는 흥미로우면서도 한편으로는 씁쓸함을 남긴다. 한때 '진실을 위한 투쟁'이라는 이름으로 시작된 정치가 이제는 '누가 더 가짜 뉴스를 퍼뜨릴 수 있는가'로 변질된 듯하다. 과연 무엇이 어떻게 우리 시대의 정치판을 이렇게 요동치게 만들었을까? 가짜 뉴스 논란의 한가운데에 서 있는 트럼프와 머스크, 그리고 이를 둘러싼 정치적 공방을 차근차근 들여다보자.

트럼프의 가짜 뉴스 논란 – 거짓과 진실 사이의 아슬아슬한 줄타기

트럼프는 정치계에 등장하면서부터 '가짜 뉴스(Fake News)'라는 단어를 자신의 가장 강력한 무기로 사용해 왔다. 그는 자신에게 불리한 모든 보도에 이 딱지를 붙이며 언론을 공격했고, 이를 통해 대중의 정보 신뢰 체계를 흔들었다. 하지만 역설적으로, 그 자신이 퍼뜨린 여러 주장과 정보들 역시 사실 관계가 불분명하거나 왜곡된 경우가 많아, 그가 바로 '가짜 뉴스'의 창시자라는 비판을 받기도 했다. 트럼프는 이 딜레마 속에서도 자신의 정치적 기반을 강화하며 여전히 대중의 큰 주목을 받고 있다.

트럼프는 '가짜 뉴스'라는 용어를 통해 언론과 정치적 적들을 무력화하는 전략을 구사했다. 이 전략은 단순한 반박의 수단을 넘어, 자신이 전달하는 메시지의 진실성을 의심할 여지를 차단하는 데 효과적이었다. 예를 들어, 트럼프는 2020년 대선 결과에 대해 대규모 선거 부정이 있었다고 주장하며 이를 '언론이 숨기고 있는 진실'로 포장했다. 그러나 법원과 선거 관리 당국은 그의 주장이 근거 없음을 확인했고, 여러 독립적인 조사에서도 부정이 발견되지 않았다. 그럼에도 불구하고, 트럼프의 이러한 발언은 그의 지지층에게 확고한 진실로 받아들여졌다.

그가 '가짜 뉴스'를 언급할 때마다, 이는 단순한 정보전이 아닌 감정과 신뢰를 겨냥한 전략적 커뮤니케이션의 일환이었다. 〈CNN〉, 〈뉴욕타임스〉 같은 주요 언론은 트럼프의 주장을 반박하고 그를 비판하는 기사를 잇달아 내놓았지만, 이러한 대응은 그의 지지층에게 오히려 언론의 편향성을 증명하는 증거로 받아들여졌다. 이로 인해 '진실'과 '거짓'의 경계는 모호해졌고, 정보의 신뢰성은 주관적 인식의 문제로 변질되었다. 실제로 2020년 이후, 미국 내 여론 조사에서 대중의 언론 신뢰도는 크게 하락했다.

트럼프의 주장은 진위 여부와 관계없이 그의 지지자들에게는 진실로 간주된다. 그의 지지자들은 트럼프가 말하는 모든 것이 '가려진 진실'이라 믿으며, 그의 주장을 무조건적으로 받아들이는 경향을 보인다. 이는 단순히 트럼프 개인에 대한 충성이 아니라, 그가 제기하는 모든 이슈를 자신의 정치적 정체성과 연결시키는 심리적 메커니즘으로 설명될 수 있다. 예컨대, 트럼프가 코로나19 팬데믹 초기 "바이러스가 금방 사라질 것"이라고 언급했을 때, 이 발언은 전문가들의 반박에도 불구하고 그의 지지자들 사이에서 진실로 간주되며 행동에 영향을 미쳤다.

이와 같은 트럼프의 전략은 '포스트 트루스(post-truth)' 시대라는 용어로 상징되는 현대 정치의 특징을 더욱 두드러지게 만들었다. 정보의 진위 여부보다 감정적 연결과 신뢰가 더 중요한 역할을 하게 된 것이다. 트럼프의 사례는 정치적 메시지가 어떻게 사실과 상관없이 강력한 효과를 가질 수 있는지를 잘 보여준다. 특히, 그의 메시지 전달 방식은 반복적이고 단순하며, 감정적으로 대중의 불안을 자극하는 특징을 지닌다. 이는 '가짜 뉴스'가 단순한 정보 왜곡을 넘어, 현대 정치에서 대중의 사고방식을 재구성하는 도구로 사용될 수 있음을 의미한다.

트럼프의 '가짜 뉴스' 논란은 현대 사회에서 정보와 진실, 신뢰의 개념이 얼마나 위태로운지 보여주는 중요한 사례다. 대중은 더 이상 정보를 객관적 사실의 문제로 판단하지 않으며, 이는 언론과 정치의 역할에 대한 근본적인 질문을 제기한다. 트럼프의 귀환과 함께 이 논란은 더욱 격화될 가능성이 크다. 이는 단순히 미국 정치의 문제가 아니라, 전 세계적으로도 중요한 경고로 작용할 수 있다.

일론 머스크와 X 플랫폼 – 가짜 뉴스의 온상인가?

트위터를 인수한 일론 머스크는 '표현의 자유'를 강조하며 플랫폼의 운영 방식을 대대적으로 변화시켰다. 그러나 이러한 변화가 긍정적인 결과를 가져왔다는 평가보다는, 가짜 뉴스와 혐오 발언이 증가했다는 비판이 더 크게 제기되고 있다. 트위터가 X(엑스, 구 트위터)로 리브랜딩된 이후, 머스크는 사용자 규제를 느슨하게 만들고 계정 정지 정책을 완화했으며, 콘텐츠 관리의 투명성을 강조했다. 하지만 이로 인해 허위 정보와 잘못된 주장이 쉽게 확산되는 환경이 조성되었다는 지적이 나오고 있다.

머스크는 트위터를 인수한 뒤, 플랫폼의 '검열'을 줄이고 사용자들에게 더 많은 발언권을 보장하겠다고 약속했다. 이러한 변화는 트럼프 지지자들에게 특히 환영받았다. 트럼프가 플랫폼에서 영구 정지되었던 계정을 복구한 뒤, 그의 게시물은 X(엑스, 구 트위터)에서 폭발적으로 확산되었고, 이는 가짜 뉴스의 온상이 된 주요 요인으로 지목되고 있다. 예를 들어, 2024년 대선과 관련된 잘못된 정보들이 X(엑스, 구 트위터)를 통해 빠르게 퍼졌으며, 이러한 정보들은 사실 확인 절차 없이 수백만 명의 사용자에게 도달했다. 이는 머스크의 규제 완화 정책이 허위 정보 확산에 직접적인 영향을 미쳤다는 비판으로 이어졌다.

X(엑스, 구 트위터)의 알고리즘 조정과 추천 시스템도 논란의 중심에 있다. 전문가들은 머스크가 알고리즘을 조작해 트럼프와 관련된 게시물, 특히 트럼프를 옹호하거나 지지하는 콘텐츠를 더 많이 노출하도록 만들었다고 주장한다. X(엑스, 구 트위터) 플랫폼의 데이터 분석에 따르면, 트럼프 지지자들의 활동은 이전보다 크게 늘었고, 반대 의견을 가진 사용자들의 콘텐츠는 상대적으로 덜 노출되었다. 이는 플랫폼이 특정 정치적 성향을 가진 사용자들에게 유리하게 작동하고 있다는 의혹을 키웠다.

머스크는 이러한 비판에 대해 표현의 자유가 허위 정보나 논란을 피할 수 없는 필수 요소라는 입장을 고수하고 있다. 그는 X(엑스, 구 트위터)가 정보의 자유로운 교류를 위한 공간이 되어야 한다고 주장하며, 가짜 뉴스 문제에 대해 플랫폼이 전적으로 책임질 수는 없다고 밝혔다. 하지만 그의 이러한 태도는 많은 비판을 받고 있다. 머스크가 주장하는 '표현의 자유'는 종종 혐오 발언이나 허위 정보를 용인하는 것과 동일시되고 있으며, 이는 플랫폼의 신뢰도에도 악영향을 미치고 있다.

머스크의 트위터 인수 이후, 광고 수익은 급격히 감소했다. 이는

X(엑스, 구 트위터)에서의 논란이 브랜드 이미지를 훼손할 수 있다는 광고주들의 우려를 반영한 결과다. 주요 기업들은 혐오 발언과 가짜 뉴스가 난무하는 환경에서 광고를 게재하는 것을 꺼려하고 있으며, 이러한 광고 수익 감소는 X(엑스, 구 트위터)의 운영에도 중대한 도전을 제기하고 있다. 머스크는 이를 해결하기 위해 유료 구독 모델을 도입하고, 광고 이외의 수익 창출 방법을 모색하고 있지만, 이러한 노력은 여전히 제한적 효과를 보이고 있다.

머스크의 리더십 아래에서 X(엑스, 구 트위터)는 표현의 자유를 강조하며 논란의 중심에 섰다. 하지만 이는 가짜 뉴스와 허위 정보의 확산이라는 부정적인 결과를 낳았다. 트럼프의 복귀와 지지자들의 활동 강화, 그리고 플랫폼 알고리즘의 조작 의혹은 X(엑스, 구 트위터)의 신뢰도와 머스크의 경영 철학에 대해 심각한 의문을 제기하고 있다. X(엑스, 구 트위터)가 가짜 뉴스와 혐오 콘텐츠 확산 문제를 해결하지 않는 한, 플랫폼의 신뢰성과 지속 가능성은 여전히 불투명할 것이다.

알고리즘의 조작 – 정보의 흐름을 결정하는 보이지 않는 손

일론 머스크가 인수한 X(엑스, 구 트위터)는 단순한 소셜미디어 플랫폼 이상의 역할을 수행하며, 정보의 흐름을 통제할 수 있는 강력한 알고리즘을 통해 여론 형성에 영향을 미치고 있다. 이 알고리즘은 단순히 인기 있는 게시물을 추천하는 기능을 넘어, 특정 주제나 관점을 가진 콘텐츠를 의도적으로 확산시키거나 억제할 수 있는 잠재력을 가진 도구다. 문제는 이러한 기술적 도구가 특정 정치적 목적을 위해 조작될 가능성이다. 알고리즘이 특정 정치적 성향이나 입장을 우선적으로 노출하도록 설계된다면, 이는 정보의 공정성과 민주적 가치를 심각하게 훼손할 수 있다.

머스크가 X(엑스, 구 트위터)에서 이러한 알고리즘적 조작을 통해 트럼프와 그의 지지자들을 유리하게 돕고 있다는 의혹은 이미 여러 차례 제기되었다. 2024년 대선과 관련된 논란은 이를 구체적으로 보여준다. 예를 들어, 트럼프의 게시물이 X(엑스, 구 트위터)에서 빠르게 확산되었고, 그의 지지자들이 만든 콘텐츠 역시 상대적으로 더 많이 노출되었다는 분석 결과가 있다. 이러한 현상은 단순히 사용자들이 트럼프 관련 콘텐츠를 선호해서 나타난 것이 아니라, X(엑스, 구 트위터)의 알고리즘이 이를 증폭시킨 결과일 가능성이 높다는 지적이 나온다. 한편, 트럼프 반대자들이 만든 게시물은 상대적으로 덜 노출되거나 검색에서 우선순위가 밀렸다는 데이터도 있다. 이는 알고리즘의 중립성에 대한 의문을 제기하며, 머스크가 플랫폼을 통해 정치적 의도를 실현하려는 것이 아니냐는 논란을 불러일으켰다.

알고리즘의 조작 가능성은 단순히 특정 주제에 대한 논의를 억제하거나 증폭하는 데 그치지 않는다. 이는 미국 민주주의의 근간인 선거 과정에까지 영향을 미칠 수 있다. 특정 후보나 정당에 대한 긍정적 정보를 확대하고, 부정적 정보를 억제하는 방식으로 여론을 조작한다면, 유권자들은 공정하고 정확한 정보를 바탕으로 투표 결정을 내릴 수 없게 된다. 특히 X(엑스, 구 트위터)는 과거에 비해 규제가 완화된 상태로 운영되고 있으며, 이는 허위 정보와 가짜 뉴스의 확산을 더 쉽게 만들었다. 2024년 대선 기간 동안, X(엑스, 구 트위터)에서 가짜 뉴스가 폭발적으로 증가했다는 보고는 알고리즘 조작의 심각성을 더욱 부각시킨다.

머스크는 이러한 비판에 대해 '표현의 자유'를 수호하기 위한 조치라고 주장하지만, 이는 공정한 정보 전달을 요구하는 비판론자들에게 설득력을 얻지 못하고 있다. 알고리즘을 공정하고 투명하게 운영해야 할 책임이 있는 소셜미디어 플랫폼이 특정 정치적 목적을 가진 수단으로 사용된다면, 이는 단순한 운영 방침의 문제를 넘어 민주주의를 위협하는 심각한 문제로 확산될 수 있다. 예컨대 최근 보고서에 따르면, X(엑스, 구 트위터)의 알고리즘은 특정 키워드와 연관된 게시물의 노출 빈도를 조정하여 트럼프와 관련된 긍정적인 콘텐츠는 강화하고, 비판적인 콘텐츠는 억제하는 방식으로 작동한 사례가 있었다. 이는 여론 형성 과정에서의 불공정성을 초래하며, 결과적으로 대중이 접하는 정보의 다양성과 균형을 해칠 수 있다.

머스크의 리더십 아래에서 X(엑스, 구 트위터)는 전례 없는 방식으로 정치적 논쟁의 중심에 섰다. 소셜미디어의 특성상, 이러한 플랫폼은 사실상 현대 사회에서 가장 강력한 여론 형성 도구 중 하나로 자리 잡았다. 하지만 알고리즘 조작 의혹과 공정성 논란이 지속된다면, X(엑스, 구 트위터)는 정보의 자유로운 교류를 보장하기는커녕, 오히려 정치적 분열과 신뢰 훼손을 조장하는 플랫폼으로 평가받게 될 가능성이 높다. 이는 머스크와 X(엑스, 구 트위터)뿐 아니라, 디지털 미디어 환경 전체에 대한 신뢰를 약화시키는 결과를 낳을 것이다.

결국 X(엑스, 구 트위터)가 진정으로 표현의 자유를 실현하고자 한다면, 알고리즘의 중립성과 투명성을 보장해야 한다. 그렇지 않다면 X(엑스, 구 트위터)는 민주주의와 정보의 공정성을 위협하는 주요 사례로 기록될 가능성이 크다. 머스크는 단순히 플랫폼 운영자의 역할을 넘어, 디지털 시대의 정보 흐름과 여론 형성에 책임을 져야 할 중요한 위치에 있다. X(엑스, 구 트위터)의 알고리즘이 진정으로 공정한 정보를 제공할 수 있을지, 그리고 이를 통해 신뢰받는 플랫폼으로 거듭날 수 있을지는 앞으로의 운영 방침에 달려 있다.

가짜 뉴스 공장의 등장 – 진실을 왜곡하는 디지털 시대의 괴물

머스크가 운영하는 X(엑스, 구 트위터) 플랫폼은 점점 더 가짜 뉴스의 온상으로 비판받고 있다. 플랫폼 자체의 수익 구조가 가짜 뉴스를 부추기는 환경을 조성하고 있기 때문이다. 클릭을 유도하기 위해 자극적인 허위 정보와 왜곡된 사실이 우선적으로 노출되고, 이는 광고 수익으로 이어진다. 이 과정에서 진실은 점차 설 자리를 잃고, 디지털 공간은 가짜 뉴스로 가득 차게 된다. 이는 단순히 잘못된 정보를 퍼뜨리는 것을 넘어, 공론장을 왜곡하고 사회적 신뢰를 무너뜨리는 심각한 문제를 초래한다.

머스크는 X(엑스, 구 트위터) 플랫폼을 '표현의 자유의 보루'로 선언하며 기존의 콘텐츠 규제를 대폭 완화했다. 그러나 이러한 정책은 허위 정보와 가짜 뉴스를 검증 없이 확산시키는 결과를 낳았다. 가짜 뉴스의 빠른 확산은 특히 정치적 사건이나 선거와 같은 민감한 시기에 더 큰 위력을 발휘한다. 클릭 수와 조회 수를 목표로 삼는 알고리즘은 자극적이고 선동적인 콘텐츠를 우선적으로 노출하며, 이를 통해 플랫폼의 수익을 극대화한다. 그러나 이러한 환경에서 대중은 점점 진실과 거짓을 구분하기 어려워지고, 정보 소비자는 혼란 속에서 오판에 빠질 가능성이 높아진다.

대선에서의 허위 정보 범람 – 진실과 거짓의 경계가 흐려지는 순간

2024년 미국 대선이 치러지면서 X(엑스, 구 트위터) 플랫폼에서 허위 정보가 급증하고 있다. 최근의 사례는 가짜 뉴스가 얼마나 빠르게 확산되며, 얼마나 큰 영향을 미칠 수 있는지를 보여준다. X(엑스,

구 트위터)에서는 〈CNN〉 로고가 포함된 조작된 이미지가 광범위하게 퍼졌는데, 이 이미지는 카멀라 해리스 부통령이 트럼프 전 대통령을 여론조사에서 크게 앞서고 있다는 내용을 담고 있었다. 이 이미지는 24시간도 채 되지 않아 조회 수 1,000만 회를 돌파했고, 트럼프 지지자들 사이에서 빠르게 공유되었다. 그러나 〈CNN〉은 곧바로 성명을 발표해 이 이미지는 전적으로 가짜이며, 자사의 여론조사 데이터와는 아무 관련이 없다고 밝혔다.

이 사건은 허위 정보가 얼마나 큰 파장을 일으킬 수 있는지를 단적으로 보여준다. 단순한 이미지 하나가 트럼프와 해리스 간의 경쟁 구도에 대한 대중의 인식을 왜곡했고, 이로 인해 여론은 혼란에 빠졌다. 이 이미지를 본 사람들 중 대부분은 〈CNN〉의 정정 보도를 접하지 못했을 가능성이 크며, 그 결과 왜곡된 정보를 진실로 받아들였을 것이다. 이는 가짜 뉴스가 정보 생태계에서 어떤 방식으로 작동하며, 얼마나 심각한 영향을 미치는지를 극명하게 드러내는 사례다.

허위 정보는 단순히 대중의 인식만을 왜곡하는 데 그치지 않는다. 이는 후보자들 간의 경쟁 구도를 비틀고, 민주주의의 기반인 공정한 선거 과정을 훼손하는 결과로 이어질 수 있다. 가짜 뉴스가 선거 운동 기간 동안 조직적으로 사용될 경우, 이는 특정 후보에게 유리하거나 불리하게 작용하여 선거 결과에 직접적인 영향을 미칠 수 있다. 대중이 소비하는 정보가 허위와 조작으로 가득 찬다면, 유권자들은 진실에 기반하지 않은 결정을 내릴 수밖에 없다. 이는 민주주의 자체를 위협하는 심각한 문제로 부각된다.

머스크의 X(엑스, 구 트위터) 플랫폼은 이러한 상황에서 중심적인 역할을 하고 있다. 표현의 자유를 내세운 콘텐츠 정책은 허위 정보의 확산을 막을 장치를 없애버렸다. 허위 정보가 빠르게 확산되더라도 이를 검증하거나 제한할 수 있는 시스템이 부재한 상태다. X(엑스, 구 트위터)는 가짜 뉴스의 확산에 대해 책임을 부인하며 단순히 플랫폼 운영의 자유를 주장하고 있지만, 이는 디지털 시대의 정보 환경에 미치는 부정적 영향을 간과하는 것이다.

X(엑스, 구 트위터)와 같은 소셜미디어 플랫폼이 가짜 뉴스의 확산을 막지 못한다면, 이는 공정한 정보 흐름을 보장하는 데 실패하는 것을 의미한다. 이는 단순히 특정 플랫폼의 문제가 아니라, 디지털 시대의 공론장 자체를 위협하는 구조적 문제로 이어진다. 정보의 신뢰성이 무너지고 진실과 거짓의 경계가 흐려지는 환경에서는 민주주의와 공정한 사회적 논의가 자리를 잡기 어렵다. 머스크가 주창하는 표현의 자유와 공정성 간의 균형이 어떻게 조율될지는 앞으로의 중요한 과제로 남아 있다.

미국 민주주의에 드리운 그림자

민주주의는 진실에 기반한 의사결정을 전제로 한다. 그러나 가짜 뉴스가 난무하는 현실 속에서 미국 국민은 진실을 알 권리를 점점 더 박탈당하고 있다. 가짜 뉴스는 단순히 사실을 왜곡하는 데 그치지 않는다. 이는 대중이 정보를 통해 세상을 이해하고 정치적 선택을 하는 과정을 근본적으로 흔드는 문제다. 점점 더 많은 사람들이 자신의 신념에 맞는 정보만을 선택적으로 소비하면서, 이른바 '정보의 장벽'이 점차 두터워지고 있다. 이러한 상황은 사회적 분열을 가속화하며, 민주주의가 기능하는 데 필수적인 공론의 장을 붕괴시키고 있다.

최근 연구와 사건들은 이러한 문제를 더욱 명확히 보여준다. 예를 들어, 2024년 미국 대선을 앞두고 X(엑스, 구 트위터)와 같은 소셜 미디어 플랫폼에서 가짜 뉴스의 확산이 극심해졌다. 특정 정치인을 지지하거나 반대하는 허위 정보가 빠르게 퍼지면서, 유권자들은 진실과 거짓을 구분하기 어려운 환경에 놓이게 되었다. 대표적인 사례로, 〈CNN〉 로고가 포함된 조작된 여론조사 이미지는 카멀라 해리스 부통령이 도널드 트럼프 전 대통령을 압도적으로 앞서고 있다는 내용을 담고 있었다. 이 이미지는 단 몇 시간 만에 수백만 명에게 도달했지만, 〈CNN〉은 이를 즉각 부인하며 해당 이미지는 완전히 가짜라고 발표했다. 그러나 이를 본 사람들이 얼마나 정정된 사실을 확인했는지는 의문이다.

이러한 허위 정보는 단순한 대중의 혼란을 넘어서, 선거와 같은 민주주의의 핵심 과정에도 심각한 위협을 가한다. 유권자들이 허위 정보에 근거해 판단을 내릴 경우, 선거 결과는 진실에 기반하지 않은 왜곡된 여론을 반영하게 된다. 이는 공정한 선거 과정을 훼손하고, 민주주의의 기본 원칙을 약화시키는 결과를 초래할 수 있다. 특히 가짜 뉴스는 자극적이고 선동적인 내용일수록 더 빠르게 확산되며, 플랫폼의 알고리즘은 이러한 내용을 우선적으로 노출시킴으로써 문제를 더욱 심화시킨다.

가짜 뉴스의 확산은 정보 생태계에 치명적인 영향을 미친다. 사람들은 점점 더 자신의 신념과 맞는 정보만을 선택적으로 소비하게 되고, 이는 사회 내 대립과 갈등을 심화시킨다. 이른바 '에코 체임버(echo chamber)' 현상은 특정 집단 내에서 동일한 정보와 의견만 반복적으로 소비하며, 다른 관점을 배제하는 결과를 낳는다. 이는 대중이 더 이상 열린 대화와 협력을 통해 공통된 이해에 도달할 수 없게 만들며, 사회적 균열을 심화시키는 요인으로 작용한다.

미국 민주주의의 근간을 위협하는 이러한 문제는 단순히 정보 소비의 문제로 끝나지 않는다. 이는 정보 통제와 검열의 필요성을 주장하는 목소리를 강화하며, 민주주의 사회의 또 다른 도전 과제를 만들어낸다. 표현의 자유와 공정한 정보 제공 사이에서의 균형은 이제 더 이상 선택의 문제가 아니라, 민주주의의 존속을 위해 해결해야 할 필수 과제가 되었다. 특히 X(엑스, 구 트위터)와 같은 소셜미디어 플랫폼은 허위 정보의 확산을 막을 책임을 적극적으로 고민해야 할 시점이다.

결국, 민주주의의 생명은 진실에 있다. 가짜 뉴스가 정보의 흐름을 지배한다면, 민주주의 사회는 진실을 기반으로 한 의사결정 과정을 상실하게 될 것이다. 이는 단순히 정치적 논란이나 대립의 문제가 아니라, 사회적 신뢰와 민주주의의 존속에 대한 근본적인 위협으로 작용한다. 이러한 위기를 극복하기 위해서는 정부, 언론, 그리고 대중이 함께 허위 정보에 대처하는 체계를 마련하고, 진실을 알 권리를 회복하기 위한 노력이 필요하다.

국제사회의 반응 – 민주주의에 대한 경고

트럼프와 머스크를 둘러싼 가짜 뉴스 논란은 미국 내 문제를 넘어 국제사회에도 큰 파장을 일으키고 있다. 유럽을 비롯한 민주주의가 정착된 국가들은 이 상황을 예의주시하며, 미국의 정보 조작 문제가 자신들에게 미칠 영향을 심각하게 받아들이고 있다. 미국은 세계 민주주의의 상징적 국가로 여겨져 왔다. 그러나 가짜 뉴스가 사회를 뒤흔들고 정보의 신뢰성을 약화시키는 모습을 보이면서, 이러한 이미지가 훼손되고 있다. 이는 민주주의 모델에 대한 전반적인 신뢰를 약화시키는 결과로 이어질 수 있다.

특히 유럽 국가들은 가짜 뉴스와 정보 조작의 위험성을 심각하게 인식하고 있다. 유럽연합(EU)은 이미 디지털 서비스법(DSA)과 같은 규제를 도입해 가짜 뉴스와 온라인 정보 왜곡을 방지하려는 노력을 기울이고 있다. 하지만 미국의 상황은 이러한 규제의 효과를 시험하는 계기가 되고 있다. 최근 X(엑스, 구 트위터)와 같은 플랫폼에서 유럽 내 선거와 관련된 허위 정보가 확산되며, 정보 조작이 초래할 수 있는 위험성을 생생히 보여줬다. 2024년 폴란드 총선을 앞두고, 소셜미디어에서 특정 정당에 유리하게 조작된 여론조사와 선동적 게시물이 확산된 사례는 EU 회원국들이 가짜 뉴스 문제를 얼마나 심각하게 받아들이는지를 잘 보여준다.

국제사회는 가짜 뉴스가 민주주의의 안정성을 위협하는 글로벌 현상으로 자리 잡을 가능성을 우려하고 있다. 미국에서 발생한 사례들은 다른 나라들에서도 유사한 문제가 발생할 수 있음을 경고하고 있다. 예를 들어, 브라질에서는 2022년 대선을 앞두고 허위 정보가 대규모로 퍼지며 선거 과정에 혼란을 초래했다. 이와 같은 상황은 미국의 정보 조작 문제가 국제적으로 전염될 가능성을 시사하며, 전 세계 민주주의 체제에 경고를 보낸다.

또한, 미국의 정보 조작 문제는 국제정치 질서에도 직접적인 영향을 미칠 가능성이 크다. 미국은 자유와 민주주의의 가치를 대표하는 나라로서, 이러한 문제는 미국의 외교적 신뢰성을 약화시킬 수 있다. 유럽 국가들은 미국과의 협력 관계에서 정보의 투명성을 요구할 가능성이 크며, 이는 미국의 외교적 입지를 좁힐 수 있는 요인으로 작용할 것이다. 예컨대, 미국의 신뢰성에 의문이 제기된다면, NATO와 같은 국제 동맹에서도 미국의 리더십이 도전을 받을 수 있다.

가짜 뉴스와 정보 조작 문제는 이제 단순히 내부적 혼란의 문제를 넘어, 국제적 영향을 미치는 글로벌 위협으로 부각되고 있다. 이로 인해 각국은 민주주의 체제를 보호하기 위한 규제와 기술적 대응 방안을 강화하려는 움직임을 보이고 있다. 유럽연합은 플랫폼 책임 강화와 알고리즘 투명성을 요구하는 한편, 국제사회 차원에서 허위 정보 확산을 억제하기 위한 협력 모델을 제안하고 있다. 그러나 이러한 노력이 실제로 효과를 발휘하려면, 미국과 같은 주요 민주주의 국가들이 자국 내 문제를 해결하고, 글로벌 정보 질서에 대한 신뢰를 회복하는 데 주도적인 역할을 해야 할 것이다.

트럼프와 머스크를 둘러싼 가짜 뉴스 논란은 단순히 미국 내 정치적 문제가 아니다. 이는 민주주의 체제 전반에 걸쳐 심각한 도전 과제를 던지고 있으며, 국제사회는 이를 경계하며 대응 방안을 모색하고 있다. 글로벌 시대의 정보 환경에서 가짜 뉴스 문제는 이제 모든 민주주의 국가가 해결해야 할 공동 과제로 부상하고 있다.

진실과 거짓의 전쟁, 우리는 어디에 서 있는가?

가짜 뉴스와 여론 조작은 단순히 정치적 도구로 사용되는 데 그치지 않고, 사회적 신뢰를 무너뜨리고 공동체를 분열시키는 심각한 문제로 자리 잡고 있다. 트럼프의 가짜 뉴스 전략과 머스크의 X(엑스, 구 트위터) 플랫폼 운영 방식은 우리가 진실을 얼마나 쉽게 왜곡하고 받아들일 수 있는지를 적나라하게 보여준다. 가짜 뉴스는 개인의 편향된 믿음을 강화하며, 사람들은 점점 더 자신이 듣고 싶어 하는 정보만을 선별적으로 받아들이고 있다. 이는 '진실'이라는 개념 자체를 모호하게 만들며, 사회적 합의의 기반을 위협하는 현상으로 이어지고 있다.

트럼프는 자신에게 비판적인 언론을 '가짜 뉴스'라고 낙인찍으며 대중의 신뢰를 무너뜨리는 전략을 사용했다. 이러한 전략은 그의 지지층이 자신이 믿고 싶은 정보를 진실로 받아들이게 만들며, 정치적 논쟁을 사실 여부가 아닌 감정적 지지로 전환시켰다. 최근 트럼프의 대선 캠페인에서 다시 한 번 가짜 뉴스 전략이 두드러졌다. 그의 측근들은 가짜 여론조사와 조작된 뉴스 기사를 유포하며 대중의 분노와 두려움을 자극했다. 이는 단순히 정치적 이득을 넘어서 민주주의의 본질인 진실과 신뢰를 훼손하는 결과를 초래했다.

머스크의 X(엑스, 구 트위터) 플랫폼 역시 가짜 뉴스의 확산에 기여했다는 비판을 받고 있다. 표현의 자유를 앞세워 콘텐츠 규제를 완화한 이후, X(엑스, 구 트위터)는 허위 정보와 조작된 이미지를 포함한 게시물이 확산되는 주된 통로로 지목받고 있다. 최근 한 사례로, 조작된 〈CNN〉 이미지를 통해 카멀라 해리스가 트럼프를 앞서고 있다는 허위 주장이 퍼졌다. 이 게시물은 단시간에 수백만 회 조회되었고, 사실이 아니라고 밝혀진 뒤에도 이미 많은 이들에게 '사실'로 받아들여졌다. 이는 가짜 뉴스가 얼마나 빠르고 광범위하게 퍼질 수 있는지를 보여주는 대표적인 사례다.

가짜 뉴스의 문제는 단순히 개인적 신념에 영향을 미치는 데 그치지 않는다. 이는 국가적 정책 결정과 국제적 관계에도 심각한 영향을 미친다. 가짜 뉴스가 대중의 여론을 조작하며 선거 결과에 영향을 미친다면, 이는 민주주의의 근본을 흔드는 문제로 발전한다. 예를 들어, 2016년 미국 대선에서 러시아의 가짜 뉴스 캠페인은 미국 정치에 깊은 불신을 남겼다. 이처럼 가짜 뉴스는 단순히 한 국가 내의 문제가 아니라, 글로벌 민주주의에 대한 위협으로 간주되고 있다.

우리 사회가 진실과 거짓 사이에서 균형을 잡기 위해 무엇을 해야 할까? 첫 번째로, 정보의 출처와 진위 여부를 검증하는 디지털 리터러시가 필수적이다. 개개인이 정보를 무비판적으로 수용하지 않고, 사실 확인을 통해 진실을 분별하는 능력을 키워야 한다. 두 번째로, 플랫폼 기업들의 책임감 있는 행동이 요구된다. 알고리즘 조작이나 허위 정보 확산 방조는 단기적 이익을 넘어 민주주의와 사회적 신뢰를 위협한다는 점에서 강력한 규제와 투명성이 필요하다.

진실을 지키기 위한 사회적 노력은 단순히 기술적 문제를 넘어선다. 이는 우리의 윤리적 책임과 관련된 문제다. 민주주의는 정보의 자유로운 흐름과 투명한 소통 위에 세워진다. 트럼프와 머스크가 보여준 사례는 이러한 기본 원칙이 얼마나 쉽게 왜곡될 수 있는지를 보여주었다. 진실은 단순히 정치적 도구로 사용될 수 없으며, 이를 지키기 위한 공동체의 노력이 절실하다. 가짜 뉴스의 시대를 넘어, 진실을 되찾기 위한 노력은 오늘날 우리가 반드시 해결해야 할 사회적 과제다.

트럼프 2.0 시대와

스트롱맨들

인종적, 종교적 갈등의 심화

- 세계 각지에서 인종과 종교를 둘러싼 갈등이 지속적으로 발생.
- 이 갈등은 문화적 정체성, 자원 경쟁, 역사적 반목 등 다양한 요인에서 기인.
- 주요 국가에서는 이 갈등이 정치적 도구로 활용되는 경향이 커짐.

정치적 리더의 갈등 조장

- 일부 지도자들은 민족주의나 종교적 정체성을 강조하며 갈등을 부추겨 지지층 결집.
- 이러한 전략은 내부 결속을 강화하는 동시에, 반대 세력을 억압하는 수단이 되기도 함.
- 정치적 목적을 위해 특정 인종이나 종교 집단을 희생양 삼아 여론을 조작.

국가 정책에 미치는 영향

- 반이민 정책, 종교 중심의 입법, 인종차별적 규제가 늘어나며 사회적 긴장을 초래.
- 예를 들어, 일부 국가의 반이민법과 특정 종교에 대한 탄압이 국제적 비난을 불러옴.
- 이와 같은 정책은 국제사회와의 외교 관계에도 영향을 미칠 수 있음.

민족적·종교적 갈등의 국제화

- 국내 갈등이 해외 동포 사회나 다른 국가로 확산되며 국제적 긴장 요인으로 작용.
- 갈등을 이용해 국제적 영향력을 확대하려는 국가도 존재.
- 특정 종교나 인종에 대한 폭력 사건이 늘면서 인도적 개입이나 국제적 대응이 요구됨.

미래의 도전 과제

- 인종적, 종교적 갈등이 심화되면서 사회 통합과 안보 문제가 커질 전망.
- 정치적 활용에 따른 갈등의 확산을 막기 위해, 포용적 정책과 문화적 이해가 중요해짐.
- 국제사회는 갈등 완화와 인권 보호를 위한 공동 노력 필요.

6부

인종적, 종교적 갈등과 정치적 활용

31

트럼프의 유럽과 중동 정책
– 비전과 논란의 교차점

도널드 트럼프 2기 행정부에서 유럽과 중동 정책은 기존 외교 질서를 뒤흔들며 세계적인 외교 지형을 다시 정의하려는 과감한 움직임으로 예상된다. 그의 정책은 NATO, 우크라이나, 튀르키예, 이스라엘, 이란, 사우디아라비아를 중심으로 전개될 것이며, 전통적 동맹 체제를 재구성하거나 약화시키는 한편, 특정 국가와의 협력을 강화하는 방향으로 나아갈 가능성이 높다. 트럼프 특유의 직설적인 화법과 충성파 중심의 정책 라인은 강경한 외교 및 안보 전략을 추진하는 데 중요한 역할을 할 것이다. 특히, 이번 2기 행정부에서는 외교·안보 핵심 인사들로 구성된 강경 라인이 구체적이고 직접적인 행동 지침을 제시하며 국제질서의 판도를 변화시킬 것으로 보인다.

1. 강경한 외교 및 안보 라인 – 주요 인사와 전략

트럼프 2기 행정부의 외교·안보 전략은 몇몇 강경파 인물들에 의해 구체화되고 추진될 것이다. 이들은 트럼프의 '미국 우선주의' 기조를 충실히 따르며, 대외 정책을 과감하고 단호하게 이끌어 갈 것으로 보인다.

국가안보보좌관 – 마이크 월츠

마이크 월츠는 군 출신의 강경 대중·대북 정책 지지자로, 트럼프의 대외 정책에서 중심 역할을 맡을 가능성이 높다. 그는 중국과의 기술·군사 경쟁에서 미국의 주도권을 강화하고, 대북 제재를 강화하며 군사적 옵션을 적극 고려하는 입장을 지지한다. 동맹국들이 방위비 부담을 늘려야 한다는 트럼프의 주장에 힘을 실어줄 것으로 보인다. 그는 대중 강경파인 동시에 '지한파'이자 한국과의 선박 분야 협력을 주장했던 인물이기도 하다.

국방장관 – 피트 헤그세스

도널드 트럼프가 피트 헤그세스 전 〈폭스뉴스〉 진행자를 국방장관으로 지명한 결정은 군 내부의 '워크(woke)' 문화에 대한 강력한 반발로 해석되고 있다. 헤그세스는 육군 방위군 소령 출신으로, 이라크와 아프가니스탄에서 복무한 경험이 있다. 그러나 그는 전통적인 군 장성 출신이 아니며, 군사 정책 경험이 부족하다는 지적을 받고 있다. 그럼에도 불구하고, 트럼프 당선인은 헤그세스의 보수적 시각과 '미국 우선주의'에 대한 강한 지지를 높이 평가하여 그를 국방장관으로 발탁한 것으로 보인다. 이러한 인사는 군대 내 다양성과 포용성을 강조하는 '워크' 문화를 억제하고, 전통적인 군사 가치를 회복하려는 의도로 해석된다.

CIA 국장 – 존 랫클리프

존 랫클리프 전 국가정보국장(DNI)은 트럼프 2기 행정부에서 CIA 국장으로 임명되며 미국 정보 활동의 핵심 인물로 부상했다. 그의 임명은 대중국 및 대러시아 전략 강화라는 트럼프 행정부의 의도를 반영한 것으로 평가된다. 랫클리프는 이전 DNI 재임 시절 중국을 '21세기 최대의 위협'으로 규정했으며, 이러한 기조는 CIA의 새로운 정보 전략에도 반영될 전망이다.

랫클리프는 CIA 국장으로서 사이버 안보 위협 대응을 최우선 과제로 삼고 있다. 그는 국제 사이버 환경의 복잡성에 맞서 CIA의 디지털 정보 수집 및 분석 능력을 강화하고, 적대국의 사이버 공격을 차단하기 위한 방어 체계를 재정비할 계획이다. 특히 러시아의 해킹과 정보 조작, 중국의 기술 탈취 활동은 그의 주요 대응 목표다.

또한 이란과 북한 같은 '불량 국가'에 대한 정보 수집과 정보전도 그의 주요 과제 중 하나다. 이란의 핵 개발과 군사적 도발, 북한의 미사일 시험과 불법 거래 활동을 정밀하게 감시하고 대응하려는 노력이 강화될 것으로 보인다. 이는 미국의 외교 및 군사 정책과 긴밀히 연계되며, 적대국의 도발을 사전에 억제하려는 의도를 담고 있다.

랫클리프의 강경 노선은 단순 정보 수집을 넘어 공세적 정보 활동으로 확대될 가능성이 있다. 이는 다른 주요 정보기관들과의 경쟁을 심화시키고, 글로벌 정보 네트워크 내 긴장감을 고조시킬 수 있다. 특히 유럽과 동아시아에서의 정보 활동이 더욱 활발해질 것으로 예상된다.

그의 임명은 CIA의 운영 방식 재편을 넘어 미국의 외교와 안보 방향 설정에도 중요한 영향을 미칠 것이다. 랫클리프의 리더십 아래 CIA는 더 공격적이고 전략적인 태도를 취하며, 트럼프 행정부의 안보 기조를 강화하는 데 기여할 것으로 보인다.

중동 정책 조율자 – 이스라엘 주재 대사로 마이크 허커비

도널드 트럼프 미국 대통령 당선인은 자신의 2기 행정부에서 첫 이스라엘 주재 대사로 마이크 허커비 전 아칸소 주지사를 지명했다. 트럼프는 허커비가 오랜 공직 경험과 신앙적 리더십을 통해 이스라엘과 깊은 관계를 맺어왔으며, 중동 평화 실현을 위해 노력할 적임자라고 평가했다.

허커비는 이스라엘과 팔레스타인 간의 갈등에서 강경한 입장을 가진 인물로, 하마스를 향해 인질 석방과 항복을 요구한 바 있다. 또한 그는 서안지구를 '유대 사마리아'라고 부르며, 이스라엘 정착촌을 지지하는 입장을 보였다. 그의 임명은 트럼프 행정부가 바이든 행정부와 달리 서안지구 정착촌 확대를 비난하지 않을 가능성을 시사한다.

허커비는 개신교 목사 출신으로 아칸소 주지사를 역임했으며, 공화당 대선 경선에 두 차례 도전한 경험이 있다. 그의 딸 사라 허커비 샌더스는 트럼프 1기 행정부에서 백악관 대변인을 지냈고, 현재 아칸소 주지사로 재임 중이다.

불확실성과 강경 노선의 결합

트럼프 2기 행정부의 외교·안보 라인은 충성파 중심으로 구성되어 있으며, 강경 정책 추진 체계를 바탕으로 미국 우선주의를 강력히 실현할 준비가 되어 있다. 이러한 팀은 NATO와 같은 전통적인 동맹 체제를 재구성하려 하고 있다. 이는 방위비 분담과 같은 문제에서 동맹국들에게 더 큰 책임을 요구하며, 기존의 동맹 관계를 흔들 가능성이 있다. 동시에 중국, 러시아, 이란과의 경쟁 구도를 강화하며 미국의 우위를 유지하려는 전략이 예상된다. 특히 중국과는 기술 패권, 경제 경쟁, 군사적 긴장이 모두 얽힌 복잡한 대립 구도를 이어갈 가능성이 크다.

중동에서는 이스라엘과의 관계를 더욱 강화하고, 이란에 대한 압박 정책을 한층 강화하며, 미국의 영향력을 극대화하려는 시도가 이루어질 것이다. 이란의 핵 프로그램 저지와 군사적 도발 억제를 중심으로 한 정보전과 외교 전략이 그 핵심이 될 것이다. 또한, 사우디아라비아와 같은 중동 주요 국가들과의 협력을 강화하며 석유 시장과 경제적 이익을 보호하려는 행보가 이어질 것으로 보인다.

그러나 이러한 접근은 미국의 국제적 신뢰를 약화시킬 가능성을 내포하고 있다. 동맹국들은 트럼프 행정부의 일방적인 태도에 불만을 느낄 수 있으며, 이는 국제 협력 구조를 약화시키고 긴장을 고조시킬 수 있다. 강경 노선과 예측 불가능한 외교적 전략의 결합은 국제정세에 새로운 불확실성을 초래할 위험도 크다. 이는 단기적으로 미국의 강력한 외교적 입지를 보여줄 수 있으나, 장기적으로는 국제사회에서 미국의 신뢰와 영향력을 잠식할 가능성을 높인다.

2. NATO – 동맹의 재정비

트럼프는 첫 임기에서 NATO 동맹국들에게 방위비 부담을 더욱 분담하라고 강하게 압박하며, '미국의 ATM' 역할을 더 이상 하지 않겠다고 선언했다. 이 발언은 미국이 더 이상 일방적으로 동맹국들의 안보를 책임질 수 없다는 신호였으며, NATO의 내부 균열을 초래했다. 그의 이러한 입장은 2기 행정부에서도 반복될 가능성이 매우 높다. 트럼프는 NATO를 현대적인 안보 위협에 맞춘 효율적인 연합체로 개편해야 한다고 주장하며, 동맹국들에게 방위비 지출을 GDP 대비 2% 이상으로 확대할 것을 다시 요구할 것으로 보인다.

이 과정에서 트럼프는 유럽 국가들이 자신의 안보 책임을 보다 독립적으로 져야 한다는 점을 강조할 것이다. 그러나 이러한 압박은 일부 동맹국들에게 정치적 부담을 가중시키고, NATO의 결속력을 약화시킬 위험을 안고 있다. 유럽 동맹국들, 특히 독일과 프랑스는 트럼프의 요구에 불편함을 느끼면서도, 러시아와 중국 같은 대외적 위협에 맞서 협력할 필요성을 인지하고 있다. 따라서 협력과 긴장을 병행하는 복잡한 외교적 균형을 유지하려 할 것이다.

또한, 트럼프의 방위비 분담 요구는 동유럽 국가들, 특히 러시아의 위협에 민감한 폴란드와 발트 3국에게는 또 다른 도전을 안길 것이다. 이들 국가는 러시아의 팽창주의를 막기 위해 NATO와 미국의 군사적 지원을 필수적인 것으로 간주하고 있다. 따라서 트럼프의 NATO 정책은 서유럽과 동유럽 사이의 균열을 확대할 가능성도 크다.

NATO가 트럼프 2기 행정부에서 미국 중심의 안보 연합으로 계속 유지될지, 아니면 방위비 분담 문제와 트럼프의 고립주의적 태도로 인해 동맹 관계가 약화될지에 대한 우려가 증대되고 있다. 트럼프의 강경한 대러시아 정책은 유럽 동맹국들로 하여금 협력을 유지하도록 자극할 수 있지만, 동맹의 구조적 불안정성은 장기적으로 NATO의 효율성과 존재 이유에 대해 의문을 제기할 수 있다.

3. 우크라이나 – 지원과 조정

트럼프는 러시아의 우크라이나 침공을 비난하며 이를 국제법과 주권의 중대한 침해로 규정했다. 그러나 우크라이나의 NATO 가입에 대해서는 여전히 회의적인 입장을 고수하며, 이로 인해 미국의 정책이 모순적이라는 비판을 받고 있다. 한편으로는 유럽 동맹국들에게 우크라이나에 대한 군사적·경제적 지원을 강화하라고 압박하면서, 다른 한편으로는 NATO 확장을 우려하며 이에 제동을 거는 태도를 보인다. 이러한 접근은 트럼프 특유의 '협상적 모호성' 전략으로도 볼 수 있지만, 국제적 혼란과 동맹 내 갈등을 증폭시키는 요소가 되고 있다.

그럼에도 불구하고, 트럼프 행정부는 러시아를 견제하기 위해 상징적인 군사 지원과 경제적 원조를 이어갈 가능성이 크다. 이는 우크라이나와의 관계에서 최소한의 균형을 유지하기 위한 조치로 해석된다. 그러나 이러한 지원이 과거와 같은 강력한 수준을 유지할지, 아니면 축소될지는 불투명하다. 트럼프의 '미국 우선주의' 정책 기조는 우크라이나에 대한 장기적인 전폭 지원보다는 미국의 경제적 부담을 최소화하는 방향으로 기울어질 가능성을 시사한다.

우크라이나의 입장에서 미국과 NATO의 지원은 러시아의 위협에 맞서는 데 필수적이지만, 트럼프 행정부 하에서 그 신뢰성이 얼마나 지속될지는 미지수다. 특히 트럼프가 우크라이나 지원 문제를 동맹국들과의 협상 카드로 활용할 가능성도 제기된다. 그는 유럽 국가들이 우크라이나 지원에 있어 더 많은 책임을 져야 한다고 주장하며, 미국의 군사적 역할을 축소하는 동시에 동맹국들의 자율적 대응을 촉구할 수 있다.

트럼프의 우크라이나 정책은 전략적 균형과 비용 절감을 동시에 추구하는 복잡한 조합으로 나타날 것이다. 이는 우크라이나가 NATO와 미국의 정치적·경제적 지원에 얼마나 의존할 수 있을지를 둘러싼 불확실성을 더욱 키울 것으로 보인다. 동시에, 미국의 군사 지원이 상징적 수준에 머문다면, 이는 러시아와의 대립에서 우크라이나의 입지를 약화시킬 위험도 있다.

4. 튀르키예 – 전략적 딜레마

튀르키예와의 관계는 시리아 내전, 쿠르드 문제, 러시아의 S-400 미사일 방어 체계 구매 등 여러 복잡한 요인으로 얽혀 있다. 트럼프는 에르도안 대통령과의 개인적인 친분을 과시하며, 양국 간의 관계를 개선하려는 시도를 여러 차례 해왔다. 그러나 이러한 개인적 유대가 전략적 문제를 근본적으로 해결하지 못했으며, 두 나라 간의 긴장 요소는 여전히 남아 있다. 트럼프 2기 행정부에서도 튀르키예는 미국에게 중동에서 중요한 협력자이자 동시에 난제가 될 것이다.

특히, 튀르키예가 NATO 회원국으로서의 역할과 러시아와의 경제·군사적 협력 사이에서 균형을 어떻게 맞출지가 최대 관건이다. 튀르키예는 NATO의 일원으로서 동맹에 기여할 의무가 있지만, 러시아로부터 S-400 미사일 방어 시스템을 도입하면서 NATO 내에서 심각한 갈등을 초래했다. 트럼프는 이 문제를 두고 에르도안과 직접 협상을 시도했지만, 튀르키예의 결정은 미국의 F-35 전투기 프로그램에서 배제되는 결과를 낳았다. 이는 NATO의 결속력을 약화시키고, 튀르키예와 미국 간의 신뢰 관계에 균열을 더했다.

트럼프 2기 행정부는 튀르키예를 러시아의 영향권에서 끌어내기 위해 더 강력한 경제적·외교적 유인을 제안할 가능성이 있다. 그러나 에르도안의 독립적이고 민족주의적인 리더십 스타일은 이러한 전략을 복잡하게 만들 수 있다. 튀르키예는 시리아 내전에서 쿠르드 민병대에 대한 군사 작전을 계속 추진하고 있으며, 이는 미국과의 긴장 요소로 남아 있다. 트럼프는 시리아와 이라크에서의 쿠르드 문제를 둘러싼 갈등을 완화하려는 시도를 이어갈 수 있지만, 그 성공 여부는 불확실하다.

또한, 에르도안의 리더십 아래 튀르키예는 중동과 유럽의 경계에서 독특한 지정학적 위치를 활용하여 스스로를 독립적이며 강력한 행위자로 자리매김하려 하고 있다. 이는 미국의 전략적 이익과 일부 충돌할 가능성이 크다. 트럼프 행정부는 튀르키예의 독립적인 행동을 견제하면서도, 이 나라가 중동에서 중요한 협력자로 남을 수 있도록 적절한 균형을 맞추는 것이 과제가 될 것이다.

트럼프 2기에서도 튀르키예는 전략적 동반자와 도전 과제라는 이중적 위치를 유지할 것으로 보인다. 에르도안과의 개인적 유대를 활용하여 관계를 관리하려는 트럼프의 접근법이 얼마나 효과적일지는 미지수지만, 중동과 유럽에서의 미국의 외교적 입지를 좌우할 중요한 시험대가 될 것이다.

5. 이스라엘 – 네타냐후와의 공조

트럼프는 첫 임기 동안 이스라엘과의 관계를 대대적으로 강화하며 중동 외교의 중심축을 형성했다. 그는 이스라엘의 수도를 예루살렘으로 공식 인정하고, 미국 대사관을 텔아비브에서 예루살렘으로 이전하는 결정을 내렸다. 이러한 조치는 전 세계적으로 논란을 일으켰지만, 네타냐후 총리와의 강력한 공조를 통해 이스라엘 내에서는 큰 호응을 얻었다. 트럼프는 네타냐후의 강경 정책을 전폭적으로 지지하며, 이스라엘의 안보와 외교적 입지를 강화하려는 노력을 이어갔다.

특히, 트럼프는 아브라함 협정을 통해 이스라엘과 아랍 국가들 간의 관계 정상화를 이끌어냈다. 이 협정은 이스라엘과 아랍에미리트(UAE), 바레인 등 여러 국가가 공식적인 외교 관계를 수립하는 데 중요한 역할을 했다. 이러한 움직임은 이란의 영향력을 견제하기 위한 중동 전략의 일환으로 평가받는다. 그러나 팔레스타인 문제는 이 과정에서 완전히 배제되었고, 트럼프의 강경한 친이스라엘 입장은 팔레스타인인들에게 깊은 실망감을 안겼다.

트럼프 2기 행정부에서도 네타냐후와의 공조는 지속될 가능성이 높다. 네타냐후의 강성 정책과 트럼프의 '미국 우선주의'는 상호 보완적이며, 두 지도자는 이란에 대한 강력한 제재와 군사적 압박을 공조할 것으로 보인다. 네타냐후는 이란의 핵 개발을 막기 위해 미국의 전폭적인 지원을 기대하고 있으며, 트럼프는 이를 통해 중동에서의 영향력을 강화하려 할 것이다.

그러나 이러한 공조는 중동의 다른 이해 관계자들, 특히 팔레스타인과의 갈등을 더욱 격화시킬 가능성이 크다. 트럼프는 첫 임기 동안 "팔레스타인은 없다"는 식의 발언으로 논란을 일으키며, 이스라엘의 입장을 일방적으로 지지하는 모습을 보였다. 이러한 태도는 팔레스타인 문제를 더욱 복잡하게 만들고, 중동의 평화 정착 가능성을 약화시킬 수 있다. 특히, 서안 지구 합병을 둘러싼 논란은 트럼프와 네타냐후의 정책이 지역 갈등을 고조시키는 요인이 될 수 있음을 시사한다.

중동에서의 대이스라엘 정책은 트럼프의 대이란 전략과도 밀접하게 연관되어 있다. 이란에 대한 강력한 경제 제재와 군사적 압박은 중동에서의 미국-이스라엘 동맹을 더욱 공고히 할 것이다. 트럼프는 네타냐후와 협력하여 이란의 핵무기 개발을 저지하기 위한 다양한 옵션을 고려할 가능성이 크며, 이는 중동에서의 긴장 상황을 더욱 심화시킬 수 있다.

트럼프 2기 행정부의 대이스라엘 정책은 네타냐후와의 친밀한 관계를 기반으로 더욱 강화될 것으로 보인다. 이는 이스라엘의 안보와 외교적 지위를 높이는 데 기여할 수 있지만, 팔레스타인 문제를 비롯한 중동의 갈등 구조를 한층 복잡하게 만들 위험을 내포하고 있다. 이러한 정책은 중동 외교의 새로운 전환점이 될 수 있으나, 그 과정에서 초래될 긴장과 논란은 불가피해 보인다.

6. 이란에 대한 최대 압박 정책

트럼프는 첫 임기에서 2015년 체결된 이란 핵합의(JCPOA)에서 일방적으로 탈퇴하며, 이란에 대한 경제 제재를 전면 복원했다. 그는 이를 '최악의 협상'으로 비판하며, 이란이 합의 조건을 악용해 군사적 영향력을 확대하고 있다고 주장했다. 2기 행정부에서도 이란에 대한 강경한 입장은 변하지 않을 가능성이 높다. 특히, 트럼프가 공언한 '이란 파산을 위한 최대 압박(Maximum Pressure)' 정책은 더욱 강화될 전망이다.

이 정책의 핵심은 이란의 경제 기반을 붕괴시켜 핵개발과 테러 지원을 억제하는 것이다. 이를 위해 트럼프는 이란의 원유 수출을 전면 차단하고, 국제 금융 시스템에서 이란을 고립시키는 방안을 지속적으로 추진할 가능성이 크다. 경제 제재는 이란 내 인플레이션 폭등과 실업률 증가를 초래하며, 내부적인 불안을 조장할 것이다. 트럼프는 이러한 경제적 압박을 통해 이란 정권을 협상 테이블로 다시 끌어내려 할 것이다.

그러나 이 같은 정책은 중동 내 긴장을 크게 고조시킬 위험을 내포하고 있다. 이란은 이미 제재 복원 이후 핵 프로그램을 다시 가동하며, 농축우라늄의 농도와 양을 증가시켜왔다. 트럼프 2기에서도 이란은 더욱 강경한 태도를 취할 가능성이 크며, 이는 미국과의 직접적인 군사 충돌 가능성을 높일 수 있다. 또한, 이란은 하마스, 헤즈볼라와 같은 친이란 세력을 통해 중동 내에서의 테러와 불안정을 조장할 가능성이 있다. 이는 이스라엘과 사우디아라비아를 포함한 미국의 주요 동맹국들에게도 심각한 위협으로 작용할 것이다.

트럼프의 '최대 압박' 정책은 국제사회에서도 논란의 대상이 되고 있다. 유럽연합(EU)과 같은 다자적 협력체는 이란 핵 합의를 유지하려는 입장을 견지하고 있어, 트럼프의 일방적인 제재 정책과 충돌하고 있다. 이러한 갈등은 미국과 유럽 간의 외교적 균열을 심화시키며, 글로벌 협력 체제에 도전을 제기할 수 있다. 더욱이, 이란과의 외교적 단절은 러시아와 중국과 같은 경쟁국들에게 이란과의 협력 기회를 제공하며, 국제 역학 구도에도 변화를 초래할 가능성이 크다.

트럼프 2기 행정부의 이란 정책은 더욱 강경하고 공격적인 형태를 띨 가능성이 높다. '이란 파산'이라는 목표 아래 경제 제재와 군사적 압박을 병행하는 전략은 단기적으로는 이란의 행동을 억제할 수 있을 것이다. 그러나 장기적으로는 중동 내 갈등을 심화시키고, 국제사회에서 미국의 신뢰도와 리더십을 약화시키는 결과를 초래할 위험도 배제할 수 없다. 이는 이란 정책이 미국의 외교와 안보 전략에 있어 최대의 시험대가 될 것임을 시사한다.

7. 사우디아라비아 – 전략적 동맹 강화

사우디아라비아는 트럼프 외교 전략의 핵심 동맹국으로 자리 잡고 있으며, 그의 2기 행정부에서도 사우디와의 관계는 더욱 긴밀해질 가능성이 크다. 특히, 석유 생산 조율과 대규모 무기 판매는 양국 관계를 강화하는 중심축으로 작용할 것이다. 트럼프는 사우디아라비아를 이란 견제의 주요 파트너로 활용하며, 중동 내 미국의 영향력을 확대하고자 한다. 이 과정에서 그는 사우디와의 밀월 관계를 통해 중동에서 새로운 질서를 구축하려는 야망을 숨기지 않을 것이다.

트럼프는 카슈끄지 사건과 같은 국제적 논란에도 불구하고, 사우디아라비아와의 전략적 관계를 우선시했다. 언론인 자말 카슈끄지의 피살 사건은 사우디의 인권 문제를 국제사회의 주요 이슈로 부각시켰지만, 트럼프는 이를 미국의 경제적·안보적 이익과 연계하여 비교적 온건한 태도를 유지했다. 그는 '미국 우선주의'라는 기조 아래 사우디와의 대규모 무기 계약을 체결하며, 이를 통한 일자리 창출과 방위 산업 강화라는 성과를 내세웠다.

사우디아라비아와의 밀착 관계는 단순히 경제적 이익에 그치지 않는다. 트럼프는 사우디를 이란에 대한 '최대 압박' 전략의 전진기지로 활용하며, 중동 내 이란의 영향력을 약화시키려는 의도를 분명히 하고 있다. 이러한 맥락에서 사우디와의 관계는 이스라엘과 아랍 국가들 간의 외교적 관계 정상화를 목표로 한 아브라함 협정의 연장선으로 볼 수 있다. 트럼프는 이스라엘과 사우디아라비아 간의 수교 가능성을 중동 외교의 새로운 지렛대로 삼아, 미국 주도의 동맹 체제를 강화하려 할 것이다.

이스라엘과 사우디아라비아의 수교는 중동 내 지정학적 구도를 근본적으로 변화시킬 잠재력을 가지고 있다. 사우디가 이스라엘과 공식적인 관계를 맺는다면, 이는 팔레스타인 문제 해결의 새로운 국면을 열 수 있지만 동시에 갈등을 격화시킬 수도 있다. 트럼프는 이러한 관계 정상화를 통해 중동에서 미국의 외교적 리더십을 공고히 하고, 이란의 고립을 더욱 심화시키려 할 것이다.

또한, 사우디와의 협력은 글로벌 에너지 시장 안정화에서도 중요한 역할을 할 것이다. 트럼프는 사우디의 석유 생산 조율 능력을 활용해 국제 유가를 조정함으로써, 미국 내 에너지 소비자와 산업에 긍정적인 영향을 미치려 할 가능성이 크다. 이는 특히 에너지 가격 안정화를 통해 국내 경제성장과 지지층 결집을 목표로 하는 트럼프의 전략과 부합한다.

사우디아라비아와의 강화된 관계는 트럼프 2기 외교 정책의 중요한 축을 형성할 것이다. 이 관계는 이란에 대한 전략적 압박, 중동 내 동맹 체제 강화, 그리고 글로벌 에너지 시장에서의 미국 주도권 확대라는 세 가지 목표를 중심으로 전개될 가능성이 크다. 그러나 카슈끄지 사건 같은 인권 문제와 사우디의 독재 체제에 대한 국제적 비판은 여전히 트럼프의 사우디 정책에 논란의 여지를 남길 것이다. 이러한 맥락에서, 사우디와의 관계는 트럼프의 외교적 야망을 보여주는 동시에, 그 한계를 시험하는 사례가 될 것이다.

8. 새로운 국제질서를 구축하려는 트럼프의 야심

트럼프의 유럽 및 중동 정책은 기존 국제질서를 뒤흔들며 새로운 지형을 형성하려는 도전적인 접근과, 동맹국들과의 전통적 관계를 유지하며 안정을 도모하려는 상반된 전략 사이에서 아슬아슬한 균형을 유지하고 있다. 그는 NATO와 같은 다자주의적 협력체에 대한 강경한 비판과 방위비 분담 요구를 통해 기존 동맹 체제의 부담을 줄이려 하지만, 동시에 러시아와 이란 같은 주요 적대국에 맞서기 위해 동맹국들과의 협력을 어느 정도 유지할 필요성을 인정하고 있다. 이러한 양면적 접근은 국제사회에서 끊임없는 논란을 불러일으키며, 미국 중심의 새로운 국제질서를 구축하려는 트럼프의 야심을 여실히 드러내고 있다.

유럽에서는 NATO 동맹국들에게 더 많은 방위비 부담을 요구하면서도, 유럽 국가들이 미국의 군사적 지원에 여전히 의존하고 있는 현실을 활용해 자신의 영향력을 강화하려 한다. 중동에서는 이스라엘과 사우디아라비아 같은 강력한 동맹국들과의 관계를 통해 이란을 압박하는 동시에, 이스라엘-팔레스타인 문제나 사우디의 인권 문제와 같은 논란을 상대적으로 묵인함으로써 전략적 우위를 유지하려 하고 있다. 트럼프는 이 같은 대외정책을 통해 강력한 미국의 리더십을 주장하지만, 동맹국들로부터의 반발과 중동 내 지속적인 갈등은 그의 전략에 커다란 도전 과제가 되고 있다.

트럼프의 접근은 단기적으로는 미국 중심의 질서를 강화하는 듯 보이지만, 장기적으로는 동맹국들과의 신뢰를 약화시키고 중동의 정치적 불안정을 심화시킬 가능성도 있다. 그의 정책 성공 여부는 유럽과 중동의 복잡한 정치적 동역학, 그리고 트럼프 행정부가 동맹국들과 얼마나 효과적으로 협력하고 조율할 수 있는지에 달려 있다. 또한, 중동에서의 정치적 변동성과 국제적 압박은 이러한 야심 찬 전략이 성공할지 실패할 지를 결정짓는 중요한 변수로 작용할 것이다.

트럼프의 유럽 및 중동 정책은 강력한 미국의 비전을 실현하려는 의지를 보여주는 동시에, 국제사회의 복잡한 정치적 현실을 극복해야 하는 어려움을 상징적으로 드러낸다. 이는 그의 리더십이 새로운 질서를 구축하는 데 성공할지, 아니면 기존 질서를 더욱 혼란스럽게 만들지에 대한 글로벌 관심과 우려를 불러일으키고 있다.

32

푸틴의 정교회 동맹과 민족적 자긍심 고취

푸틴 대통령과 러시아정교회의 밀접한 관계는 그저 종교와 국가의 동맹을 넘어선다. 이는 푸틴의 정치적 판도에서 한 축을 담당하며, 러시아의 민족적 자긍심을 고취하고, 서구와의 대립 속에서 러시아만의 정체성을 강화하는 핵심 전략이다. 러시아정교회는 오랜 역사 속에서 러시아인의 정신적 중심 역할을 해왔으며, 푸틴은 이 정신적 유산을 국가적 결속과 권력 강화의 도구로 활용하고 있다. 그렇다면 푸틴과 정교회의 동맹이 러시아 내부와 외부에 어떤 영향을 미치는지 차근차근 살펴보자.

정교회와의 동맹 – 전통의 귀환과 권력의 결집

푸틴은 러시아정교회를 국가 정체성과 전통의 상징으로 삼아 자신의 정치적 메시지를 보다 명확히 전달하고 있다. 소련이 무너진 뒤, 러시아는 한동안 국가 정체성의 혼란을 겪었다. 그러나 푸틴은 이 정체성을 다시 세우기 위해 정교회를 부활시키고, 이를 통해 국민의 정서에 호소했다. 특히 정교회는 단순히 종교적 의미를 넘어 러시아인의 삶과 사고방식에 깊이 자리 잡고 있기에, 푸틴은 이 관계를 통해 보다 강력한 정치적 영향력을 발휘할 수 있었다.

정교회는 푸틴의 정치적 지지기반이기도 하다. 푸틴의 정책에 대한 정교회의 지지로, 그의 정치적 이념은 종교적 정당성을 얻게 되었다. 푸틴이 반대 세력을 억압하거나 논란이 될 만한 정책을 추진할 때, 정교회는 이를 '국가적 가치'와 결부해 정당화하는 데 중요한 역할을 했다. 이는 푸틴의 통치 방식에 안정성을 더해주었으며, 종교와 국가의 결합이 정치적 도구로 기능하는 방식을 보여주는 사례다.

민족적 자긍심 고취 – 러시아인의 심장을 울리는 역사와 문화

푸틴은 러시아의 고유한 역사와 문화를 강조하며, 이를 통해 국민의 자긍심을 고취시키고 있다. 그는 과거 소련 시절의 영광을 소환하거나 러시아의 전통적 가치를 언급하면서 강력한 러시아의 이미지를 국민에게 각인시키고자 한다. 특히 외부의 위협이 커질 때마다 푸틴은 '러시아의 전통을 지켜야 한다'는 메시지를 통해 국민의 결속을 다지며 자긍심을 높인다.

러시아의 문화와 정교회를 국가의 중요한 자산으로 포장함으로써, 그는 러시아가 서구와는 다른 독자적인 길을 가고 있다는 인식을 심어준다. 이는 미국과 유럽의 가치에 맞서 러시아가 독립적이며 자존심 강한 국가라는 메시지를 국제사회에 전달하려는 의도로도 볼 수 있다. 서구의 영향을 거부하고 오히려 러시아만의 가치체계를 강조하는 이러한 접근은 푸틴의 정치적 서사에서 핵심적인 역할을 하고 있다.

정치적 도구로서의 종교 – 푸틴의 권력 유지와 반대 세력 억압

푸틴은 정교회를 단순한 종교적 동맹 이상으로 활용하고 있다. 정교회는 푸틴의 통치 이념을 강화하는 데 중요한 도구로 작용하며, 반대 세력을 억제하는 데에도 기여하고 있다. 정교회가 푸틴의 정책을 지지하는 모습은 푸틴의 권력을 정당화하고, 그에게 신성한 권위를 부여하는 역할을 한다.

특히 정교회는 러시아의 전통적 가치와 도덕을 대표하는 기관으로서, 서구의 자유주의적 가치관을 비판하는 입장을 취하고 있다. 푸틴은 이러한 정교회의 입장을 이용해 자신이 추진하는 보수적 정책을 정당화하고, 서구의 정치적 압력에 맞서는 근거로 활용한다. 동시에 이는 국가의 통합과 안정성을 위한 기반이 되며, 국민에게는 푸틴의 정책이 러시아 전통과 도덕에 기반한 '정당한 것'으로 비치게 된다.

사회적 통합 – 전통 가치로 국민의 마음을 묶다

푸틴은 정교회를 통해 러시아 사회의 다양한 계층을 통합하려는 전략을 펼친다. 정교회는 오랜 역사를 가진 종교 기관으로, 러시아 국민의 정신적 지주로 자리 잡고 있다. 푸틴은 이러한 정교회의 힘을 사회적 통합의 도구로 활용해, 이념적 갈등이나 사회적 분열을 줄이려 한다.

정교회는 특히 러시아의 전통적 가치와 도덕을 강조하며, 사회의 안정성을 유지하려는 역할을 수행한다. 이는 혼란스럽고 불확실한 시기에 국민이 의지할 수 있는 정신적 기둥을 제공하고, 이를 통해 사회적 통합을 강화한다. 또한, 정교회가 국가와 연대하면서, 국민들은 자신이 하나의 큰 '러시아 공동체'의 일부로서 속해 있다는 자부심을 느낀다. 푸틴은 이러한 심리를 교묘하게 활용해 자신의 정치적 지지기반을 공고히 하고 있다.

국제적 이미지 – 독립과 자주성을 외치는 러시아

푸틴은 정교회를 통해 러시아의 국제적 이미지를 강화하려 한다. 러시아가 단순히 경제적, 군사적 강국이 아닌, 고유의 전통과 가치를 수호하는 자주적 국가로 보이게 하는 전략이다. 이는 서구의 문화와 가치를 수용하지 않겠다는 러시아의 결단을 보여주며, 국제사회에서 러시아가 강력한 독립성을 가진 나라라는 인상을 심어준다.

정교회와의 연대를 통해 푸틴은 서구 국가들과의 대립 속에서도 러시아만의 길을 가겠다는 강력한 메시지를 전달한다. 특히 서구의 가치와 다른 러시아의 정체성을 강조함으로써, 그는 자국민에게 '서구와는 다른, 자랑스러운 러시아'라는 자부심을 심어주려 한다. 이는 러시아 내부의 단결을 강화하는 동시에, 외부로는 독립적인 국가 이미지를 각인시키는 데 중요한 역할을 한다.

푸틴의 정교회 동맹과 민족적 자긍심의 정치적 의의

푸틴과 러시아 정교회의 동맹은 단순히 종교와 국가의 협력 관계를 넘어서, 그의 정치적 전략에 깊이 뿌리 내리고 있다. 정교회는 푸틴에게 권력을 유지할 수 있는 중요한 자산이자, 국민의 지지를 확보할 수 있는 강력한 도구다. 또한, 이를 통해 러시아의 민족적 자긍심을 고취하고, 서구와 차별화된 독자적인 국가 이미지를 만들어 내고 있다.

이러한 정교회와의 동맹은 푸틴이 국민의 정신적 지도자로서 자리매김하는 데 도움을 주었으며, 러시아 내에서 그의 권위를 강화하는 데 기여했다. 동시에 이는 국제적으로 러시아가 독립적이고 자주적인 국가임을 주장하는 수단으로 작용한다. 정교회와의 연대는 단순히 종교적 결속을 의미하는 것이 아니라, 정치적 안정과 민족적 자긍심을 고취시키려는 푸틴의 정교한 정치 전략의 핵심에 자리하고 있다.

러시아가 외부의 위협에 맞설 때마다 푸틴은 정교회를 내세워 국민의 자긍심과 단결을 호소하며, 이를 통해 자신을 러시아 전통의 수호자로 자리매김한다. 이는 단기적인 정치적 전략이 아니라, 장기적으로 러시아의 정치와 사회를 재편하는 강력한 힘으로 작용하고 있으며, 푸틴의 정치적 여정을 이해하는 중요한 키워드가 된다.

33

시진핑의 위구르 탄압과 소수민족 억압

시진핑 주석 하의 중국은 신장 위구르 자치구에서 대규모 탄압을 시행하고 있으며, 이러한 정책은 국제사회에서 큰 논란을 불러일으키고 있다. 중국 정부는 위구르족과 기타 소수민족을 강력하게 통제하며, 이를 테러와 극단주의에 대한 대응이라는 명목으로 정당화하고 있다. 그러나 실제로는 문화적 억압, 감시 시스템, 재교육 캠프 등을 통해 위구르족의 정체성을 소멸시키고, 철저히 통제하려는 의도가 깔려 있다고 보는 것이 합리적일 것이다.

위구르 자치구의 상황 – 감시와 억압의 일상화

신장 위구르 자치구는 위구르족이 다수를 차지하는 지역으로, 오랫동안 중국 정부와 긴장이 이어져 온 지역이다. 시진핑 정부는 이곳에서 대규모 감시 시스템을 구축하고, 위구르족을 포함한 무슬림 소수민족에 대한 억압을 강화하고 있다. 주목할 만한 점은 이러한 감시와 통제가 그저 국가안보나 치안을 위한 것이 아니라는 점이다. 중국 정부는 주민들의 일거수일투족을 감시하며, 주민들이 어떤 행동을 하는지, 어떤 언어를 쓰는지, 어떤 종교적 활동을 하는지까지 모두 통제하고 있다. CCTV와 생체 인식 기술을 통해 모든 움직임이 기록되며, 데이터 수집을 통해 주민들의 일상이 철저히 감시되는 것은 다른 국가에서는 상상하기 힘든 일이다.

재교육 캠프 - 그곳에서 벌어지는 현실

중국 정부는 위구르족을 대상으로 한 재교육 캠프를 운영하며, 이곳에서 위구르족의 사상과 문화를 근본적으로 재정립하려는 시도를 한다. 중국 정부는 이를 직업 훈련, 이념 교육이라는 명목으로 설명하지만, 실상은 강제 수용과 가혹한 인권 침해가 자행되는 것으로 알려졌다. 많은 인권 단체들은 이러한 재교육 캠프에서 강제 노동, 고문, 심리적 압박이 행해지고 있다고 보고한다.

이 재교육 캠프는 현대의 정치체제에서 보기 드문 '사상 개조'의 장소로 작용한다. 중국 정부는 위구르족에게 중국어 교육을 강제하고, 중국 공산당의 가치관을 주입하며, 종교적 신념을 지우기 위한 프로그램을 운영한다. 이를 통해 위구르족의 전통적 가치와 종교적 정체성을 제거하고, 국가의 통제 아래 하나의 획일화된 국민으로 재탄생시키려는 의도가 엿보인다.

문화적 억압 – 위구르 정체성의 소멸

중국 정부는 위구르족의 문화와 종교적 관습을 억압하고 있으며, 이는 위구르족의 정체성을 직접적으로 위협한다. 이슬람 사원이 폐쇄되고, 문화유산이 파괴되며, 위구르어 사용이 제한되고 있다. 이러한 조치는 위구르족의 자부심과 정체성을 약화시키기 위한 명백한 시도로 보인다. 위구르족의 전통적인 가치와 종교가 배척되면서, 위구르인들은 자신들의 뿌리와 역사로부터 멀어지고 있다.

또한, 종교적 상징을 없애는 데 그치지 않고, 위구르족의 생활 방식 전반에 걸친 동화정책을 강제하고 있다. 일례로 이슬람 명절이 무시되거나, 종교적인 복장을 금지하는 등의 조치는 위구르족의 문화에 대한 심각한 침해로 볼 수 있다. 이는 단순한 정책을 넘어 위구르족이 가진 모든 전통과 가치를 중국의 틀에 맞게 맞추려는 문화적 소거의 시도라 할 수 있다.

감시와 통제 – 첨단 기술로 이루어진 디지털 감옥

신장 자치구는 중국 정부의 감시 기술의 테스트베드와 다름없다.

중국 정부는 이곳에서 CCTV와 안면 인식 기술, 휴대폰 추적, 위치 기반 서비스를 사용해 철저한 감시 시스템을 운영한다. 주민들의 모든 이동은 기록되며, 어떤 장소에서 얼마나 머물렀는지, 누구를 만났는지까지 추적당한다. 이러한 디지털 감시는 일종의 '디지털 감옥'을 만들었으며, 이 안에서 개인의 사생활과 자유는 사실상 존재하지 않는다.

이러한 감시는 테러 방지라는 명목으로 정당화되지만, 실제로는 주민들을 잠재적 위협으로 간주하고 그들의 삶을 통제하려는 목적이 크다. 이 시스템은 다른 지역에서도 확산될 가능성이 높으며, 시진핑 정부가 중국 전체를 유사한 방식으로 관리하려는 의도가 있는 것 아니냐는 의문을 불러일으킨다.

국제사회의 반응 – 인권과 주권의 대립

위구르족에 대한 탄압은 국제사회에서 큰 반발을 불러일으켰다. 미국, 유럽 국가들, 그리고 여러 인권 단체들은 중국의 정책을 비판하며, 이를 인권 침해로 간주하고 있다. 일부 국가들은 이를 집단 학살, 즉 '제노사이드'로 규정하고 있으며, 이와 관련해 경제 제재와 외교적 압박을 가하고 있다.

그러나 중국 정부는 이러한 비판에 대해 강하게 반발한다. 중국은 이를 '테러와의 전쟁'으로 정당화하며, 신장 지역에서의 조치가 국가안보를 위한 필수적인 대응이라고 주장한다. 또한, 내정불간섭의 원칙을 내세워 외부의 간섭을 배척하고 있다. 이러한 반응은 중국이 국제사회에서 인권 문제에 대해 타협하지 않겠다는 강력한 메시지로 해석될 수 있다.

중국 정부의 반응 – 주권과 안정성의 명분

중국은 신장 지역의 상황을 국제사회가 비판하는 것에 대해 '내정불간섭'을 주장하며, 자국의 주권을 강조한다. 중국 정부는 자국 내 문제에 대해 외부의 간섭을 거부하며, 이러한 정책이 중국의 사회적 안정과 안보를 위한 정당한 수단이라고 주장한다. 시진핑 주석은 한 발 더 나아가, '테러와의 전쟁'을 내세워 위구르 탄압을 정당화하고 있으며, 이를 중국 국민들에게도 안전을 위한 필수적인 조치로 설명하고 있다.

중국의 이러한 태도는 국제사회에서 인권 문제와 주권 사이의 논란을 불러일으키며, 각국은 중국의 인권 침해에 대한 대응 방법을 고민하게 된다. 하지만 중국의 경제력과 정치적 영향력을 고려할 때, 많은 국가가 단순히 제재를 가하기 어려운 상황에 처해 있다. 결국 이러한 문제는 국제사회에서의 복잡한 외교적 계산을 필요로 하게 만든다.

시진핑의 통제 전략과 미래의 갈등

시진핑의 위구르 탄압과 소수민족 억압은 단순히 한 지역의 문제가 아닌, 중국이 추구하는 통제 사회의 본질을 드러낸다. 이러한 정책은 중국의 소수민족을 중국화하려는 시도의 일환이며, 이를 통해 중국은 보다 강력하고 단일화된 국가를 만들고자 한다. 그러나 이러한 통제와 억압이 계속될 경우, 이는 장기적으로 중국 내부의 갈등을 초래할 가능성이 높다.

더불어, 중국의 이같은 억압적 통제는 국제사회에서도 우려의 대상이 되고 있다. 이 문제는 단순히 중국 내부의 인권 문제를 넘어, 다른 나라와의 외교 관계에도 영향을 미치고 있다. 시진핑의 정책이 얼마나 지속될지, 그리고 국제사회가 이 문제에 대해 어떤 대응을 할지는 여전히 불확실하지만, 분명한 것은 위구르 탄압과 소수민족 억압이 현대 중국의 정치적 본질을 여실히 보여주고 있다는 점이다.

이로써 시진핑의 중국은 보다 폐쇄적이고 통제적인 사회로 나아가고 있으며, 이는 미래의 중국과 세계의 관계에 중요한 변수로 작용할 것이다.

34

모디의 힌두 민족주의와 인도 내 종교적 긴장

나렌드라 모디 총리 하의 인도는 '힌두 민족주의'라는 강력한 기치를 내걸고, 인도의 정체성을 힌두교 중심으로 재정립하려는 시도에 박차를 가하고 있다. 겉으로 보기엔 인도 국민당(BJP)의 '힌두 통합'이라는 단순한 구호 같아 보이지만, 그 이면에는 인도 내 종교적 갈등과 긴장을 촉발하는 중대한 문제가 깔려 있다. 힌두 민족주의는 종교적 차이와 다원주의를 오랫동안 자랑해온 인도의 역사적 유산에 정면으로 도전장을 내밀고 있는 셈이다.

힌두 민족주의의 부상 – 모디의 정치적 카드

모디 총리와 BJP가 내세운 힌두 민족주의는 단순한 이념 이상의 무언가다. 인도를 힌두교 국가로 만드는 것이 목표인 이 운동은 인도의 정체성을 힌두 문화에 맞춰 재구성하려는 시도로 볼 수 있다.

이는 힌두교도를 제외한 소수 종교, 특히 이슬람교와 기독교와의 갈등을 불러일으키고 있다. 힌두 민족주의는 '우리와 그들'이라는 구분을 강화하며, 인도를 힌두교 국가로 만들기 위해 다른 종교나 문화적 정체성은 점차 억압되고 있다.

모디와 BJP는 이러한 민족주의를 지지하는 이들의 지지를 기반으로 정권을 장악했다. 그러나 힌두 민족주의라는 강한 아이덴티티는 인도의 다원적인 종교 구조를 고려할 때, 오히려 분열을 초래할 위험이 크다. 힌두교도가 아닌 이들에게는 모디 정부의 정책이 배제와 차별로 다가오며, 이는 갈등을 더욱 심화시키고 있다.

힌두 민족주의는 종교적 긴장 – 타오르는 갈등의 불씨

인도는 종교적 다원주의의 본보기로 꼽혀 왔다. 그러나 모디 정부 하에서는 이슬람교도와 기독교도에 대한 혐오와 차별이 증가하고 있다. 힌두 민족주의를 내세우며 종교적 정체성을 강조하는 정책이 이슬람교도에 대한 폭력 사건을 부추기고 있다. 힌두 민족주의를 지지하는 일부 극단주의자들은 힌두교적 가치를 지킨다는 명분 하에 이슬람교도에 대한 공격을 정당화하고 있으며, 정부의 느슨한 대응은 오히려 이들의 과격한 행동을 부추기고 있다.

특히 '소와의 신성함'이라는 명목으로 이슬람교도가 연루된 폭력 사건은 점점 늘어나고 있다. 일부 힌두 민족주의자들은 소를 신성시하고, 이를 이유로 소와 관련된 행동을 문제 삼아 이슬람교도에 대한 폭력을 행사한다. 이는 종교적 긴장을 고조시키는 중요한 요인으로 작용하고 있으며, 인도 사회 전반에 불안정성을 초래하고 있다.

시민권법(CAA)과 국가등록법(NRC) – 차별의 법적 장치

2019년 모디 정부는 '시민권법(CAA)'을 통과시켰다. 이 법은 파키스탄, 방글라데시, 아프가니스탄에서 온 힌두교, 시크교, 불교, 자이나교, 기독교 등의 소수 종교인들에게 인도 시민권을 부여하는 내용을 담고 있지만, 이슬람교도는 제외된다. 이는 인도의 이슬람교도들에게 불공평한 대우를 의미하며, 많은 인권 단체와 이슬람교도들은 이를 강하게 비판하고 있다. 이와 더불어 시행된 국가등록법(NRC)은 인도 내 모든 시민의 신원을 확인하는 절차로, 이슬람교도들에게는 추가적인 불안 요소로 작용하고 있다.

이 법들은 겉으로는 인도 안보와 국적 관리 강화를 위한 조치처럼 보이지만, 실질적으로는 이슬람교도들에 대한 차별적 요소가 강하다. 이는 인도 내에서 소수자에 대한 불만을 고조시키며, 종교적 긴장을 더욱 심화시키고 있다.

폭력과 혐오 범죄 – 현실로 나타난 갈등

모디 정부 하에서 힌두 민족주의자들에 의한 폭력 사건이 증가하고 있으며, 이슬람교도들이 주요 타겟이 되는 경우가 빈번하다. 소와 관련된 문제를 이유로 이슬람교도를 공격하거나, 혐오 발언을 통해 갈등을 조장하는 사건들이 이어지고 있다. 이러한 폭력 사건은 인도 내 종교적 긴장을 더욱 악화시키며, 갈등의 골을 깊게 만든다.

힌두 민족주의가 강화되면서 이러한 폭력은 더욱 과감해지고 있으며, 정부의 느슨한 대응은 오히려 폭력을 조장하는 결과를 낳고 있다. 종교적 갈등은 일회성 사건으로 끝나지 않고, 서로에 대한 불신과 혐오를 확대하는 요인으로 작용하고 있다.

언론과 표현의 자유 제한 – 소리 없는 압력

모디 정부는 언론과 표현의 자유를 억압하며, 비판적인 목소리를 통제하고 있다. 힌두 민족주의에 반대하는 언론인과 활동가들이 탄압받고 있으며, 이는 인도 내에서 종교적 갈등에 대한 비판을 억제하는 결과를 낳고 있다. 이러한 통제는 종교적 갈등에 대한 논의를 제한하고, 정부가 원하는 방향으로 여론을 조작하는 수단으로 작용하고 있다.

종교적 소수자들에 대한 차별을 지적하는 언론인들이나 인권 단체들은 모디 정부의 감시와 압박 속에서 활동을 지속하기 어렵다.

이는 인도 내 민주주의의 퇴보를 의미하며, 종교적 긴장을 해결하기 위한 공론의 장을 막는 요인이 된다.

국제사회의 반응 – 인권 문제에 대한 압력

국제사회는 인도 내 종교적 긴장과 인권 문제에 대해 비판적인 시각을 유지하고 있다. 특히, 여러 인권 단체와 외국 정부들은 모디 정부의 정책을 비판하며, 인도 내 종교적 소수자에 대한 차별과 폭력을 우려하고 있다. 그러나 인도는 경제성장과 국제무대에서의 영향력 증가를 통해 이러한 비판을 무시하거나 최소화하려 하고 있다.

많은 국가들이 인도의 경제적 영향력을 고려해 직접적인 제재나 압박을 가하기를 주저하지만, 종교적 탄압과 인권 문제에 대한 비판은 여전히 이어지고 있다. 모디 정부는 자국의 주권을 강조하며 이러한 비판을 내정간섭으로 간주하고 있지만, 국제적 이미지 손상은 피하기 어려운 상황이다.

힌두 민족주의와 인도의 갈등의 방향

모디 총리의 힌두 민족주의와 그로 인한 종교적 긴장은 인도 사회의 통합과 민주주의에 큰 도전 과제가 되고 있다. 힌두 민족주의의 강화는 인도를 분열시키고, 종교적 소수자들에 대한 차별을 고착화시키고 있다. 이러한 상황은 인도의 정치적, 사회적 방향에 중대한 영향을 미치며, 종교적 갈등이 지속될 경우 인도의 민주주의와 평화에 장기적인 악영향을 미칠 것이다.

힌두 민족주의는 단순히 일시적인 현상이 아니라 인도의 정체성에 대한 깊은 논쟁을 불러일으키고 있다. 다양한 종교가 공존하는 인도에서 힌두교 중심의 국가 정체성은 다른 종교적 소수자들을 배제하며, 종교적 갈등을 더욱 심화시킬 가능성이 높다. 모디 정부가 이러한 갈등을 어떻게 해결할지, 그리고 인도의 민주주의가 이 상황 속에서 어떻게 발전해 나갈지는 앞으로의 중요한 과제가 될 것이다.

35

에르도안의 이슬람 부흥과 종교적 영향력 확대

에르도안 대통령이 걸어온 길은 단순히 튀르키예의 정치를 바꾸는 데 그치지 않았다. 그의 목표는 이슬람의 부흥을 통해 튀르키예를 새로운 시대의 이슬람 중심국가로 만드는 것이었다. 에르도안은 과거 세속주의의 중심이던 튀르키예를, 이슬람의 중심으로 재탄생시키기 위해 강력한 정책과 외교 전략을 구사하며 튀르키예 내외로 영향력을 확대하고 있다.

정치적 이슬람의 부상 – 세속주의와의 결별

에르도안은 2003년 총리직에 오르자마자 이슬람 정당인 정의개발당(AKP)을 통해 정치적 이슬람의 부흥을 주도했다. 튀르키예는 그동안 세속주의를 표방하며 종교와 국가를 철저히 분리해 왔지만, 에르도안은 이를 대대적으로 뒤엎었다. 그는 이슬람의 가치를 정치와 사회 전반에 통합하고자 하며, 전통적 가치관을 바탕으로 국가 정체성을 재정립하는 데 주력했다. '이슬람적 가치'라는 이름 아래 국가의 중심을 종교적 정체성으로 돌려놓겠다는 이 강한 의지는 튀르키예의 정체성에 중대한 변화를 예고했다.

종교 교육의 강화 – 젊은 세대에 뿌리내린 이슬람

에르도안 정부는 종교 교육을 강화하며 젊은 세대에게 이슬람을 뿌리내리기 위한 다양한 정책을 추진했다. 이슬람 교육 기관인 디야네트(Diyanet)는 젊은이들에게 이슬람 가르침을 전파하는데 핵심적인 역할을 맡았다. 마치 "우리 청소년은 신앙과 전통을 통해 성장해야 한다"는 메시지를 전달하듯, 에르도안은 종교적 정체성을 교육에 투영했다. 세속적 교육보다는 이슬람적 가치관을 강조하는 교육 체계가 확대되면서, 튀르키예의 미래 세대는 자연스레 전통적 가치관을 수용하도록 유도되었다.

공공 공간에서의 종교적 상징 – 시선을 사로잡는 상징적 변화

공공 공간에서 이슬람의 상징을 드러내는 에르도안의 정책은 튀르키예 사회에 신선한 변화를 불러일으켰다. 그는 이슬람 사원의 건축을 장려하고, 공공 행사에서 이슬람 기도를 포함시키며 종교적 색채를 강화했다. 이는 단순한 상징을 넘어 튀르키예 국민들에게 "우리는 이슬람 국가다"라는 메시지를 전달했다. 공공 공간 곳곳에 이슬람적 상징이 드러나면서, 튀르키예의 거리와 광장은 마치 전통과 현대가 교차하는 장소가 되었다. 이 변화는 종교가 튀르키예 일상에서 얼마나 큰 역할을 차지하고 있는지를 강조하며, 이슬람적 정체성이 강화된 모습을 보여주었다.

여성의 역할 변화 – 전통적 가치를 통한 사회적 변화

에르도안은 전통적인 이슬람 가치에 기반한 여성의 역할을 강조했다. 그의 정책은 한편으로는 일부 여성에게는 전통적 가치와 안정감을 제공하는 긍정적인 영향을 주었지만, 다른 한편으로는 여성의 권리와 자유를 제한한다는 비판을 받았다. 여성의 사회적 역할을 가정과 가족 중심으로 제한하려는 에르도안의 견해는, 자유로운 사회적 역할을 추구하는 여성들에게는 적잖은 반발을 불러일으켰다. "여성은 가정의 중심이어야 한다"는 그의 발언은 많은 논란을 불러일으켰고, 이는 현대적 여성의 역할을 재정립하려는 노력과 충돌을 일으켰다.

종교적 소수자와의 복잡한 관계 – 인권과 종교의 딜레마

에르도안 정부 하에서 튀르키예 내 종교적 소수자들, 특히 기독교인과 알

레비파(Shia) 커뮤니티와의 관계는 복잡하고 미묘한 양상을 띠고 있다. 정부는 이슬람 중심의 정책을 적극 추진하면서, 다른 종교 공동체들에 대해서는 상대적으로 제한적이고 엄격한 태도를 보여왔다. 이는 종교적 다양성을 포용하기보다는 이슬람을 우선시하는 경향으로, 종교적 소수자들의 인권 문제가 국제사회의 주목을 받고 있다. 에르도안은 이를 단순히 '튀르키예의 전통적 가치 보호'라는 명목으로 정당화하고 있지만, 인권 단체들의 비판과 압박은 점차 강해지고 있다.

국제적 영향력 확대 – 이슬람 세계의 리더로서의 튀르키예

에르도안은 이슬람 세계에서 튀르키예의 영향력을 확대하기 위해 다양한 외교 정책을 펼쳤다. 그는 이슬람 국가들과의 관계를 강화하고, 튀르키예가 이슬람 공동체 내에서 리더 역할을 담당하도록 주력했다. 이는 중동 및 북아프리카 지역의 정치적 동향에도 중요한 영향을 미치며, 튀르키예를 이슬람의 중심국가로 자리매김하려는 에르도안의 의지를 분명히 했다. 에르도안의 목표는 단순히 튀르키예의 힘을 과시하는 것이 아니라, 이슬람적 가치관을 바탕으로 한 강력한 연대와 지지를 확보하여, 이슬람 국가들과의 협력을 통해 서구 국가들에 맞설 수 있는 기반을 만드는 것이다.

사회적 분열과 정치적 긴장 – 세속주의와 이슬람주의의 충돌

에르도안의 이슬람 부흥 정책은 튀르키예 사회 내에서 사회적 분열을 촉발했다. 세속주의자들과 이슬람주의자들 간의 갈등이 심화되면서 정치적 긴장과 사회적 갈등이 고조되었다. 세속주의자들은 에르도안의 정책이 튀르키예의 세속적 가치를 훼손한다고 주장하며 반발하고 있으며, 이슬람주의자들은 에르도안을 지지하며 튀르키예의 전통적 가치를 강조하고 있다. 이는 튀르키예 내에서 민족주의적 긴장뿐만 아니라 세속적 자유와 종교적 가치의 충돌을 야기하며, 사회 전반에 걸친 갈등을 더욱 심화시키고 있다.

에르도안의 이슬람 부흥과 튀르키예의 미래

에르도안의 이슬람 부흥 정책은 튀르키예의 정체성과 정치적 방향성에 중대한 영향을 미치고 있다. 그의 정책은 종교와 국가의 결합을 통해 튀르키예를 이슬람 국가로서 다시 태어나게 하려는 야심찬 시도로, 튀르키예 국민들의 생활과 가치관에 큰 변화를 불러일으키고 있다. 그러나 이러한 변화는 튀르키예 내외로 많은 논란을 불러일으키며, 세속주의와 종교적 전통 간의 충돌을 더욱 격화시키고 있다.

튀르키예는 과연 에르도안의 비전 아래에서 새로운 이슬람 국가로 자리 잡을 수 있을 것인가, 아니면 세속주의와 이슬람주의 간의 충돌 속에서 균형을 찾으며 계속해서 나아갈 것인가? 에르도안의 정책이 튀르키예의 미래에 어떤 영향을 미칠지, 국제사회가 튀르키예를 어떻게 바라볼지에 대한 논의는 앞으로도 계속될 것이다.

36

트럼프의 반이민 정책과 미국 내 내부 갈등

도널드 트럼프가 펼친 반이민 정책은 그가 재임했던 '트럼프 1.0' 시기에 이미 뜨거운 논란의 중심이 되었고, 이제는 '트럼프 2.0' 시대를 맞으면서 이민자들 사이에 또다시 커다란 불안을 낳고 있다. 국가안보를 위한 조치라고 주장한 그의 강경한 정책들은 사실상 사회적 통합의 의미를 무색하게 하며, 미국 내 인종적 갈등을 증폭시킨 사례로 평가받고 있다. 이제, 트럼프의 반이민 정책과 그에 따른 인종 갈등의 여파를 살펴보자.

강경한 반이민 정책 – 국가안보인가, 이민자 배척인가?

트럼프는 집권 초기부터 여러 차례에 걸쳐 이민을 엄격하게 제한하는 조치를 발동했다. 2017년 1월, 그는 이란, 이라크, 리비아, 소말리아, 수단, 시리아, 예멘 등 주로 이슬람권 국가에서의 이민을 금지하는 행정명령을 내렸다. 표면상 '국가안보'를 위한 조치라는 포장은 씌웠으나, 많은 이들은 이를 미국의 다양성을 상징하는 가치를 훼손하고, 이슬람 혐오를 부추기는 차별적 조치로 인식했다. 이로 인해 미국 내 이민자 사회, 특히 이슬람 커뮤니티는 극도의 불안감 속에 놓이게 되었다.

또한, 트럼프는 불법 이민자 자녀에게 일종의 임시 보호 역할을 했던 DACA 프로그램을 폐지하려는 시도를 했다. 이 조치로 인해 수십만 명의 이민자 청년들이 본국으로 강제 송환될 위기에 처하면서, '꿈을 꾼다(Dreamers)'는 뜻에서 '드리머스(Dreamers)'라 불리는 이들이 갑작스레 꿈을 잃을 위기에 몰렸다. 트럼프의 방침에 따라 그들에게는 미국 땅에서의 안정적인 삶을 위한 방도가 하나둘씩 닫히고 있었다.

국경 장벽 – 이민자 차단의 상징적 조치

도널드 트럼프는 멕시코와의 국경에 장벽을 세워 불법 이민을 차단하겠다는 공약을 내세워 큰 주목을 받았다. 이 거대한 장벽 건설 계획은 트럼프의 강경한 반이민 정책을 상징적으로 보여주는 조치로, 수십억 달러의 예산이 투입되었다. 그러나 이러한 장벽 건설은 미국과 멕시코 간의 외교 관계에 긴장을 초래했으며, 미국 내에서도 인종적 차별 의식을 강화시키는 결과를 낳았다.

최근 들어, 트럼프는 재집권을 준비하며 국경 장벽 건설을 재개하겠다는 의지를 다시 한 번 강조하고 있다. 그는 취임 첫날부터 대규모 행정명령을 통해 불법 이민자 추방과 국경 장벽 건설을 추진할 계획을 밝히며, 이민 정책에 대한 강경한 입장을 고수하고 있다.

또한, 트럼프는 '국경 차르'로 톰 호먼 전 이민세관단속국(ICE) 국장 직무대행을 내정하며, 국경 통제와 감시를 강화하겠다는 의지를 보였다. 호먼은 불법 이민자 추방과 국경 장벽 건설을 위한 행정명령을 준비하고 있으며, 이는 트럼프 행정부의 이민 정책이 더욱 강경해질 것임을 시사한다.

이러한 움직임은 미국 내에서 이민자와의 갈등을 심화시키고, 인종적 차별 의식을 더욱 강화시킬 우려를 낳고 있다. 트럼프 1.0 시기의 국경 장벽 건설 계획은 불법 이민을 막고 미국인 일자리를 보호하겠다는 의도로 추진되었으나, 그 실효성에 대한 논란과 함께 사회적 갈등을 초래하고 있다.

이민자 단속 강화 – 추방과 공포의 일상화

도널드 트럼프는 2016년 대선 당시 멕시코와의 국경에 장벽을 건설하겠다는 공약을 내세워 큰 주목을 받았다. 그는 이 장벽이 불법 이민을 차단하고 미국인의 일자리를 보호할 것이라고 주장하며 지지자들의 열렬한 지지를 얻었다. 그러나 이 계획은 수십억 달러의 예산이 투입되었음에도 불구하고, 실제로는 국경의 일부 구간에만 장벽이 세워졌고, 그 효과에 대한 논란이 지속되었다. 또한, 멕시코와의 외교 관계에도 긴장을 초래하여 양국 간의 갈등을 심화시켰다. 트럼프의 이러한 강경한 반이민 정책은 미국 내 인종적 갈등을 부추기고, 사회적 분열을 심화시키는 결과를 낳았다.

트럼프 행정부는 불법 이민자 단속을 대대적으로 강화하여, 이민자 커뮤니티에 공포를 조성했다. 이민세관단속국(ICE)은 불법 이민자들을 적극적으로 추방하는 정책을 펼쳤으며, 이는 이민자들이 가정, 학교, 직장 등 일상생활에서조차 안전을 느끼지 못하게 만들었다. "어디서든 잡혀갈 수 있다"는 불안감은 이민자들 사이에서 일상화되었고, 법적 신분이 불안정한 이들은 공공장소에서조차 두려움을 느꼈다. 트럼프의 이러한 정책은 이민자들로 하여금 미국 사회에서 '환영받지 못하는 자들'이라는 자각을 강요하는 결과를 초래했다.

2024년 11월 14일 보도에 따르면, 트럼프 2기 행정부는 불법 이민자 구금시설의 수용 정원을 두 배로 늘릴 계획을 세우고 있다. 이는 이민세관단속국(ICE)의 대규모 단속 작전을 앞두고 수용 시설을 미리 확충하겠다는 취지로 해석된다. 현재 미국 내 불법 이민자 구금시설의 수용 정원은 약 4만 1천 명 수준이며, 이를 두 배로 늘리기 위해 교도소를 운영하는 민간 회사들과 접촉 중인 것으로 전해졌다.

또한, 트럼프 당선인은 취임 첫날 미국 역사상 최대 규모의 불법 이민자 추방을 개시할 것이라고 정권 인수팀 측이 밝혔다. 캐롤라인 래빗 정권 인수팀 대변인은 트럼프 당선인이 내년 1월 20일 취임 뒤 서명할 수십 개의 행정명령을 현재 정책 고문들이 작성하고 있으며, 이른바 '멕시코 잔류' 정책도 복원할 것이라고 밝혔다. 이 정책은 이민 희망자가 관련 절차를 밟을 동안 미국–멕시코 국경의 멕시코 쪽에 머물도록 하는 것이다.

이러한 일련의 정책들은 불법 이민자들에 대한 강경한 단속과 추방을 예고하고 있으며, 이로 인해 이민자 커뮤니티의 불안감이 더욱 증폭될 것으로 예상된다. 트럼프 행정부의 이러한 행보는 미국 내 이민자들 사이에서 공포를 일상화시키고, 사회적 갈등을 심화시킬 우려가 있다.

인종적 긴장의 심화 – 혐오 범죄의 증가

도널드 트럼프의 반이민 정책은 미국 사회 전반에 걸쳐 심각한 영향을 미쳤다. 그의 강경한 이민자 단속과 국경 장벽 건설은 이민자 커뮤니티에 공포를 조성하고, 인종적 긴장을 고조시켰다.

국경 장벽 – 이민자 차단의 상징적 조치

트럼프는 멕시코와의 국경에 장벽을 세워 불법 이민을 차단하겠다는 공약을 내세웠다. 이러한 조치는 미국 내 반이민 정서를 강화하고, 멕시코와의 외교 관계에도 긴장을 초래했다. 장벽 건설은 불법 이민을 막고 미국인 일자리를 보호하겠다는 의도로 추진되었으나, 이는 미국 내 인종적 차별 의식을 더욱 강화시키는 결과를 낳았다.

이민자 단속 강화 – 추방과 공포의 일상화

트럼프 행정부는 불법 이민자 단속을 대대적으로 강화하고, 대규모 추방 작전을 실시했다. 이는 이민자 커뮤니티에 두려움을 불어넣었으며, 가정에서 학교, 직장까지 모든 생활 공간이 감시와 추방의 위험 속에 놓이게 했다. 이러한 정책은 이민자들로 하여금 미국 사회에서 '환영받지 못하는 자들'이라는 자각을 강요하는 결과를 낳았다.

인종적 긴장의 심화 – 혐오 범죄의 증가

트럼프의 반이민 정책과 강경 발언은 미국 내 인종적 긴장을 고조시켰다. 그의 언사는 백인우월주의자와 극단주의자들에게 힘을 실어주는 효과를 가져왔으며, 이에 따라 인종차별과 혐오 범죄가 증가했다. 특히 아시아계, 히스패닉계 이민자들에 대한 혐오 범죄가 빈번해지면서, 미국 내 인종적 갈등은 심화되었다.

트럼프의 반이민 정책은 미국 사회에 깊은 상처를 남겼으며, 이는 현재까지도 지속되고 있다. 이러한 정책의 부작용을 최소화하고 사회 통합을 이루기 위한 노력이 필요하다.

미디어와 정치적 분열 – 공공 담론의 분열 가속화

도널드 트럼프의 반이민 정책은 미국 내 미디어와 정치 담론의 분열을 심화시켰다. 보수 성향의 미디어는 이러한 정책을 국가안보와 법적 질서를 위한 필수 조치로 지지하며, 트럼프의 강경한 이민자 추방 계획을 긍정적으로 보도했다. 반면, 진보 성향의 미디어는 이를 인종적 불평등과 차별로 규정하며 강하게 비판했다. 이러한 미디어의 양극화된 보도는 대중 사이에서도 편 가르기 현상을 초래하여, 이민 문제에 대한 논의가 점차 극단화되었다. 트럼프의 발언과 정책이 발표될 때마다 진영을 불문하고 열띤 논쟁이 벌어졌으며, 이는 미국 사회 전반에 깊은 갈등을 유발했다.

예를 들어, 트럼프 행정부의 불법 이민자 대규모 추방 계획은 보수 언론에서 국가안보 강화를 위한 필수 조치로 보도되었지만, 진보 언론에서는 인도주의적 위기를 초래할 수 있다는 우려를 제기했다. 이러한 상반된 보도는 대중의 인식을 양분화시켰고, 이민 정책에 대한 사회적 갈등을 심화시켰다.

또한, 트럼프의 반이민 정책은 미국 내 인종적 긴장을 고조시켰다. 그의 강경 발언과 정책은 백인우월주의자와 극단주의자들에게 힘을 실어주는 효과를 가져왔으며, 이에 따라 인종차별과 혐오 범죄가 증가했다.

특히 아시아계, 히스패닉계 이민자들에 대한 혐오 범죄가 빈번해지면서, 미국 내 인종적 갈등은 심화되었다. 트럼프가 특정 이민자나 종교 집단을 범죄와 연결 짓는 발언을 할 때마다, 이는 일부 극단적 집단에게 인종적 공격의 명분을 제공했다.

이러한 미디어와 정치적 분열은 공공 담론의 분열을 가속화시켰으며, 미국 사회의 통합을 저해하는 요인으로 작용했다. 트럼프의 반이민 정책은 단순한 이민 문제를 넘어, 미국 사회 전반에 걸친 깊은 갈등을 유발하는 촉매제가 되었다.

사회적 불안정 – 두려움 속에 살아가는 이민자들

트럼프 행정부의 반이민 정책은 미국 사회에 깊은 불안정을 초래했다. 이민자 커뮤니티는 마치 '살아 있는 표적'처럼 스스로를 보호해야 하는 상황에 처했고, 그들의 삶은 단순히 불안이라는 단어로는 설명할 수 없는 혼란에 휩싸였다. 신분이 불안정한 이민자들은 일상 속에서 추방의 두려움을 안고 살아갔으며, 합법적인 이민자들도 차별과 배척의 시선에 시달리게 되었다. 이러한 불안정은 결국 미국 사회의 결속력을 약화시키는 요소로 작용했고, 사회적 통합이라는 과제는 점차 멀어져만 갔다.

트럼프 대통령은 2017년 1월 25일, 불법 이민자 추방을 강화하는 행정명령에 서명했다. 이로 인해 이민세관단속국(ICE)은 불법 체류자에 대한 단속을 대폭 강화했고, 이는 이민자 커뮤니티에 큰 충격을 주었다. 2018년에는 '무관용 정책'이 도입되어, 불법 입국 시 부모와 자녀를 분리하는 조치가 시행되었다. 이러한 정책은 많은 비판을 받았으며, 가족 분리로 인한 심리적 트라우마와 사회적 불안이 증가했다.

2020년 6월, 트럼프 행정부는 학생 비자 소지자들이 온라인 수업만 듣는 경우 비자를 취소하겠다는 방침을 발표했다. 이는 코로나19 팬데믹으로 인해 온라인 수업이 불가피한 상황에서 많은 유학생들에게 큰 불안을 안겨주었다. 이러한 정책들은 이민자들과 그 가족들에게 지속적인 두려움과 불안을 조성하며, 미국 사회의 분열을 심화시켰다.

갈등과 분열 속에서 남겨진 과제

트럼프의 반이민 정책은 미국 사회에 깊은 영향을 미쳤다. 그의 강경한 이민자 단속과 추방 정책은 이민자 커뮤니티에 공포와 불안을 조성했다. 이러한 정책은 이민자들이 일상생활에서 추방의 두려움을 느끼게 했으며, 이는 사회적 불안정으로 이어졌다. 트럼프의 반이민 정책은 미국 내 인종적 긴장을 고조시켰다. 그의 발언과 정책은 백인우월주의자와 극단주의자들에게 힘을 실어주었고, 이에 따라 인종

차별과 혐오 범죄가 증가했다. 특히 아시아계, 히스패닉계 이민자들에 대한 혐오 범죄가 빈번해지면서, 미국 내 인종적 갈등은 심화되었다. 트럼프의 반이민 정책은 미국 내 미디어와 정치 담론을 더욱 분열시켰다. 보수적 미디어는 그의 정책을 국가안보와 법적 질서를 위한 필수 조치로 지지했지만, 진보적 미디어는 이를 인종적 불평등과 차별 문제로 지적하며 강하게 비판했다.

이러한 미디어의 이분법적 담론은 일반 대중 사이에서도 편 가르기 현상을 불러일으켰고, 이민 문제에 대한 논의는 점차 극단화되었다. 트럼프의 반이민 정책은 미국 사회의 결속력을 약화시키는 요소로 작용했다. 이민자 커뮤니티는 차별과 배척의 시선에 시달리게 되었고, 이는 사회적 통합이라는 과제를 더욱 어렵게 만들었다. 트럼프 2.0 시대를 바라보며, 우리는 그가 다시금 이러한 강경 정책을 재추진할 가능성을 마주하고 있다. 그의 반이민 정책이 가져온 인종적 갈등과 사회적 분열의 여파는 여전히 현재 진행형이며, 미래에도 미국 사회의 중요한 논쟁거리로 남을 것이다.

트럼프 2.0 시대와
스트롱맨들

지도자들의 미래 비전

- 강력한 지도자들은 각각의 비전을 통해 국가적 목표를 설정하고 방향성을 제시.
- '위대한 국가', '자주적 강국', '민족적 통합' 등 각국의 지도자들은 자국 중심의 미래 비전을 추구.
- 이 비전들은 경제성장, 군사력 강화, 정치적 영향력 확대와 같은 장기 전략에 기반함.

정치적 유산의 영향

- 이들 지도자의 정책과 통치는 후대에까지 지속적인 영향을 미칠 가능성이 큼.
- 예를 들어, 권위주의적 통치 방식, 민족주의 강화, 경제적 자립 등은 다음 세대 지도자들에게도 영향을 미침.
- 이러한 유산은 자국민에게 자부심을 심어줄 수 있지만, 외부와의 갈등 요인이 되기도 함.

정치적 유산의 긍정적·부정적 평가

- 경제성장과 국가 정체성 확립 등 긍정적인 유산도 있으나, 권위주의 강화, 내부 억압, 외교적 긴장 등의 부정적 영향도 존재.
- 자국 우선주의와 폐쇄적 정책이 사회의 다양성과 국제 관계에 미치는 영향은 복잡.

국제적 관계와 세계 정치에 미치는 유산

- 이들의 정책은 국제질서에도 변화를 초래하며, 다자주의에서 벗어난 자국 중심 외교가 두드러짐.
- 주요국 간 갈등과 경쟁이 심화되고, 국제적 협력보다는 각국의 영향력 확보에 중점.

미래 세대의 과제

- 강력한 지도자들이 남긴 유산을 바탕으로 사회 통합과 국제적 조화를 이루는 것이 미래 세대의 주요 과제.
- 지속 가능한 성장과 협력, 인권 보호를 위한 새로운 접근이 요구됨.

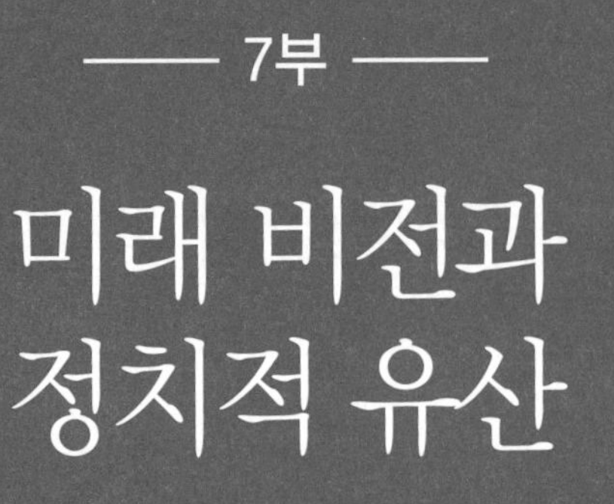

7부

미래 비전과 정치적 유산

37

트럼프의 귀환은 자본주의의 위기인가?

도널드 트럼프의 귀환은 단순히 정치적 복귀로 끝나는 문제가 아니다. 그의 재등장은 국제질서, 경제정책, 그리고 자본주의 시스템 전반에 걸쳐 엄청난 변화를 가져올 수 있는 파괴적 요소다. 이는 그가 추구하는 미국 우선주의와 보호무역주의 기조에서 명백히 드러난다. 트럼프가 제시하는 새로운 경제 질서가 자본주의에 어떤 도전을 제기할 수 있을지 살펴보자.

자본주의의 기본 원칙과 트럼프주의의 충돌

도널드 트럼프의 재선은 자본주의의 위기를 초래할 수 있는가? 이 질문은 그의 경제정책이 전통적인 자유주의 경제 원칙과 어떻게 충돌하는지를 살펴보는 데서 시작된다. 트럼프는 보호무역과 자국 중심의 산업 보호를 강조하며, 전후 80년 동안 유지된 자유주의 국제질서와 신자유주의적 자본주의에 정면으로 도전하는 행보를 보였다. 그의 정책은 세계무역기구(WTO)의 역할을 축소시키고, 자유무역협정(FTA)을 흔들리게 하며, 글로벌 통상 체제의 축을 약화시키는 결과를 초래했다.

트럼프의 귀환은 이러한 흐름을 가속화할 가능성이 크다. 공급망 재편과 탈세계화(deglobalization)의 흐름 속에서 그는 '미국 우선'이라는 구호 아래 미국 내 제조업 부흥을 꾀하고 있다. 이는 단기적으로 미국 경제의 성장을 자극할 수 있지만, 장기적으로는 세계 자본주의의 상호 의존 구조를 약화시킬 위험을 내포하고 있다. 특히, 미국의 보호무역주의 강화는 다른 국가들의 보복 관세를 유발하여 글로벌 무역 전쟁을 촉발할 수 있으며, 이는 세계 경제의 불확실성을 증대시키고 자본주의 시스템의 안정성을 위협할 수 있다.

또한, 트럼프의 경제정책은 사회적 불평등을 심화시킬 수 있다. 그의 세금 감면 정책은 주로 고소득층과 대기업에 혜택을 주었으며, 이는 부의 불평등을 더욱 확대시켰다. 이러한 불평등은 사회적 긴장을 초래하고, 자본주의 시스템에 대한 대중의 신뢰를 약화시킬 수 있다. 트럼프의 귀환이 이러한 정책을 지속하거나 강화한다면, 자본주의의 지속 가능성에 대한 우려는 더욱 커질 것이다.

트럼프의 귀환은 자본주의의 위기를 초래할 수 있는 여러 요인을 내포하고 있다. 그의 보호무역주의와 자국 중심의 경제정책은 글로벌 통상 체제를 약화시키고, 사회적 불평등을 심화시킬 수 있으며, 이는 자본주의 시스템의 안정성과 지속 가능성에 부정적인 영향을 미칠 수 있다. 따라서, 트럼프의 귀환이 자본주의의 위기로 이어질지 여부는 그의 정책이 실제로 어떻게 구현되고, 그에 대한 국내외의 대응이 어떠한지에 따라 결정될 것이다.

보호무역주의와 '트럼프 트레이드'

트럼프 행정부 1기에서 보호무역주의는 미국의 경제정책 중심에 자리 잡았다. 특히, 중국과의 무역 전쟁은 트럼프가 세계 자본주의 체제를 자신의 방식으로 재편하려는 의도를 명확히 보여주는 상징적인 사건이었다. 그는 중국산 제품에 고율의 관세를 부과하며 불공정한 무역 관행을 시정하겠다고 주장했다. 이러한 조치는 단순히 미국의 경제적 이익을 보호하기 위한 것이 아니라, 글로벌 경제의 규칙을 미국 중심으로 재정의하려는 시도로 해석되었다. 트럼프의 재집권은 이 기조를 더욱 강력히 밀어붙이는 결과를 초래할 가능성이 크다.

트럼프는 '미국 우선주의'를 기반으로 한 통상 정책을 더욱 강화하고, 자국 산업 보호를 위해 관세를 경제적 무기로 활용할 가능성이 높다. 예를 들어, 그는 제조업 부활을 강조하며 글로벌 기업들이 미국 내에서 생산 및 투자하도록 압박할 가능성이 크다. 이러한 전략은 단기적으로 미국 경제와 노동 시장에 긍정적인 효과를 가져올 수 있지만, 장기적으로는 다른 나라들과의 무역 관계를 악화시키고 글로벌 공급망의 혼란을 야기할 수 있다. 이는 미국 내에서도 특정 산업의 성장과 다른 산업의 침체라는 혼합된 결과를 초래할 수 있다.

트럼프의 보호무역정책은 이미 단기적인 시장 반응을 통해 경제적 파급력을 보여준 바 있다. 2018년 관세 정책 발표 뒤, 특정 산업군의 주가가 급등하거나 하락하는 사례는 그의 경제정책이 단기적인 기대감을 자극할 수 있음을 보여준다. 그러나 장기적으로는 더 큰 리스크가 도사리고 있다. 무역 장벽의 증가와 글로벌 경제의 탈동조화(decoupling)는 자본 흐름의 왜곡을 초래하고, 세계 경제를 분절화된 블록으로 나눌 가능성을 키운다. 이러한 변화는 특히 개도국과 같이 글로벌 공급망에 의존도가 높은 국가들에 심각한 영향을 미칠 수 있다.

최근 보도에 따르면, 트럼프는 미국 기업들이 해외 공장을 철수하고 본국으로 돌아오도록 하는 '리쇼어링(reshoring)' 정책을 더 강하게 추진할 계획이다. 이와 함께, 중국에 대한 추가 관세 부과와 기술 탈취 방지 조치 강화도 그의 경제정책 핵심으로 예상되고 있다. 이는 미·중 간 기술 패권 경쟁을 더욱 심화시키고, 세계 경제의 기술 및 자본 흐름을 재편성할 가능성이 높다. 그러나 이는 동시에 글로벌 기술 혁신의 속도를 저하시킬 위험도 내포한다.

트럼프의 보호무역주의와 '트럼프 트레이드'는 자본주의 체제의 기존 원칙에 도전하며 새로운 경제 질서를 형성하려는 시도로 볼 수 있다. 이는 단기적으로는 미국 경제에 긍정적인 영향을 미칠 수 있지만, 세계 경제의 분절화와 자본 흐름의 왜곡을 초래하며 장기적인 불확실성을 증대시킬 가능성이 크다. 트럼프가 이끄는 보호무역주의는 국제 통상 체제에 대한 새로운 도전을 의미하며, 이는 결국 글로벌 경제의 근본적인 변화를 초래할 중요한 요소가 될 것이다.

정치적 불안정성과 자본주의의 신뢰 위기

트럼프의 귀환은 정치적 양극화를 한층 더 심화시키며, 자본주의 체제의 핵심 기반인 신뢰를 약화시킬 가능성을 내포하고 있다. 그의 직설적이고 대립적인 리더십 스타일은 대내외적으로 불확실성을 증폭시키고, 이는 곧 투자 환경과 시장 안정성에도 부정적인 영향을 미친다. 트럼프는 NATO 동맹국들에게 방위비 분담금 증액을 압박하며 동맹 관계를 경제적 이익으로 저울질하는 태도를 보였다. 이러한 접근은 단기적으로는 미국의 경제적 이익을 극대화하려는 전략으로 보이지만, 장기적으로는 동맹국들의 신뢰를 약화시키며 국제질서에 혼란을 초래하고 있다.

최근 보도에 따르면, 트럼프는 NATO에 대한 미국의 안보 공약을 축소하거나 조건부로 제한할 가능성을 시사하며 동맹국들에게 더 많은 방위비를 요구할 계획을 세우고 있다. 이러한 발언은 유럽 내 동맹국들에게 경고로 받아들여지며, 그들의 자주적 방위 역량을 강화하려는 움직임을 촉진하고 있다. 그러나 이 과정에서 유럽 국가들과 미국 간의 긴장은 커지고 있으며, 이는 글로벌 시장에서의 불안정을 심화시키는 요인으로 작용하고 있다.

정치적 불안정성이 심화됨에 따라 글로벌 자본주의 체제에 대한 신뢰는 점차 약화되고 있다. 미국과 동맹국 간의 관계 변화는 투자자들에게 새로운 리스크로 작용하고 있다. 최근 발표된 국제통화기금(IMF)의 보고서에 따르면, 글로벌 경제는 이미 미·중 기술 패권 경쟁, 보호무역 강화, 에너지 공급망 불안정 등으로 다층적인 압박을 받고 있다. 트럼프의 귀환은 이러한 압박을 가속화하며 투자 심리를 더욱 위축시킬 가능성이 높다. 예를 들어, 2025년 중금리-중물가 시대의 도래가 예고되는 상황에서, 트럼프의 강경한 무역정책과 대외적 대립은 글로벌 경제성장의 발목을 잡을 수 있다는 우려가 커지고 있다.

트럼프의 리더십 스타일은 단순히 미국 내 정치적 불안을 넘어 글로벌 경제에 광범위한 영향을 미친다. 그의 경제정책은 보호무역을 강화하고 동맹국들에게 경제적 부담을 전가하려는 방향으로 전개되고 있다. 이는 투자자들 사이에서 신뢰 위기를 조장하며, 글로벌 자본 시장의 변동성을 증대시킨다. 2018년 무역전쟁 당시 미국 증시가 단기적으로 급등했지만, 이후 글로벌 시장은 장기적인 혼란과 공급망 재편이라는 대가를 치렀던 것이 대표적인 사례다.

트럼프의 귀환은 정치적 불안정성과 자본주의 체제에 대한 신뢰 위기를 심화시킬 가능성이 높다. 그의 강경하고 직설적인 정책은 단기적으로는 미국의 경제적 이익을 강화하는 듯 보이지만, 장기적으로는 글로벌 경제에 불안정을 초래하며 자본주의 체제의 핵심 원칙인 시장 안정성과 신뢰를 훼손할 위험을 내포하고 있다. 이러한 상황에서 글로벌 경제는 보다 예측 불가능한 변동성에 직면할 가능성이 크며, 이는 세계 자본주의의 지속 가능성에 새로운 도전을 제기한다.

중금리중물가 시대와 자본주의의 미래

2025년은 중금리와 중물가가 공존하는 시대가 도래할 것으로 예상되며, 이는 전 세계 경제에 새로운 도전 과제를 안길 것이다. 트럼프의 경제정책은 저금리와 높은 부채를 기반으로 한 경제성장 모델을 중심에 두고 있지만, 이러한 정책이 장기적으로 지속 가능할지는 의문이다. 그는 감세와 재정지출 확대를 통해 경기부양을 꾀하려는 전략을 구사하고 있지만, 이는 단기적인 경제성장을 촉진하는 대신 물가상승 압력을 한층 더 키울 위험을 내포하고 있다.

최근 보고에 따르면, 미국 내 인플레이션 상승세가 완화되지 않고 있으며, 특히 식료품과 주거비용 등 필수 소비재의 가격 상승이 서민층의 경제적 부담을 가중시키고 있다. 트럼프가 추진했던 감세 정책과 재정 확대는 부유층과 대기업에게는 혜택을 주지만, 그 대가로 서민층은 높은 물가와 금리 부담 속에서 경제적 고통을 겪고 있다. 특히, 2025년 중금리 시대가 본격화되면서 대출 상환 부담이 증가하고, 이는 소비 위축과 함께 경제성장의 발목을 잡을 가능성이 크다.

중금리 시대의 도래는 금융시장에도 상당한 변화를 가져올 전망이다. 팬데믹 이후 지속된 초저금리 정책은 부채를 기반으로 한 기업의 투자를 촉진했지만, 금리가 상승하면서 채무 이자를 감당하지 못하는 기업이 늘어나고 있다. 최근 미국 채권시장에서 디폴트율이 상승하고 있다는 분석은 이러한 추세를 방증한다. 특히, 트럼프의 재정 정책은 인플레이션 관리에 어려움을 겪게 만들 가능성이 크며, 이는 연방준비제도(Fed)가 금리 인상을 지속적으로 추진하도록 압박하는 요인으로 작용하고 있다.

중물가 시대는 자본주의 체제의 지속 가능성에 새로운 도전을 제기한다. 물가상승이 지속되면 구매력이 약화되고, 이는 소비자 심리를 위축시키며 기업의 매출 감소로 이어질 수 있다. 또한, 불평등이 심화되는 상황에서 서민층의 경제적 고통은 대중의 체제에 대한 불만을 증폭시킬 수 있다. 실제로, 최근 미국 내 조사에서는 국민 대다수가 물가상승과 경제 불평등을 주요 사회문제로 지적하고 있으며, 이는 자본주의 체제 전반에 대한 신뢰 저하로 이어지고 있다.

트럼프의 감세 정책은 기업과 부유층에게는 혜택을 제공하지만, 사회 전반의 구조적 불평등을 완화하기보다는 오히려 심화시킬 위험을 내포하고 있다. 특히, 재정지출 확대와 감세로 인한 재정적자는 중장기적으로 경제의 안정성을 위협할 수 있다. 최근 발표된 자료에 따르면, 미국의 국가 부채는 GDP 대비 120%를 넘어섰으며, 이는 차세대 경제 환경에 심각한 제약을 가할 것으로 예상된다.

2025년 중금리·중물가 시대는 자본주의 체제에 심각한 도전을 제기할 것이다. 트럼프의 경제정책이 단기적으로는 성장 촉진 효과를 가져올 수 있지만, 장기적으로는 불평등과 인플레이션, 재정적자의 악순환 속에서 체제에 대한 대중의 신뢰를 약화시킬 가능성이 크다. 이러한 시대적 변화는 자본주의가 더욱 포용적이고 지속 가능한 방향으로 전환할 필요성을 강조하며, 정책적 대응이 실패할 경우 체제 전반에 구조적 위기가 초래될 가능성을 내포하고 있다.

사회적 불평등과 자본주의의 도전

트럼프의 경제정책은 소득 불평등 문제를 더욱 악화시킬 가능성이 높다. 그의 대규모 감세 정책은 대기업과 부유층에게 혜택을 집중시키며, 경제 부양책 역시 대기업 중심으로 설계되어 있다. 반면, 저소득층과 중산층은 이러한 정책에서 상대적으로 소외되고 있으며, 이러한 격차는 점점 심화되고 있다. 최근 데이터에 따르면, 미국 내 상위 1%가 전체 부의 약 33%를 보유하고 있으며, 이는 팬데믹 이전보다 증가한 수치다. 트럼프의 귀환 이후 이와 같은 불평등 구조는 더 고착화될 가능성이 있다.

대표적인 사례로 2017년 트럼프 행정부가 시행한 대규모 감세 정책을 들 수 있다. 당시 법인세율은 35%에서 21%로 대폭 하락했으며, 이는 대기업의 수익을 크게 증가시켰다. 예컨대, 애플과 아마존 같은 거대 기업들은 감세 이후 수십억 달러의 추가 수익을 얻었지만, 저소득층에게는 직접적인 혜택이 거의 돌아가지 않았다. 더 나아가, 이 같은 감세 정책은 재정적자를 증가시키며 사회복지 예산 삭감으로 이어졌고, 이는 저소득층과 중산층의 부담을 가중시켰다.

부유층에 유리하게 설계된 정책은 자본주의 체제에 대한 대중의 반감을 키우고 있다. 최근 퓨 리서치 센터의 조사에 따르면, 미국인의 65%가 "경제 시스템이 공정하지 않다"고 응답했으며, 이 비율은 젊은 세대에서 더욱 높게 나타났다. 불평등이 심화되면서 노동자 계층과 중산층은 자신의 삶이 더 나아질 것이라는 희망을 잃어가고 있다. 이는 자본주의 체제의 근본적 신뢰를 흔드는 요인으로 작용하고 있다.

트럼프의 감세 정책은 교육, 의료, 사회복지 예산 삭감으로 이어지며 공공서비스의 질을 낮추고 있다. 예를 들어, 연방정부 차원의 식료품 지원 프로그램인 SNAP(Supplemental Nutrition Assistance Program)의 예산은 대폭 삭감되었으며, 이는 약 300만 명의 저소득층 가정에 직접적인 영향을 미쳤다. 이는 소득 불평등뿐 아니라 기회 불평등까지 심화시키며, 사회적 긴장을 높이는 결과를 초래하고 있다.

이러한 불평등 구조는 중장기적으로 자본주의 체제의 안정성을 위협할 수 있다. 부유층의 경제적 지배력이 커질수록 정치적 영향력 또한 집중되며, 이는 정책 결정 과정에서 더 큰 불평등을 초래할 수 있는 악순환을 만든다. 예컨대, 대기업 로비 활동의 증가와 이로 인한 규제 완화는 환경보호, 노동권 강화 등 공공의 이익을 저해하는 방향으로 작용하고 있다. 이는 궁극적으로 자본주의 체제의 포용성을 훼손하고, 대중의 불만과 저항을 불러일으킬 수 있다.

트럼프의 경제정책은 단기적으로는 경기부양 효과를 가져올 수 있으나, 장기적으로는 사회적 불평등과 자본주의 체제의 불안정을 심화시킬 가능성이 크다. 부유층과 대기업 중심의 정책이 지속된다면, 이는 사회적 분열과 경제적 긴장을 키우며 자본주의 체제 전반에 대한 신뢰를 약화시킬 것이다. 이러한 도전은 자본주의가 더욱 포용적이고 평등한 방향으로 나아가기 위한 구조적 개혁이 필요함을 강하게 시사한다.

대중의 반응과 자본주의의 내구성

트럼프의 귀환은 대중의 반응을 극명하게 갈라놓고 있다. 그의 지지자들은 트럼프를 '경제적 부흥의 주역'으로 찬양하며, 그의 재임 시절 증시 급등과 고용률 상승을 근거로 들어 그가 미국 경제를 살릴 적임자라고 믿고 있다. 특히, 제조업과 에너지 산업에 종사하는 이들은 그의 '미국 우선주의' 정책이 자국 내 일자리를 창출하고 산업 경쟁력을 회복시킬 것이라는 기대를 품고 있다. 그러나 이러한 기대감은 그의 경제 정책이 장기적으로 자본주의 시스템을 약화시킬 수 있다는 우려와 함께 공존한다.

트럼프의 정책에 반대하는 이들은 그의 보호무역주의와 대기업 중심의 감세 정책이 불평등을 심화시키고 있다고 비판한다. 이러한 정책은 상위 소득층과 대기업에 불균형적인 이익을 가져다주며, 중산층과 저소득층은 상대적으로 소외되고 있다. 2017년의 대규모 감세 정책 이후 미국 내 소득 격차는 더욱 확대되었으며, 코로나19 팬데믹 이후에는 이러한 격차가 더 심화되었다. 최근 발표된 미국 인구조사국 자료에 따르면, 2023년 기준 미국의 빈곤율은 12.4%로 증가했으며, 이는 팬데믹 전보다도 높은 수치다. 트럼프의 재선은 이러한 불평등을 더욱 고착화할 것이라는 우려를 낳고 있다.

트럼프가 부활시킨 보호무역주의는 대중의 경제적 안정감에도 영향을 미치고 있다. 한편으로는 자국 산업을 보호하고 일자리를 늘릴 수 있다는 기대를 키우지만, 동시에 수입 물품의 가격 상승과 공급망의 단절로 인해 소비자 물가가 오를 가능성도 내포하고 있다. 2025년이 '중금리 – 중물가 시대'로 진입할 것이라는 경제 전문가들의 경고는 이러한 우려를 뒷받침한다. 예를 들어, 2024년 초부터 미국 내 자동차 부품과 가전제품의 가격이 상승세를 보이고 있으며, 이는 대중의 경제적 불안감을 증폭시키고 있다.

트럼프의 귀환은 정치적 양극화를 더욱 심화시키며 자본주의 체제에 대한 대중의 신뢰에 직접적인 도전장을 내밀고 있다. 최근 발표된 퓨 리서치 센터의 조사에 따르면, 미국인 62%가 "현재의 경제 체제가 소수의 이익을 위해 설계되어 있다"고 믿고 있으며, 이는 젊은 세대에서 특히 높게 나타난다. 이런 불신은 단순히 경제적 불평등 때문만이 아니라, 트럼프의 경제정책이 기후변화, 사회적 복지, 그리고 교육 기회 같은 공공재를 경시하는 데서 기인한다는 분석도 있다.

대중의 반응은 단순히 트럼프 개인을 향한 것이 아니라, 자본주의 체제 자체의 내구성과 신뢰를 시험하는 지표로 작용하고 있다. 자본주의는 상호 신뢰와 협력을 기반으로 발전했지만, 트럼프식 리더십은 대립과 경쟁을 강조하며 이러한 기본 전제를 흔들고 있다. 특히, 보호무역주의와 탈세계화의 흐름은 글로벌 자본주의 체제의 상호 의존성을 약화시키며, 이는 국제적 신뢰를 기반으로 구축된 자유주의 경제 질서에 치명적인 타격을 줄 수 있다.

트럼프의 귀환은 단순히 한 명의 정치 지도자의 부활을 넘어, 자본주의 체제 전반에 대한 대중의 신뢰를 시험하는 중요한 시점으로 해석될 수 있다. 대중이 자본주의에 대한 신뢰를 상실하면, 이는 투자 감소, 소비 위축, 정치적 불안정으로 이어지며 자본주의 자체의 위기를 초래할 수 있다. 따라서 트럼프의 정책이 가져올 경제적 변화는 단기적인 성장과 장기적인 체제 안정성 간의 균형을 어떻게 맞출 것인지에 대한 중요한 질문을 던지고 있다.

위기인가 기회인가

트럼프의 귀환은 자본주의에 도전적인 환경을 조성하며 글로벌 경제 질서의 방향성을 다시금 논의하게 하고 있다. 그의 보호무역주의, 불평등 심화 정책, 그리고 정치적 불안정은 자본주의 체제의 지속 가능성을 심각하게 시험대에 올려놓고 있다. 그러나 이는 단순히 위기로만 치부될 사안이 아니다. 이러한 변화는 새로운 경제 질서를 모색하고, 각국이 기존의 국제 경제 체제를 재편성할 기회로도 작용할 수 있다. 트럼프의 정책이 가져온 전환점은 단순히 과거 정책의 반복이 아닌, 전 세계가 새로운 방향성을 찾는 계기가 될 가능성이 있다.

트럼프의 보호무역주의는 WTO와 자유무역협정(FTA) 같은 기존의 국제 경제 체제의 근본을 뒤흔들고 있다. 미국이 중심이 되었던 자유주의 경제 질서는 그동안 세계 경제의 안정성을 지탱하는 기반 역할을 해왔다. 그러나 트럼프는 이를 '불공정한 경제 구조'로 규정하며, 미국의 이익에 부합하지 않는다고 판단했다. 그의 귀환은 관세를 통해 자국 산업을 보호하고 글로벌 기업들에게 미국 내 투자를 강요하는 정책을 더욱 강화할 가능성을 시사하고 있다. 최근 그의 발언은 "미국 노동자들이 가장 먼저 보호받아야 한다"는 메시지를 반복적으로 강조하며, 글로벌 공급망에 대한 새로운 압박을 암시하고 있다.

예컨대, 2024년 대선 이후 테슬라와 같은 미국 내 제조업체들은 자국 내 투자 확대와 미국 노동자 고용 증대를 요구받고 있다. 이러한 압박은 단기적으로는 미국 경제에 긍정적인 효과를 미칠 수 있지만, 장기적으로는 글로벌 공급망의 단절과 시장 분열을 초래할 수 있다. 특히, 중국과의 무역 전쟁이 다시 격화될 경우, 전 세계는 더 강한 경제적 불확실성에 직면하게 될 것이다. 〈월스트리트저널〉에 따르면, 글로벌 기술 기업들이 미국과 중국의 갈등 속에서 양국 간 중립을 지키기 위해 동남아시아로 생산 기지를 옮기고 있다고 보도했다. 이는 공급망 재편이라는 기회이기도 하지만, 동시에 글로벌 경제의 불안 요소로 작용하고 있다.

정치적 불안정 역시 자본주의 체제를 위협하는 주요 요인이다. 트럼프의 대외 정책은 동맹국들에게 경제적 부담을 전가하며, 글로벌 신뢰를 약화시키는 결과를 낳았다. NATO 동맹국들에게 방위비 증액을 요구하거나, 기존 동맹 관계를 단순한 경제적 저울질 대상으로 여기는 트럼프의 접근 방식은 세계 정치의 균열을 초래하고 있다. 유럽연합(EU) 외교관들은 트럼프의 귀환이 기존 동맹 체제에 새로운 긴장과 불확실성을 더할 것이라고 경고하며 대응 전략을 강화하고 있다. 이는 단순히 미국과 유럽 간의 문제를 넘어, 글로벌 자본주의 체제의 상호 신뢰 기반을 약화시키는 요인으로 작용할 수 있다.

그럼에도 불구하고, 트럼프의 정책은 위기와 동시에 기회로 작용할 가능성을 가지고 있다. 보호무역주의는 일부 국가들에게 자국 산업을 보호하고, 지역 내 경제 협력을 강화할 새로운 기회를 제공할 수 있다. 또한, 탈세계화(deglobalization)의 흐름은 국가 간 상호 의존을 줄이는 대신, 지역적 경제 협력체의 부상을 가져올 수도 있다. 예컨대, 동남아시아 국가들은 미·중 갈등의 여파 속에서 새로운 경제 허브로 부상하고 있으며, 이는 기존 글로벌 자본주의 체제의 새로운 지형을 형성하는 계기가 되고 있다.

트럼프의 재집권은 자본주의의 위기와 기회를 동시에 내포하고 있다. 그의 정책이 글로벌 경제 체제를 근본적으로 재편할 가능성은 부인할 수 없으며, 이는 각국이 자신의 이익을 극대화하기 위해 새로운 전략을 모색해야 할 시점임을 의미한다. 자본주의의 미래는 단순히 트럼프 개인의 리더십에 의존하지 않고, 글로벌 사회가 변화에 어떻게 적응하고 협력할 것인지에 달려 있다.

38

푸틴의 러시아 제국 비전과 유라시아 전략

블라디미르 푸틴은 오랜 세월 동안 러시아의 지도자로 군림하며 '러시아 제국'이라는 꿈을 안고 유라시아 대륙을 향해 손을 뻗고 있다. 이는 단순한 국경 확장을 넘어서, 러시아의 민족적 자부심을 되살리고 러시아 중심의 국제질서를 구축하려는 푸틴의 야심을 여실히 보여준다. 그렇다면, 그의 이른바 '제국 비전'과 유라시아 전략이란 대체 무엇일까?

러시아 제국 비전 – 과거의 영광을 되찾기 위한 행보

푸틴의 제국 비전은 러시아의 과거, 특히 제정러시아(帝政Russia)와 소련 시절의 위상을 되살리려는 의도에서 출발한다. 그는 제정러시아와 소련을 현대 러시아의 뿌리로 간주하며, 러시아가 전 세계에 강력한 영향력을 행사하던 시절을 되돌아보게 만든다. 이러한 역사적 정체성의 강조는 단순한 향수가 아니다. 이는 푸틴이 국민들에게 "러시아는 여전히 강대국이며, 그 지위에 걸맞은 자긍심을 가져야 한다"는 메시지를 전달하는 수단이다.

푸틴은 이를 실천에 옮기기 위해 실제로 영토 확장을 꾀했다. 2014년 크림반도를 병합한 사건은 그야말로 국제사회를 충격에 빠뜨렸고, 이후 동부 우크라이나에서 러시아가 분리주의 세력을 지원하면서 그 의도를 더욱 드러냈다. 푸틴은 러시아어를 사용하는 사람들을 '보호'해야 한다며 그들의 '안전'을 구실로 러시아의 영향을 끌어들이고 있다. 이를 통해 그는 러시아 민족주의를 강화하고, 이를 정치적으로 활용하고 있다.

유라시아 전략 – 서방에 맞선 대륙적 연대

푸틴의 유라시아 전략은 단순히 경제와 군사적인 협력을 넘어서, 서방에 맞서 유라시아 대륙을 새로운 힘의 축으로 만들려는 의도를 담고 있다. 그는 '유라시아 경제 연합(EAEU)'을 창설해 러시아, 벨라루스, 카자흐스탄, 아르메니아, 키르기스스탄 등과의 경제적 통합을 추구하고 있다. 이는 러시아가 서방과의 대립 구도 속에서 독립적인 경제 블록을 형성하고, 서방의 제재에 대응할 수 있는 체제를 갖추기 위함이다.

푸틴의 유라시아 전략에서 중요한 파트너로 떠오른 국가는 바로 중국이다. 푸틴은 시진핑과 손을 잡고 경제적 협력을 넘어서 군사적 협력까지 강화하고 있다. 양국은 미국과의 대립 구도를 형성하는 데 있어 서로를 지지하는 전략적 파트너로 자리 잡고 있다. 이는 유라시아의 중심에서 러시아와 중국이 함께 세계의 새로운 질서를 구상하고 있다는 신호로 받아들여진다.

군사적 지렛대 – 안보 동맹과 영향력 유지

푸틴은 러시아의 영향력을 중앙아시아와 카프카스 지역에 넓히기 위해 집단안보조약기구(CSTO)와 같은 군사 동맹을 활용하고 있다. CSTO는 유라시아 국가들 간의 군사적 협력을 강화하는 조직으로, 푸틴은 이를 통해 지역 안보를 확보하고 러시아의 지위를 공고히 하려 한다. 이는 단순한 방어적 조치가 아니라, 유라시아 지역의 군사적 균형을 러시아 중심으로 재편하려는 전략이다.

뿐만 아니라, 러시아는 에너지를 외교의 중요한 무기로 활용한다. 유럽과 아시아에 천연가스와 석유를 공급하는 러시아는 이 에너지 공급망을 통해 정치적 지렛대를 확보하고 있다. 특히 유럽 국가들이 러시아의 에너지에 의존하는 구조는 푸틴에게 강력한 협상 도구로 작용한다. 이는 유라시아뿐만 아니라 전 세계에 걸쳐 러시아가 에너지 강국으로서의 위치를 유지하는 데 필수적이다.

푸틴의 러시아 제국 비전 – 자긍심 고취와 정치적 연대

푸틴은 러시아인들에게 "우리는 하나다"라는 메시지를 전달하며, '러시아 세계'라는 개념을 전면에 내세운다. 러시아어를 사용하는 사람들과의 연대를 강조하며, 러시아인이라는 정체성을 부각시키고자 하는 푸틴의 비전은 국민들에게 강한 자긍심을 심어주고 있다. 이를 통해 러시아 사회는 단결을 강화하고 있으며, 이는 푸틴이 정치적 연대를 구축하는 데 강력한 수단이 되고 있다.

이러한 민족적 연대는 러시아 내에서 푸틴에 대한 지지도를 높이는 요소로 작용한다. 러시아는 과거 제국의 영광을 되살리고자 하는 국민적 열망을 가지고 있으며, 푸틴은 이를 통해 자신의 정치적 입지를 확고히 다지려는 의도를 숨기지 않는다.

국제사회의 반응 – 긴장과 갈등의 요소

푸틴의 러시아 제국 비전과 유라시아 전략은 국제사회에서 큰 긴장과 갈등을 유발하고 있다. 크림반도 병합 이후 러시아는 서방의 강력한 제재를 받았으며, 동부 우크라이나 문제로 인해 유럽 국가들과의 관계는 극도로 악화되었다. 서방 국가들은 푸틴의 제국 비전이 단순한 역사적 향수에 그치지 않으며, 현대 국제질서를 위협하는 요인으로 보고 있다.

특히, 유라시아 경제 연합의 확장은 서방과의 대립 구도를 강화하는 요소로 작용하고 있다. 러시아는 유라시아 지역에서 자국의 영향력을 강화하며 서방의 영향력을 견제하려 하고 있으며, 이는 새로운 형태의 냉전 양상으로 비춰진다. 푸틴의 제국 비전은 러시아인들에게 자긍심을 불어넣지만, 국제사회에는 불안을 가져오는 요소로 작용하고 있다.

유라시아 대륙의 강대국 비전을 향해

푸틴의 러시아 제국 비전과 유라시아 전략은 단순한 경제적 협력이나 군사적 동맹을 넘어서, 유라시아 대륙의 중심에서 러시아가 강대국으로서의 위치를 되찾고자 하는 야망을 담고 있다. 그는 러시아의 역사적, 문화적 유산을 통해 국민들의 자긍심을 고취하고, 민족적 연대를 강화하여 정치적 지지를 끌어내고 있다.

그러나 이러한 비전은 국제사회에서 불안과 긴장을 초래하고 있으며, 러시아와 서방의 관계에 큰 갈등을 유발하고 있다. 푸틴의 비전은 러시아에게는 자부심과 결속의 이유가 되지만, 다른 국가들에게는 경계와 우려의 대상이 된다. 앞으로 푸틴의 제국 비전이 유라시아에서 어떤 결과를 낳을지는 여전히 미지수이지만, 그가 유라시아 대륙의 강대국을 꿈꾸는 이상, 이 긴장은 한동안 지속될 것이다.

푸틴의 유라시아 전략은 과거를 되새기며 미래를 구상하는 복잡한 퍼즐이자, 현대 국제관계에서 새로운 도전 과제를 제시하는 중요한 요소로 남아 있다.

39

시진핑의 '중국몽'과 글로벌 패권 야망

스트롱맨들 중에 가장 오래 권좌에 머물러 있을 가능성이 높은 사람은 시진핑이다. 그의 4연임이 이루어진다면 아마도 그는 영구 집권 체제를 구축하게 될 것이다. 만약 그가 2028년에 4연임을 하게 된다면, 그는 75세가 된다. 이 경우, 건강 문제나 정치적 상황에 따라 다르겠지만, 이론적으로는 그가 더 오랜 기간 동안 권력을 유지할 수 있는 가능성이 열려 있다.

코로나 펜데믹 이후 중국 경제가 휘청거리고는 있지만 시진핑의 중국은 제조 강국의 위치를 발판으로 더욱 강성대국의 꿈을 이루려고 할 것이다.

시진핑의 '중국몽'이라는 개념은 단순한 구호가 아니다. 이건 국가적 야망의 선언이며, 동시에 글로벌 패권을 향한 분명한 방향성을 갖춘 전략적 목표다. 중국의 국가적 부흥과 세계적 지위 회복을 약속하는 '중국몽'은 시진핑 주석의 정치적 철학과 국정 운영의 근본에 자리 잡고 있다. 여기에는 경제적 성장과 군사력 확장, 기술적 우위 확보가 포함되며, 그 속내를 들여다보면 글로벌 리더십을 향한 야심 찬 발걸음을 엿볼 수 있다.

중국몽의 개념 – 과거와 미래를 잇는 중국의 부흥

시진핑이 내세운 '중국몽'은 결국 '강대국으로서의 부활'이다. 이 부흥의 핵심은 경제적, 군사적, 문화적 성장에 달려 있다. 그는 중국이 다시금 세계 중심에 설 수 있도록 경제를 꾸준히 성장시키고 군사력을 키우며, 민족적 자부심을 고취하는 것을 목표로 삼고 있다.

중국은 최근 몇십 년간 눈부신 경제성장을 이뤄냈다. 이로 인해 빈곤율은 낮아졌고, 국민의 생활 수준은 눈에 띄게 향상되었다. 그러나 시진핑의 '중국몽'은 여기서 멈추지 않는다. 그는 더 나아가, 중국 경제가 단순히 세계의 '공장'이 아닌, 글로벌 경제의 선도주자가 되길 바란다. 산업구조를 고도화하고, 기술혁신에 힘을 쏟아 21세기 중반까지는 명실상부한 세계 강국이 되겠다는 것이다.

글로벌 패권을 향한 야망 – 일대일로와 기술 패권

중국몽이 내향적인 국가적 부흥이라면, 글로벌 패권 야망은 중국의 외향적인 모습이다. 시진핑은 '일대일로'라는 대규모 인프라 프로젝트를 통해 이를 실현하려고 한다. 앞에서도 살펴보았지만, 일대일로 구상은 중국을 아시아, 유럽, 아프리카에 이르는 네트워크의 중심으로 자리 잡게 하려는 시도다. 이는 중국의 경제적 영향력을 확대하고, 동시에 국제무대에서 주도권을 확보하려는 계산된 움직임이다.

이 구상의 배경에는 단순한 경제적 이익을 넘어선 정치적 목적이 자리 잡고 있다. 일대일로 참여 국가들은 중국의 막대한 투자와 경제적 지원을 통해 인프라를 개선할 수 있지만, 동시에 경제적 종속성이라는 양날의 검을 마주하게 된다. 이는 일종의 '부채 함정 외교'로, 중국은 이를 통해 글로벌 경제 시스템을 자신에게 유리한 방향으로 끌고 가려는 것이다.

군사력 강화 – 남중국해에서 대만까지

군사적 측면에서도 중국몽은 명확하다. 시진핑은 중국군을 세계 수준의 현대적인 군대로 탈바꿈시키겠다는 야심 찬 계획을 밝혔다. 이는 단순한 방어적 목적을 넘어선다. 남중국해에 대한 군사적 활동은 그 대표적인 예로, 그는 남중국해를 '자국의 바다'로 만들겠다는 강한 의지를 보여주고 있다.

특히 대만 문제에서 중국의 강경한 입장은 글로벌 패권을 향한 시진핑의 의도를 보여준다. 중국은 대만을 '하나의 중국' 원칙에 따라 반드시 통일해야 할 영토로 간주하며, 이를 위해 군사적 압박을 가하고 있다. 이는 단순한 국내 통합을 넘어, 동아시아에서 중국의 지배력을 과시하려는 시도로 해석된다.

기술 패권 – 미국을 넘어선 중국의 목표

최근 중국은 첨단 기술 분야에서 눈부신 발전을 이루며 글로벌 기술 패권을 목표로 삼고 있다. 인공지능(AI), 5G, 반도체 등 핵심 기술 분야에서의 연구와 개발이 가속화되었고, 이를 통해 중국은 미국과의 기술 경쟁에서 주도권을 확보하려는 야심을 노골적으로 드러내고 있다. 이러한 기술 혁신은 단순히 경제성장을 위한 도구에 그치지 않는다. 중국은 기술 우위를 통해 국제적 영향력을 확대하고, 글로벌 패권 구도를 재편하려는 전략적 목표를 가지고 있다.

특히, 시진핑 주석의 주도 아래 추진되고 있는 '디지털 실크로드'는 이러한 기술 패권 전략의 중심에 있다. 디지털 실크로드는 중국이 전 세계에 디지털 인프라를 구축하고, 이를 통해 데이터 네트워크의 중심이 되려는 대규모 프로젝트다. 화웨이와 같은 중국 기업들은 이미 전 세계 여러 국가에서 5G 네트워크를 제공하며, 글로벌 통신 인프라의 주요 공급자로 자리 잡고 있다. 이러한 확장은 단순한 기술 수출을 넘어, 다른 국가들을 중국의 기술 생태계에 의존하게 만드는 전략으로 이해된다. 만약 전 세계가 중국의 기술에 점점 더 의존하게 된다면, 이는 경제적 도구를 넘어 정치적 영향력을 확대할 수 있는 강력한 지렛대가 될 것이다.

중국의 기술 혁신은 단순히 기존 산업의 발전에 그치지 않는다. 반도체 기술 자립은 중국의 중요한 목표 중 하나다. 최근 미국의 대중 반도체 수출 제한 조치 이후, 중국은 반도체 독립을 위해 수십억 달러를 투입하며 자체적인 공급망을 구축하려 하고 있다. 이를 통해 중국은 글로벌 반도체 시장에서의 의존도를 낮추고, 자국 내 기술 생태계를 강화하려는 노력을 기울이고 있다.

중국은 태양광 발전, 전기자동차, 드론, 로봇산업 등에서 선도적인 위치를 확보하며 기술적 위상을 강화하고 있다. 예를 들어, 중국은 세계 태양광 패널 생산의 80%를 담당하며 글로벌 시장에서 독보적인 위치를 차지하고 있다. 전기자동차 산업에서도 BYD와 같은 기업들이 테슬라에 버금가는 성과를 거두며, 세계 시장에서의 경쟁력을 입증하고 있다. 드론 분야에서도 DJI는 전 세계 상업용 드론 시장의 70% 이상을 점유하며, 기술 혁신의 선두 주자로 자리 잡았다.

중국의 기술 패권 야망은 지구 밖으로도 확장되고 있다. 우주개발은 중국의 기술 혁신 전략에서 빼놓을 수 없는 요소다. 중국은 자국 우주정거장을 건설하며 독자적인 우주개발 역량을 강화하고 있다. 2023년에는 중국이 자체적으로 개발한 유인 우주선이 국제

우주정거장을 대체할 수 있는 역할을 하겠다는 계획을 발표하며, 우주 패권 경쟁에서 미국에 도전하고 있다. 양자컴퓨터 개발 또한 중국의 주목할 만한 성과 중 하나다. 중국은 양자컴퓨터 연구에 막대한 자금을 투자하며, 이 기술을 통해 암호화 통신, 데이터 분석 등에서 선도적 위치를 점하려 하고 있다.

중국의 기술 굴기는 글로벌 경제와 정치 질서에 깊은 영향을 미치고 있다. 미국과 유럽 국가들은 중국의 기술 의존도를 줄이기 위해 자국 내 첨단 기술 개발을 강화하는 한편, 중국산 기술의 확산을 제한하려는 정책을 내세우고 있다. 그러나 중국은 '자력갱생'이라는 구호 아래 독자적인 기술 생태계를 구축하며, 서방 국가들의 압박에 굴하지 않겠다는 입장을 고수하고 있다.

이제 기술 패권 경쟁은 단순히 산업적 우위의 문제가 아니다. 이는 경제적 도구와 함께 국가안보, 국제정치 질서의 재편, 그리고 글로벌 주도권을 둘러싼 갈등으로 확대되고 있다. 중국이 이러한 경쟁에서 얼마나 성공할 수 있을지는 여전히 불확실하지만, 그 행보는 앞으로도 세계의 관심과 논쟁의 중심에 남을 것이다. 기술 혁신은 더 이상 중국 내의 문제가 아니라, 국제사회가 함께 풀어가야 할 도전 과제가 되고 있다.

다자주의와 국제기구에서의 영향력 확대

시진핑의 패권 야망은 다자주의를 통해 더욱 구체화되고 있다. 중국은 유엔(UN), 세계무역기구(WTO), 세계보건기구(WHO)와 같은 국제기구에서 적극적인 역할을 확대하며 자신의 정치적·경제적 이해관계를 관철하려는 모습을 보여주고 있다. 특히, 중국은 이러한 기구에서 리더십을 강화해 자신에게 유리한 방향으로 규칙을 재정의하려 하고 있다. 이는 단순히 경제적 이익에 국한되지 않는다. 중국은 글로벌 규칙을 서구 중심의 질서에서 벗어나 중국 중심으로 재편하려는 야심을 담고 있다.

중국은 유엔을 비롯한 다자간 기구에서 인프라 건설, 개발 원조, 기술 지원을 통해 중남미, 아프리카, 동남아시아와 같은 개발도상국들 사이에서 지지 기반을 넓혀가고 있다. 예를 들어, 아프리카 연합(AU) 본부 건설을 지원한 사례나 동남아시아 국가연합(ASEAN)과의 협력 강화는 중국이 국제기구 내에서 영향력을 확대하려는 전략을 보여준다. 중국은 이러한 국가들에 막대한 투자를 약속하며, 자신이 '개발의 동반자'라는 이미지를 구축하고 있다. 반면, 서구 국가들은 이러한 중국의 행보를 글로벌 패권을 향한 '소프트 파워' 전략으로 경계하고 있다.

특히 중남미 지역에서의 중국의 행보는 눈에 띈다. 중국은 브라질, 아르헨티나 등 주요 국가들과 무역 및 투자 관계를 강화하며,

미국의 전통적인 영향권인 이 지역에서 입지를 넓히고 있다. 중국은 중남미 국가들에게 인프라 건설 자금을 제공하고, 자원을 교환하며 이 지역을 새로운 경제적 파트너로 삼고 있다. 이러한 움직임은 미국의 영향력을 약화시키고, 중국이 글로벌 리더로 부상할 수 있는 발판을 마련하고 있다.

아프리카 역시 중국의 외교 전략에서 중요한 위치를 차지한다. 중국은 일대일로 프로젝트의 일환으로 아프리카에 대규모 인프라 투자를 진행하고 있으며, 이를 통해 아프리카 국가들의 경제적 의존도를 높이고 있다. 케냐의 모이국제공항 확장, 나이지리아의 철도 건설 프로젝트, 에티오피아의 산업 단지 개발 등은 중국이 아프리카의 경제개발에 얼마나 깊숙이 관여하고 있는지를 보여준다. 중국은 아프리카를 통해 국제기구에서의 표결에서 지지 세력을 확보하며, 글로벌 무대에서의 발언권을 더욱 강화하고 있다.

중국의 외교 정책은 서구와의 차별화된 접근 방식을 보여준다. 미국과 같은 민주주의 국가들은 정권 교체에 따라 외교 정책이 변하는 단점을 가진 반면, 중국은 시진핑 체제를 기반으로 장기적인 외교 전략을 수립하고 이를 꾸준히 밀어붙이는 강점을 보여주고 있다. 예를 들어, 중국은 동남아시아에서 남중국해 영유권 문제를 둘러싼 갈등에도 불구하고, 경제적 유인을 통해 아세안 국가들과의 관계를 개선하며 협력을 이어가고 있다.

중국의 이러한 다자주의와 국제기구에서의 영향력 확대는 기존의 서구 중심의 국제질서에 도전장을 던지는 것으로 해석된다. 중국은 자신이 국제 사회에서 규칙을 정하는 주체가 되기를 원하며, 이를 위해 경제적 자본뿐만 아니라 정치적 전략을 동원하고 있다. 특히, 디지털 경제와 기술 표준의 설정에서도 중국의 발언권은 날로 커지고 있다. 중국의 디지털 실크로드 프로젝트는 이러한 노력을 잘 보여주는 사례다. 중국은 디지털 인프라를 수출하며 기술적 표준을 설정하려 하고, 이를 통해 전 세계 국가들을 자신의 기술 생태계로 끌어들이고 있다.

중국의 다자주의 외교는 국제질서를 점차 다극화하고 복잡하게 만들고 있다. 중국의 발언권이 강해질수록 기존의 미국 중심 질서는 도전을 받게 되며, 이는 글로벌 패권 경쟁을 더욱 심화시킬 가능성이 크다. 이러한 상황에서 중국의 영향력 확대는 국제사회의 협력보다는 갈등을 초래할 가능성도 있다. 세계는 이제 시진핑의 중국이 글로벌 리더로 부상하려는 과정에서 만들어내는 새로운 질서와 이로 인한 변화에 직면하고 있다.

중국몽이 가져올 미래

시진핑의 '중국몽'은 단순한 구호가 아니다. 그것은 중국을 경제, 군사, 정치적 강대국으로 재탄생시키겠다는 포괄적인 비전이자 목표다. '중화민족의 위대한 부흥'을 외치는 시진핑의 중국몽은 21세기 글로벌 패권 경쟁에서 중국을 세계 중심에 세우겠다는 야심을 담고 있다. 이 비전은 경제성장 뿐만 아니라, 문화적 자부심과 역사적 정당성까지 회복하려는 의지로 이어진다. 시진핑은 중국 국민들에게 중국몽을 통해 국가적 자부심을 고취시키며, 중국이 더 이상 외세에 의해 좌우되지 않는 강한 나라임을 상기시키고 있다.

중국몽의 일환으로 시진핑은 동북공정 같은 역사 프로젝트를 통해 중국의 영토적 정당성과 문화적 우월성을 재확립하려 하고 있다. 동북공정은 단순한 역사 연구가 아니라, 중국의 영토와 역사가 얼마나 광범위하고 중요한지를 강조하려는 정치적 의도를 가진 프로젝트다. 이는 북한과의 관계에서 특히 두드러지는데, 중국은 북한을 전략적 완충지대로 간주하며, 만약 북한이 붕괴한다면 그 지역에 대한 영향력을 확대하려는 구상을 숨기지 않고 있다. 북한과의 경제적, 군사적 협력은 단순한 동맹을 넘어 중국몽의 실현에 있어 중요한 전략적 기초가 되고 있다.

북한과의 국제 협약 및 경제 관계는 시진핑의 전략적 비전에서 핵심적인 요소다. 중국은 북한의 최대 무역 파트너로, 석탄과 광물 같은 주요 자원을 수입하며 경제적 의존도를 높이고 있다. 동시에 북한의 안정은 중국 국경 지역의 안보와 직결되기 때문에, 중국은 북한 체제의 붕괴를 막으려는 노력을 지속하고 있다. 그러나 북한의 불안정성은 중국몽의 실현 과정에서 큰 변수로 작용할 가능성이 있다. 만약 북한이 붕괴한다면, 중국은 국경 지역의 안정을 위해 군사적 개입이나 경제적 지원을 확대해야 하는 상황에 직면할 수 있다.

중국몽은 경제와 군사뿐만 아니라, 기술과 외교에서도 명확하게 드러난다. 시진핑의 중국은 글로벌 기술 패권을 확보하기 위해 반도체, 인공지능, 양자컴퓨팅 등 첨단 기술 분야에서 엄청난 투자를 이어가고 있다. 특히 디지털 실크로드 프로젝트를 통해 중국의 디지털 기술과 네트워크를 세계로 확산시키며, 기술적 종속을 통해 영향력을 넓히려는 전략을 구사하고 있다. 이 과정에서 아프리카와 동남아시아 국가들은 중국의 주요 파트너로 자리 잡고 있으며, 중국은 이들 국가에 인프라 투자와 기술 지원을 제공하며 글로벌 지지기반을 넓히고 있다.

그러나 이러한 야망이 순탄하게 실현될 가능성은 낮다. 중국몽은 필연적으로 미국과의 갈등을 심화시킬 수밖에 없다. 기술 패권, 경제적 주도권, 군사적 영향력을 둘러싼 두 강대국 간의 대립은 글로벌 질서를 흔드는 주요 변수로 작용하고 있다. 미국은 중국의 일대일로와 디지털 실크로드 같은 전략적 프로젝트를 견제하며, 동맹국들과의 협력을 강화해 중국의 확장을 막으려 하고 있다. 특히 대만 문제와 남중국해에서의 군사적 긴장은 양국 간 충돌 가능성을 더욱 높이고 있다.

중국 내부적으로도 중국몽의 실현 과정에서 해결해야 할 문제가 많다. 경제성장 둔화, 심각한 부채 문제, 인구 고령화, 청년 실업 등은 중국의 장기적 발전에 걸림돌이 되고 있다. 최근 부동산 위기로 인해 중국 경제는 전례 없는 불안정성에 직면했으며, 이는 중국몽 실현에 필요한 경제적 기반을 약화시키고 있다. 시진핑 정부는 이러한 문제를 해결하기 위해 내수시장 확대와 기술 혁신을 강조하고 있지만, 글로벌 공급망의 재편과 미국의 견제가 지속되는 한, 경제적 어려움을 완전히 극복하기는 쉽지 않아 보인다.

중국몽이 글로벌 질서에 미치는 영향도 크다. 시진핑은 중국몽을 통해 다극화된 세계를 만들어가고자 한다. 이는 서구 중심의 질서를 대체하려는 시도로, 특히 개발도상국들 사이에서 중국의 영향력을 강화하고 있다. 그러나 이러한 움직임은 서구 국가들의 강한 반발을 불러일으키고 있으며, 새로운 형태의 패권 경쟁을 촉발하고 있다. 시진핑의 중국몽이 단순한 비전에서 그치지 않고 현실화된다면, 세계는 기존 질서의 근본적 재편을 경험할 가능성이 크다.

중국몽은 단순히 중국의 부흥을 넘어, 세계 질서를 다시 쓰려는 야심 찬 프로젝트다. 하지만 이 야망이 전 세계에 어떤 영향을 미칠지, 그리고 중국이 그 대가를 감당할 준비가 되어 있는지는 여전히 미지수다. 중국몽의 실현 여부는 중국 내부의 안정성과 국제사회의 대응에 따라 결정될 것이다.

40

모디의 인도 경제 부흥과 글로벌 영향력 확장

나렌드라 모디는 인도의 역사에서 한 페이지를 장식할 준비가 되어 있는 인물이다. 2014년 인도 총리 자리에 오른 이후로, 그는 인도를 단순한 인구 대국이 아닌 진정한 경제 강국으로 탈바꿈시키기 위한 청사진을 그리고 있다. 그의 정책은 '메이크 인 인디아' 같은 캠페인에서부터 '디지털 인디아'에 이르기까지 인도의 경제적, 사회적 구조를 새롭게 재편하는 데 주력하고 있다.

인도 경제 부흥 – 모디의 야심 찬 계획들

모디의 경제 부흥 전략은 단순히 성장률을 높이는 것이 아니다. 그는 'Make in India'라는 강력한 메시지로 제조업을 활성화하고, 외국인 직접 투자를 유치하는 데 심혈을 기울이고 있다. 이는 단순한 구호가 아니다. 인도를 글로벌 제조 허브로 만들겠다는 다짐이다.

세계는 중국에 대한 의존도를 줄이려는 움직임을 보이고 있는데, 모디는 이를 기회로 삼아 인도를 대안으로 떠오르게 만들고자 한다.

'디지털 인디아' 또한 중요한 요소다. 인터넷과 정보통신 기술을 바탕으로 한 인도는 이미 전자상거래와 핀테크 분야에서 급성장을 이루었고, 젊은 인구층의 열렬한 지지를 받고 있다. 덕분에 인도는 스타트업의 중심지로 떠오르고 있다. "기술은 국경을 초월한다"는 말이 있지만, 인도는 이를 실현하며 세계의 디지털 경제를 주도할 꿈을 꾸고 있다.

모디는 또한 인프라에 대한 대대적인 투자를 통해 경제성장을 가속화하고 있다. 도로, 철도, 항만의 확충은 인도 내 물류 비용을 줄이고, 더욱 원활한 경제 활동을 가능하게 한다. 이러한 물리적 인프라 구축은 전통적으로 미비했던 부분을 보완하며 인도의 경제성장을 촉진하는 토대가 되고 있다.

글로벌 영향력 확장 - 인도 외교의 새로운 방향

모디는 단순히 경제적 부흥에 그치지 않는다. 그는 인도의 글로벌 입지를 넓히기 위해 다변화된 외교 정책을 추진하고 있다. 그 중심에는 미국, 일본, 호주와 함께하는 '쿼드(Quad)' 협의체가 있다.

이는 인도가 아시아 태평양 지역에서 미국을 포함한 서방 세계와의 협력을 통해 중국의 부상을 견제하고자 하는 전략적 포석이다.

모디는 이러한 다자간 협력을 통해 인도의 영향력을 확장하려 하고 있다. 그의 전략은 중국의 '일대일로' 프로젝트에 대한 강력한 대항마로 해석될 수 있으며, 이는 인도가 단순한 수동적인 플레이어가 아니라 국제무대에서 적극적으로 역할을 하겠다는 의지를 보여준다.

무역 협정 체결에도 열을 올리고 있다. 아세안 국가들과의 경제 협력 및 무역 확대는 인도의 글로벌 시장 진출의 일환이다. 다양한 국가와의 협정을 통해 수출입을 촉진하고, 이를 통해 인도의 경제 성장을 더욱 강화하려는 의도다.

기후변화와 지속 가능성 - 인도의 역할 확대

모디는 기후변화 대응을 인도의 중요한 글로벌 리더십 과제로 삼았다. 그는 재생가능에너지를 중심으로 한 에너지 정책을 강화하며, 인도가 기후변화에 대응하는 국제적 노력을 선도할 수 있도록 만들고 있다. 이는 인도가 2030년까지 재생가능에너지 용량을 크게 확대하겠다는 계획과 맞물려 있다.

기후변화 대응은 단순히 환경보호 차원에서 끝나는 것이 아니다. 이는 인도의 국제적 위상을 높이고, 국제사회에서 인도를 책임 있는 강대국으로 자리매김시키려는 전략적 움직임이다. 또한, 이를 통해 모디는 인도가 환경보호와 지속 가능성을 위해 노력하는 선도적인 국가로 각인되기를 바라고 있다.

문화적 외교 – 인도의 소프트 파워 강화

모디는 인도의 문화적 유산을 바탕으로 '소프트 파워'를 강화하는 데도 심혈을 기울이고 있다. 요가, 볼리우드 영화, 인도 음식은 이미 세계적으로 인기를 얻고 있지만, 모디는 이를 더욱 강화하여 인도의 문화적 외교를 확장하려 하고 있다.

그는 국제 요가의 날을 제정하여 세계가 인도의 전통 문화를 존중하고, 이를 통한 연대감을 가지도록 했다. 이는 단순한 행사 이상의 의미를 갖는다. 인도의 문화를 세계에 알리고, 이를 통해 인도의 소프트 파워를 강화함으로써 인도에 대한 호감을 높이려는 것이다. 이는 강대국들이 흔히 사용하는 전략이지만, 인도만의 색깔을 입혀 세련되게 구현하고 있다.

도전과 과제 속에서 인도는 어디로 향할 것인가?

나렌드라 모디의 리더십 하에 인도는 경제적 부흥과 글로벌 영향력 확장을 위해 고군분투하고 있다. 그의 다양한 정책들은 인도의 경제성장을 촉진하고, 국제무대에서의 역할을 확장하는 데 기여하고 있다. 그러나 이러한 목표가 순탄하게 실현되리라는 보장은 없다.

내부적으로는 여전히 빈곤, 사회적 불평등, 고용 문제 등이 산적해 있으며, 이는 경제성장과 사회적 통합을 저해하는 요소로 작용할 수 있다. 또한, 외부적으로는 중국과의 치열한 경쟁, 미국과의 관계 변화, 다양한 글로벌 도전 과제들이 남아 있다. 특히 중국의 팽창과 인도–중국 간의 국경 분쟁은 양국 간 긴장을 고조시키고 있으며, 이는 인도가 외교 정책을 조정해야 하는 이유 중 하나다.

모디의 정책은 인도가 글로벌 무대에서 중요한 역할을 하는 국가로 성장하는 데 필요한 토대를 마련하고 있다. 그가 그려낸 인도의 미래 비전은 단순히 경제적 성장에 그치지 않는다. 그는 인도가 글로벌 사회에서 책임 있는 강대국으로 자리매김하기를 원하며, 이를 위해 지속 가능성, 평화적 공존, 문화적 자부심을 강조하고 있다.

이러한 과정은 결코 쉬운 여정이 아닐 것이다. 그러나 모디는 인도의 고유한 잠재력을 바탕으로 다양한 도전과 과제에 대처해 나가고 있다.

41

에르도안의 튀르키예 부흥과 오스만제국의 부활의 꿈

레제프 타이이프 에르도안, 2003년 총리 취임 후 2014년 대통령에 이르기까지, 그는 '튀르키예의 부흥'이라는 목표를 정하고, 한 발자국씩 성큼성큼 튀르키예를 자신의 비전 속 세상으로 끌고 가고 있다. 하지만 에르도안의 꿈은 단순한 경제적 발전에 머물지 않는다. 그의 마음 한편에는 오스만제국의 옛 영광을 되찾고자 하는 뜨거운 열망이 자리하고 있다. 튀르키예를 경제적 강국으로 재건하면서도 과거의 제국적 자존감을 되살리는 그 과정을 따라가 보자.

튀르키예 경제 부흥 – 인프라와 성장

에르도안은 튀르키예 경제를 성장시키기 위해 많은 공을 들였다. 도로, 철도, 항만, 공항 같은 교통 인프라 확충부터 시작해 대형 건축 프로젝트에 이르기까지, 튀르키예 전역을 한바탕 공사판으로 만들었다. 이스탄불에 세운 새로운 공항은 '세계의 교차로'라는 상징적 의미를 담아, 그의 야심을 적나라하게 드러냈다. "무엇이든 크게!"라는 구호를 외치는 듯, 그는 튀르키예가 국제 물류의 허브가 되기를 원했다.

튀르키예는 이제 유럽과 중동을 잇는 제조업의 중심지로 떠오르고 있다. 자동차, 전자기기, 의류 같은 분야에서 튀르키예는 세계적인 공급망의 중요한 부분을 차지하게 되었다. '메이드 인 튀르키예'가 점점 익숙해지는 지금, 에르도안의 계획은 어느 정도 성공을 거두었다고 볼 수 있다.

사회적 복지 또한 그의 주요 정책 중 하나다. 저소득층을 위한 복지 프로그램을 확장하면서 경제적 불평등을 줄이려는 노력을 보였다. 물론, 이러한 정책이 단순히 서민을 위한 것은 아닐 것이다. 정치적 지지를 확보하는 데 큰 도움이 되는 것도 사실이다. "복지로 지지를 사는 것"이라는 비판도 있지만, 그 결과로 에르도안은 탄탄한 지지층을 확보할 수 있었다.

오스만제국의 부활의 꿈 – 문화와 정체성의 재구성

에르도안은 오스만제국의 유산을 강조하면서 튀르키예의 정체성을 재구성하고 있다. 그는 세속주의적인 튀르키예공화국의 전통을 넘어, 과거 오스만제국의 문화적 전통과 이슬람적 가치를 현대 튀르키예에 녹여내고 있다. 이는 단순한 '옛날 생각'이 아니다. 에르도안에게 오스만제국은 단순한 과거가 아니라, '되찾아야 할 미래'인 셈이다.

특히 외교 정책에서 그가 보이는 행보는 오스만제국의 영향력을 현대적으로 재구성하려는 시도로 해석할 수 있다. 에르도안은 중동, 북아프리카, 발칸 반도에까지 튀르키예의 영향을 확대하려 한다. 그는 이슬람 국가들과의 관계를 강화하며, '이슬람 세계의 리더'로서의 튀르키예의 위치를 공고히 하고자 한다. 이는 그의 정치적 신념을 반영한 것이지만, 동시에 튀르키예의 국제적 위상을 높이려는 전략이기도 하다.

그의 정책은 튀르키예 내부에서도 이슬람적 가치를 강조하는 방향으로 이어지고 있다. 예를 들어, 이슬람 사원의 건축을 장려하고, 공공 행사에서 이슬람 기도를 포함시키는 등의 정책을 통해 이슬람의 중요성을 상징적으로 부각시키고 있다. 오스만제국 시절의 이슬람적 전통을 되살리는 동시에, 현대 튀르키예 사회에 이슬람을 더욱 깊숙이 뿌리내리게 하는 중이다.

국제적 도전과 비판 – 에르도안의 아킬레스건

물론 에르도안의 이러한 비전이 순탄하게 진행된 것만은 아니다.

그는 오스만제국의 부활이라는 야심 찬 꿈을 추진하면서, 예상치 못한 장애물과 비판에도 직면하고 있다. 먼저, 정치적 억압이 문제로 지적된다. 반대 세력에 대한 탄압과 언론 자유의 제한이 그것이다. 에르도안 정부는 반대 목소리를 억누르기 위해 언론을 장악하고 있으며, 비판적인 언론인과 정치 활동가들이 억압받는 상황은 국제사회의 우려를 자아내고 있다. 이 때문에 튀르키예의 민주주의와 인권 문제에 대한 비판이 날로 커지고 있다.

경제적 불안정 또한 에르도안의 아킬레스건이다. 몇 년 전까지는 놀라운 성장을 기록하던 튀르키예 경제도, 최근 몇 년간 인플레이션과 통화 가치 하락으로 큰 타격을 입었다. 이는 단순한 경제 위기를 넘어, 에르도안에 대한 신뢰를 위협하는 요소가 되고 있다. 튀르키예 국민들 사이에서는 그의 경제정책에 대한 의구심이 확산되고 있으며, 장기적으로 그의 정치적 입지에도 영향을 미칠 수 있다.

외교적 갈등 역시 튀르키예의 국제적 입지에 도전 과제를 던지고 있다. 특히 그리스와의 관계, 시리아 내전 개입, 이스라엘과의 갈등 등으로 인해 튀르키예는 주변국들과 긴장 상태에 놓여 있다. 에르도안의 외교 정책은 튀르키예를 중동과 아시아에서 중요한 플레이어로 만들고자 하는 목표가 있지만, 이는 때때로 지역 내 갈등을 촉발하고 있다. 이러한 외교적 긴장은 튀르키예의 국제적 위상을 높이는 데 방해 요소로 작용할 수 있다.

꿈을 위한 여정과 그 앞의 현실

에르도안의 튀르키예 부흥과 오스만제국의 부활에 대한 꿈은 튀르키예의 정치적, 경제적, 사회적 변화를 이끄는 중요한 요소가 되었다. 그의 정책은 튀르키예의 현대화와 성장, 그리고 역사적 유산의 재발견을 동시에 추구하는 복합적인 접근을 보여준다. 경제적으로는 과거의 강대국 지위를 되찾겠다는 의지가 엿보이며, 외교적으로는 중동과 아시아에서의 영향력을 확대하고자 한다.

그러나 그의 비전은 단순히 장밋빛 꿈으로 끝나지 않을 가능성이 크다. 정치적 억압, 경제적 불안정, 외교적 갈등이라는 세 가지 장벽이 그의 길을 가로막고 있다. 에르도안은 과거 오스만제국의 영광을 되살리기 위해 도전과 역경을 무릅쓰고 있지만, 현대 튀르키예가 겪는 복잡한 현실을 무시할 수는 없다.

튀르키예 국민들에게는 그의 꿈이 얼마나 매력적이든 간에, 생활의 안정과 경제적 번영, 그리고 민주주의가 더 절실한 요구일 것이다. 에르도안의 튀르키예 부흥이 오스만제국의 영광을 되살리는 길로 이어질지, 아니면 꿈속의 망상으로 끝날지는 아직 불확실하다.

42

트럼프의 '위대한 미국'의 유산과 미국 사회에 남긴 흔적

도널드 트럼프는 '위대한 미국'이라는 슬로건을 내세워 미국 사회를 뜨겁게 달군 인물이었다. 그의 정치 유산과 남긴 흔적은 단순한 정책의 나열을 넘어, 미국 사회와 그 안의 긴장, 그리고 그가 불러온 새로운 정치적 흐름을 말한다. 이제 트럼프가 다시 대통령직을 수행할 '트럼프 2.0 시대'에 우리는 무엇을 기대해야 할까? 먼저, 그가 남긴 유산을 살펴보자.

1. 트럼프의 '위대한 미국' 유산

경제정책

트럼프의 경제정책은 크게 세금 감면과 무역정책으로 나눌 수 있다. 그는 2017년 세금 개혁 법안을 통해 법인세를 대폭 인하했고, 이로 인해 기업들이 투자와 고용을 늘리며, 경제는 한때 활기를 띠었다. 물론, "부자들을 위한 세금 감면이었을 뿐"이라는 비판이 있지만, 최소한 그 시기 미국 경제가 호황이었던 것만은 부인할 수 없다. 트럼프는 중국과의 무역 전쟁을 통해 미국 제조업의 부흥을 꾀했으며, 이를 통해 '위대한 미국'의 꿈을 한 단계 더 이루려 했다.

정치적 분열과 대중의 참여

트럼프의 가장 큰 유산 중 하나는 정치적 분열을 부채질하며 양극화를 심화시킨 점이다. 트럼프의 말은 그의 지지자들에게는 영웅의 연설이었지만, 반대자들에게는 분노를 자아내는 것이었다. 그의 발언은 지지자와 반대자 간의 갈등을 더욱 심화시켰고, 이 갈등은 미국 사회의 여러 분야로 퍼져나갔다. 하지만 이러한 갈등은 아이러니하게도 대중의 정치 참여를 촉진시켰다. 보수층은 트럼프의 리더십에 열광하며 정치적 목소리를 높였고, 그의 반대자들 역시 이전보다 더 적극적으로 정치에 관심을 가지게 되었다.

외교 정책과 '미국 우선주의'

트럼프의 외교 정책은 한마디로 요약할 수 있다 – '미국 우선주의'. 그는 NATO와 같은 국제기구에 대한 비판을 서슴지 않았고, 동맹국들에도 미국의 부담을 덜어줄 것을 요구했다. 중동 정책에서도 그는 이스라엘과의 관계를 강화하고, 아랍 국가들과의 평화 협정을 촉진했다. 그의 외교는 국제사회에서 미국의 독립적 입지를 강조하려는 것으로 보였으나, 한편으로는 전통적인 외교적 균형을 흔들기도 했다.

2. 미국 사회에 남긴 흔적

문화 전쟁의 격화

트럼프의 정책과 발언은 미국 내 문화 전쟁을 더욱 격화시켰다. 이민, 인종, 성별, 성소수자 문제 등 다양한 사회적 이슈들이 그의 입을 통해 전면에 등장했고, 논쟁은 점점 격화되었다. 그는 보수적 가치를 강조했지만, 이로 인해 반대 세력들은 더욱 강하게 맞서게 되었고, 이들은 미국 사회의 또 다른 한쪽을 형성하게 되었다.

소셜미디어의 정치적 활용

트럼프는 소셜미디어, 특히 트위터(X)를 이용해 자신의 메시지를 전달하는 데 탁월한 능력을 발휘했다. 그는 이를 통해 전통적인 언론을 우회하고, 직접 지지자들에게 말을 걸었다. 이는 정치적 커뮤니케이션 방식에 큰 변화를 가져왔으며, 이후 많은 정치인들이 이를 따라 하게 되었다. 하지만 소셜미디어의 정치적 활용은 또한 가짜 뉴스와 허위 정보의 확산을 부추기며, 진실과 허위의 경계가 모호해지는 문제를 초래하기도 했다.

반체제 정서와 새로운 정치 흐름

트럼프의 지지자들은 전통적 정치 엘리트와 주류 미디어에 대한 깊은 불신을 표출하며 반체제 정서를 형성했다. 이는 기존 정치체제에 대한 불신을 강화하고, 새로운 정치적 흐름을 형성하는 데 큰 기여를 했다. 이제 많은 미국인들은 자신을 대변해 줄 정치인이 아닌, 자신이 함께 싸울 수 있는 전사로서의 정치인을 원하게 되었다.

3. 트럼프 2.0 시대의 핵심 전략

'트럼프 2.0 시대'가 가져올 전략에 대한 관심이 커지고 있다. '트럼프 2.0 시대'가 가진 핵심 전략은 무엇일까?

경제적 메시지 강화

트럼프는 자신의 대표 브랜드라 할 수 있는 경제적 메시지를 더욱 강조할 것이다. 그는 제조업의 부흥을 중심으로 한 경제정책을 강화하며, '미국 내 일자리 창출'을 핵심 공약으로 내세울 것으로 보인다. 특히, 인플레이션과 같은 경제적 위기에 대한 강력한 대처 방안을 제시하며 자신의 경제 리더십을 부각할 것이다.

그는 감세 정책과 규제 완화를 통해 중소기업과 자영업자를 지원하겠다는 약속을 다시 내놓을 가능성이 크다. 〈월스트리트저널〉에 따르면, 트럼프는 이미 자신의 캠페인 연설에서 "나 없으면 경제는 무너진다"고 주장하며, 경제적 안정과 번영을 원하는 유권자들에게 자신을 유일한 해결사로 포지셔닝하고 있다. 이러한 메시지는 특히 노동 계층과 제조업 기반 지역에서 강하게 어필할 수 있다.

또한, 트럼프는 전통적인 에너지 산업에 대한 지원을 강조할 것이다. 그는 재생에너지 정책을 축소하고, 석유와 천연가스 산업의 부흥을 통해 '에너지 자립'을 다시 한 번 미국 경제의 성장 동력으로 제시할 것으로 보인다. 이는 에너지 위기에 대한 대중의 우려를 달래며, 중서부와 남부의 에너지 산업 종사자들의 지지를 얻는 데 크게 기여할 것이다.

문화 전쟁의 지속과 보수적 가치의 강화

트럼프는 정치적 메시지의 또 다른 축으로 '문화 전쟁'을 전면에 내세울 것이다. 교육, 이민, 성소수자 권리 등에서 보수적 가치를 옹호하며 자신의 지지층 결집을 강화하려는 전략을 이어갈 것으로 보인다. 그는 교육 현장에서의 '진보적 이데올로기' 확산에 반대하며, '부모의 권리'를 지키겠다는 구체적인 정책을 내세울 가능성이 크다. 〈뉴욕타임스〉에 따르면, 그는 공립학교의 커리큘럼에서 '전통적 가치'를 강조하는 방향으로 교육 정책을 재조정하겠다고 시사한 바 있다.

트럼프는 또한 이민 문제에서 더욱 강경한 입장을 취할 것이다. 그는 불법 이민자 단속과 국경 장벽 강화 정책을 다시 꺼내들며, 미국 내 '법과 질서'를 강조할 것으로 예상된다. 이와 함께 성소수자 권리와 관련된 이슈에서도 보수적 입장을 강화하며, 자신을 '전통을 수호하는 수문장'으로 묘사할 것이다. 이러한 전략은 보수층에게 강한 호소력을 가질 뿐 아니라, 문화적 불안을 느끼는 유권자들을 끌어들이는 데 효과적일 수 있다.

그는 대중의 분노와 불안을 정치적 자산으로 활용할 것이다. "진정한 미국의 가치가 위협받고 있다"는 메시지를 통해 자신의 정책이 "미국을 다시 위대하게" 만들 핵심이라는 점을 강조할 가능성이 크다. 최근 플로리다 집회에서 그는 "진보 세력과의 싸움에서 우리는 이기고 있다"고 선언하며, 이 같은 메시지를 더욱 강화했다.

외교 정책의 재조정

트럼프의 외교 전략은 여전히 '미국 우선주의'를 기반으로 한다. 그는 동맹국과의 관계를 재조정하며, 미국의 경제적, 안보적 이익을 최우선으로 하는 방향으로 외교 정책을 설계할 것이다. 특히, 중국과의 경제적, 정치적 갈등은 그의 외교 전략에서 중심축이 될 전망이다. 그는 중국을 "미국 경제의 가장 큰 위협"으로 규정하며, 강력한 관세 정책과 공급망 재편을 통해 중국의 경제적 영향력을 줄이겠다는 의지를 보이고 있다.

중국과의 관계에서 트럼프는 강경한 입장을 유지하면서도 미국 내 제조업을 부활시키고, 기술적 독립을 강화하는 정책을 펼칠 가능성이 크다. 그는 반도체, 배터리 등 전략적 기술 분야에서의 미국 중심 생산을 강조하며, 중국 의존도를 낮추는 것을 목표로 삼을 것이다. 〈로이터통신〉에 따르면, 그는 최근 연설에서 "중국과의 무역을 재검토하고, 미국의 산업 기반을 완전히 새롭게 구축할 것"이라고 밝히며, 무역 및 외교 정책에 대한 강경한 방향성을 시사했다.

또한, NATO를 비롯한 동맹국들과의 방위비 분담 문제를 다시 거론하며, 동맹 관계를 경제적 저울질 대상으로 삼는 태도를 유지할 것으로 보인다. 그는 동맹국들에게 미국의 군사적 지원을 경제적 부담으로 상쇄하라는 요구를 강화하며, "미국이 더 이상 세계의 ATM 역할을 하지 않을 것"이라는 메시지를 전달할 가능성이 크다.

결론적으로 말하자면

트럼프는 "미국을 다시 위대하게 만들겠다"는 슬로건을 단순한 구호가 아니라 자신이 남긴 정치적 유산의 핵심으로 삼으며, 새로운 시대를 준비하고 있다. 그의 경제, 정치, 외교 정책은 미국 내 정치적 분열을 심화시킨 동시에 새로운 정치적 흐름을 형성했다.

트럼프 2.0 시대는 이러한 유산을 기반으로 한층 강화된 전략을 통해 돌아올 준비를 하고 있다. 그의 정책이 미국과 국제사회에 미칠 영향은 향후 미국 유권자들의 선택과 전 세계의 대응에 달려 있다.

그의 귀환은 미국 사회에 더 깊은 분열을 야기할 수 있는 동시에, 새로운 정치적 실험의 장을 열 가능성도 있다. 경제, 문화, 외교 각 분야에서 트럼프가 펼칠 새로운 전략은 미국 사회의 미래를 재정의하는 중요한 요소로 작용할 것이다.

스트롱맨의 미래

– 변화하는 세계 속 다섯 리더의 영향력

스트롱맨의 시대는 언제까지?

지구 반대편에서 벌어지는 일들이 순식간에 전해지는 이 글로벌 시대에, 다섯 명의 스트롱맨은 자신들만의 방식으로 세계 정치의 풍경을 바꾸고 있다. 도널드 트럼프, 블라디미르 푸틴, 시진핑, 나렌드라 모디, 그리고 레제프 타이이프 에르도안. 이들은 마치 각자의 무대에서 주연을 맡은 배우들처럼, 자신의 나라뿐만 아니라 국제사회에도 깊은 영향을 미치고 있다.

스트롱맨 중 가장 힘이 센 도널드 트럼프는 가장 빨리 권좌에서 내려올 사람이다. 2024년 재선에 성공한 그는 미국 대통령으로서의 임기를 2028년까지 이어갈 수 있게 되었다. 미국 대통령 임기는 최대 2번 연임할 수 있으므로, 이번 임기가 그의 마지막이 될 것이다.

블라디미르 푸틴은 1952년생으로, 2024년 재선에 성공해서 2030년까지 러시아 대통령직을 유지할 수 있게 되었다. 러시아는 2020년 헌법 개정을 통해 무제한 연임이 가능해진 상황이라, 푸틴은 원한다면 2030년 이후에도 집권을 이어갈 가능성이 크다.

시진핑은 1953년생으로, 중국의 국가주석 임기는 헌법 개정으로 무제한 연임이 가능하다. 현재 2028년까지는 집권이 확실하며, 정치적 상황이나 건강 상태에 따라 더 오랜 기간 집권할 가능성도 있다.

나렌드라 모디는 1950년생으로, 인도의 총리로 2024년 재선되면서 2029년까지 임기를 유지할 수 있게 되었다. 인도의 총리직은 연임 제한이 없어, 모디가 정치적 지지를 유지한다면 2029년 이후에도 집권 가능성이 열려 있다.

에르도안은 1954년 생으로 2023년 5월에 실시된 대통령 선거에서 재선에 성공했다. 따라서 그의 현재 임기는 2028년까지 지속될 수 있다. 이후 에르도안의 정권 유지 가능성은 복합적인 요인에 따라 달라지며, 예측하기 어려운 측면이 많다. 헌법 개정 등을 통해서 장기 집권을 꾀할 수도 있으나, 정치적, 경제적, 사회적 상황이 어떻게 변화하는지에 따라 그의 정권이 언제까지 지속될 수 있을지는 불확실하다.

스트롱맨들의 무대

트럼프는 '위대한 미국'을 외치며 등장해 미국의 정치 지형을 흔들었다. 그의 돌출적인 언행과 예측 불가능한 정책들은 미국 내 정치적 분열을 심화시켰고, 국제무대에서는 미국의 전통적인 동맹 관계에 균열을 가져왔다. 그가 남긴 흔적은 마치 태풍이 지나간 자리처럼 미국 사회 곳곳에 흔적을 남겼다. 이제 '트럼프 2.0 시대'를 꿈꾸는 그가 다시 무대에 오른다면, 또 어떤 폭풍우를 몰고 올지 아무도 장담할 수 없다.

러시아의 푸틴은 장기 집권을 통해 러시아의 권위주의적 체제를 공고히 했다. 그의 리더십 아래 러시아는 민족주의적 자부심을 고취하며 국제무대에서 자신의 목소리를 높이고 있다. 크림반도 병합과 같은 강경한 외교 정책은 서방과의 긴장을 불러일으켰지만,

내부적으로는 푸틴에 대한 지지를 강화하는 데 일조했다. 러시아의 미래는 푸틴의 그림자 아래 계속해서 그려질 것으로 보인다.

중국의 시진핑은 '중국몽'을 통해 중국을 글로벌 리더로 세우고자 한다. 경제적 성장과 기술 혁신을 앞세워 세계의 중심에 서려는 그의 야망은 분명하다. 그러나 남중국해 분쟁, 홍콩 문제 등은 국제사회와의 갈등을 심화시키고 있다. 시진핑의 중국은 기차처럼 앞으로만 달려가고 있지만, 그 앞에 놓인 장애물들은 결코 만만치 않다.

인도의 모디는 힌두 민족주의를 바탕으로 인도의 경제 부흥을 이끌고 있다. 거대한 인구와 잠재력을 가진 인도를 세계의 중심 무대로 끌어올리려는 그의 노력은 주목할 만하다. 그러나 종교적 긴장과 사회적 갈등은 그의 앞길에 그림자를 드리우고 있다. 인도가 진정한 글로벌 강국으로 도약하려면 내부의 균형 잡기가 필수적이다.

튀르키예의 에르도안은 오스만제국의 영광을 되살리고자 한다. 그의 리더십 아래 튀르키예는 이슬람 부흥과 민족적 자긍심 고취를 통해 지역 내 영향력을 확대하려 하고 있다. 그러나 경제적 불안정과 정치적 탄압에 대한 국제사회의 비판은 그의 꿈에 걸림돌이 되고 있다. 에르도안의 튀르키예는 과거의 영광을 재현할 수 있을까, 아니면 역사 속 한 페이지로 남게 될까?

스트롱맨의 시대는 매혹적이지만 위험하다

이들 다섯 스트롱맨의 지도력은 단순히 한 국가의 운명을 좌우하는 것을 넘어, 세계 정치의 흐름을 재편하고 있다. 그들의 결정은 국제관계의 균형을 흔들고, 글로벌경제와 안보에 직접적인 영향을 미친다. 그들은 각자의 무대에서 주연을 맡고 있지만, 그들의 이야기는 서로 얽혀 거대한 드라마를 만들어낸다.

그러나 스트롱맨의 시대가 영원할 수는 없다. 그들이 남긴 흔적은 깊지만, 그들이 떠난 뒤에 남을 상처와 갈등은 누가 치유할 것인가? 정치적 분열, 인권 문제, 경제적 불안정 등은 그들의 리더십 아래에서 더욱 심화될 수 있다. 미래의 역사책은 그들을 어떻게 기록할까? 영웅으로, 아니면 반면교사로?

세계는 지금 거대한 변화의 소용돌이 속에 있다. 스트롱맨들은 자신의 방식대로 그 소용돌이를 이끌고 있지만, 그들이 향하는 방향이 모두의 이익과 일치하는 것은 아니다. 우리는 이 거대한 흐름 속에서 무엇을 보고 배워야 할까? 강력한 리더십의 빛과 그림자를 모두 직시하고, 그 속에서 미래를 향한 지혜를 찾아야 할 때이다.

스트롱맨의 시대는 매혹적이지만 위험하다. 그들의 카리스마와 결단력은 단기적인 성과를 가져올 수 있지만, 장기적인 관점에서 보면 민주주의와 인권, 국제 협력의 가치를 훼손할 위험도 있다. 이제는 그들의 행보를 냉철하게 분석하고, 미래를 위한 균형 잡힌 시각을 가져야 할 때이다.

역사는 우리 모두의 선택과 행동으로 만들어진다. 스트롱맨들이 무대를 장악하고 있을지라도, 그 배경에는 수많은 사람들이 있다. 그들이 어떤 방향으로 나아갈지는 우리 모두의 관심과 참여에 달려 있다. 세계는 거대한 무대이고, 우리는 모두 그 연극의 일부다. 스트롱맨들의 드라마가 어떻게 전개되든, 그 끝은 우리의 손에 달려 있을지도 모른다.

트럼프 2.0 시대와 스트롱맨들

– 트럼프 · 푸틴 · 시진핑 · 모디 · 에르도안의 시대

지은이 | 이채윤
펴낸이 | 황인원
펴낸곳 | 도서출판 창해

신고번호 | 제2019-000317호

초판 1쇄 인쇄 | 2024년 12월 09일
초판 1쇄 발행 | 2024년 12월 16일

우편번호 | 04037
주소 | 서울특별시 마포구 양화로 59, 601호(서교동)
전화 | (02)322-3333(代)
팩스 | (02)333-5678
E-mail | dachawon@daum.net

ISBN 979-11-7174-030-7 (03320)

값 · 22,000원